The Epoch of Universalism 1769–1989
L'époque de l'universalisme 1769–1989

Beyond Universalism
Partager l'universel

Studies on the Contemporary
Études sur le contemporain

Edited by / Edité par
Markus Messling

Editorial Board
Souleymane Bachir Diagne (Columbia University, NY)
Tammy Lai-Ming Ho (Hong Kong Baptist University)
Christopher M. Hutton (University of Hong Kong)
Ananya Jahanara Kabir (King's College London)
Mohamed Kerrou (Université de Tunis El-Manar)
Soumaya Mestiri (Université de Tunis)
Olivier Remaud (EHESS Paris)
Sergio Ugalde Quintana (El Colegio de México)

Volume 1

The Epoch of Universalism
1769–1989

L'époque de l'universalisme
1769–1989

Edited by
Franck Hofmann & Markus Messling

DE GRUYTER

This project has received funding from the European Research Council (ERC) under the European Union's Horizon 2020 Research and Innovation programme – Grant Agreement Number 819931

ISBN 978-3-11-099518-3
e-ISBN (PDF) 978-3-11-069150-4
e-ISBN (EPUB) 978-3-11-069161-0
DOI https://doi.org/10.1515/9783110691504

This work is licensed under the Creative Commons Attribution-NonCommercial-NoDerivatives 4.0 License. For details go to http://creativecommons.org/licenses/by-nc-nd/4.0/.

Library of Congress Control Number: 2020948058

Bibliographic information published by the Deutsche Nationalbibliothek
The Deutsche Nationalbibliothek lists this publication in the Deutsche Nationalbibliografie; detailed bibliographic data are available on the Internet at http://dnb.dnb.de.

© 2022 Franck Hofmann, Markus Messling, published by Walter de Gruyter GmbH, Berlin/Boston
This volume is text- and page-identical with the hardback published in 2021.
The book is published with open access at www.degruyter.com.

Cover image: based on an original idea by Hannes Brischke
Typesetting: le-tex publishing services GmbH, Leipzig
Printing and binding: CPI books GmbH, Leck

www.degruyter.com

Acknowledgements
Remerciements

2019 was a year of overlapping remembrances: It pointed back to the 250th anniversary of Napoleon Bonaparte's birth, to the 230th anniversary of the French Revolution, and it marked the 30th year after two very contradictory events of global significance, the massacre of Tiananmen square, and the fall of the Berlin Wall. All of these remembrances do still play their role for our contemporary condition and for the attempt to understand what is going on in the world we live in. Being landmarks of a complex history of emancipatory achievements of modernity on the one hand, and of structures of dominance and hegemony that went along on the other, the events are also turning points in the interpretation and narration of world history. What they are inscribed into is an understanding of the world in which the 'West' was not only the point of civilisational reference but also the place of its fulfilment – in the follow-up of Hegel's Universal History this is to be understood in both senses, epistemological and ethical. After 1989, due to different changes and developments, it gets evermore clear that the legitimacy of this understanding, fixed by an "-ism" as a powerful doctrine, but also of criticism, has come to an end. So, when together with our institutional partners from Mexico, Tunis and Hong Kong, we invited colleagues to gather in September 2019 for a first colloquium realised in the context of our research project "Minor Universality. Narrative World Production After Western Universalism",[1] funded by the European Research Council, in order to reflect on a fundamental aspect in the understanding of modernity, '2019' seemed to be like an ironic wink of the historical moment. We would like to express our gratitude to the then present colleagues for the vivid discussions and the substantial contributions documented by this volume.

The symposium took place in the Villa Europa in Saarbrücken to which the director of the Institut Français, Valérie Deshoulières, kindly opened the doors. We are very grateful for her welcoming reaction when we first presented the idea for the conference in a nutshell, for the practical and financial support, and, above all, for the generous hospitality at the Villa. We are also very indebted to the Villa Europa-team, Marion Balay, Sandra Fuhrmann, Fatma-Pia Hotait, and Denise Rodriguez.

---

[1] See for more information: https://www.uni-saarland.de/forschen/minor-universality.html (15 June 2020).

Hospitality and solidarity are certainly universal needs and gifts, but as certain as this is the fact that many Europeans struggle with them and have to relearn them often enough, eyes wide open, when they come around in the world. How much this fact is linked to a universalist understanding of Europe, has been rightly and painfully explained by Achille Mbembe when he speaks of what is called the 'Western society' as a "society of enmity", a democratic society that has ever since dialectically built on its "nocturnal body", of those who were exploited by the imperial powers whilst its inhabitants claimed to represent the values of liberty, equality and solidarity. Therefore, a place dedicated to the reflection on Europe seemed to fit very well as a place where to launch a project on "minor universality", on new ways and hopes to experience and reflect a shared humanity that shall no more subsume particularities. "Is there anything that relates us to others so that we can say that we are?", asks Achille Mbembe. To approach this question, a step back seems necessary to what that was, Western Universalism, as a motor for emancipatory ideas, and as an ideology of domination at the same time.

The conference held at the Villa Europa was the first one we organized at Saarbrücken continuing years of shared activities on "experiences of the global" at Centre Marc Bloch in Berlin. This is the occasion to thank the colleagues who have shared thoughts with us throughout many years and thus helped shaping the "Minor Universality" project. Our special gratitude goes to Wolfgang Asholt, Martin Bauer, Albrecht Buschmann, Raffaele Carbone, Leyla Dakhli, Islam Dayeh, Emmanuel Droit, Kazuo Fujino, Moritz Epple, Ottmar Ette, Thierry Fabre, Gunter Gebauer, Wolfgang Knöbl, Teresa Koloma Beck, Marcel Lepper, Giovanni Levi, Avi Lifschitz, Tanja Michalsky, Sarga Moussa, Gesine Müller, Rukmini Bhaya Nair, Pascale Rabault-Feuerhahn, Olivier Remaud, Bénédicte Savoy, Camille de Toledo, Jürgen Trabant, and Michael Werner.

We are very grateful to Saarland University for the generous institutional and financial support that helped realising this first international conference with ease. A particular word of gratitude goes to Patricia Oster-Stierle, former President of the Franco-German University based at Saarbrücken, and member of the Academic Senate, who not only accepted to welcome us on behalf of the University, but who had already enabled cooperation before and opened up so many opportunities. In reverse, this book also expresses our will to inscribe our activities into the initiative for new perspectives on Europe at Saarland University, where a cluster for reflection on Europe's challenges within a changing world is under way of being build up.

This book is a starting point in yet another sense. It opens the new series *Beyond Universalism – Partager l'universel* that will hopefully contribute to a better understanding of our contemporary. If globalisation does not necessarily entail a universal awareness, we rather witness a wide array of cultural, relativistic, and racist contestations of a common world. But how can universality be addressed after the necessary epistemic and ethic critique of Western universalism? Building on the importance of such concepts as concreteness and reparation, narration and translation, this new series seeks to understand how a new consciousness of universality is under way of *being produced*. Its wants to enlarge our understanding of how contemporary cultural and social practices open up concrete settings so as to create experiences, reflections and agencies of a shared humanity.

We are grateful to Walter de Gruyter publishers for hosting this series. A special thanks goes to the responsible editors Ulrike Krauß and Anja Michalsky, as well as to the project editor Gabrielle Cornefert who has been accompanying this first volume from the very start to its publication. A series can only be a success if it is lively and if it covers a wide array of perspectives and positions. Therefore, we are delighted that such notable colleagues as Souleymane Bachir Diagne, Tammy Lai-Ming Ho, Christopher M. Hutton, Ananya Jahanara Kabir, Mohamed Kerrou, Soumaya Mestiri, Olivier Remaud, and Sergio Ugalde have accepted to be a member of the board of the series. We are very grateful for the rich exchanges with them. They do not only themselves contribute through their works to debates related to the questions raised by the series, but they also gather different disciplines, theoretical understandings, and methodological approaches stemming from many different contexts. May their work offer different points of contact to the series, because that is what it mainly wants to stand for: a transdisciplinary, transnational understanding of humanity in times when borders, physical and ideological, are built up everywhere with stunning rapidity and force.

A great thanks for formatting and indexing, which is a huge piece of work in a bilingual book, goes to Silvia Becker, Annalena Böke, Antonia Schmidt, and, especially, Azyza Deiab. And last but not least, we would like to express the highest gratitude to our colleagues Mario Laarmann, Carla Seemann, Hélène Thiérard, and Jonas Tinius, who all pursue research within or in the context of the ERC "Minor Universality" project and to whom we feel highly indebted by their intellectual remarks and linguistic revision of the texts.

Franck Hofmann & Markus Messling
Saarbrücken/Berlin, 15 June 2020

Contents
Table des matières

Acknowledgements / Remerciements —— V

Franck Hofmann & Markus Messling
On the ends of universalism —— 1

Part I: Histories
Première partie: Histoires

Leyla Dakhli
Napoléon a-t-il *réveillé* le monde arabe? —— 43

Hans-Jürgen Lüsebrink
Universalisme des Lumières et impérialisme colonial —— 55

Avi Lifschitz
Un culte universaliste de la raison? —— 71

Sarga Moussa
Suez 1869: un cosmopolitisme eurocentré? —— 85

Part II: Global Perspectives
Deuxième partie: Mise en perspectives mondiale

Christopher M. Hutton
Linguistics and the intellectual challenge of diversity —— 105

Sergio Ugalde Quintana
Littérature, culture nationale et guerre —— 125

Tammy Lai-Ming Ho
Trans-cultural and trans-temporal translations —— 141

Emmanuel Droit
Writing a global history of 1989 —— 157

Part III: Contestations
Troisième partie : Contestations

Christiane Solte-Gresser
Comment le cauchemar traumatique désagrège-t-il l'universalisme européen ? —— 179

Mario Laarmann
Réponses antillaises à l'universalisme européen —— 193

Valérie Deshoulières
Penser *contre* la mémoire européenne —— 209

Mohamed Kerrou
Tempo et rythme des révolutions universelles —— 217

Contributors / Contributeurs —— 233

Index —— 235

Franck Hofmann & Markus Messling
On the ends of universalism

Abstract: Starting with the times of Napoleon Bonaparte and the nexus between European universalism and imperialism, ending with the 1989 scenario and its global implications, this essay analyses the ends of European universalism. It does so in a double sense by addressing its interests and objectives, as well as the end of its legitimation in the times we live in. Through a montage of historical and philosophical constellations from 1769 to 2019, ranging from Goethe and Champollion to Max Lingner and Frantz Fanon, Alain Mabanckou and Camille de Toledo, it seeks to understand the promises and hopes that universalism was carrying, as well as the deceptions and losses that were caused by its epistemic implication in power relations. The history of universal progress entails a dialectics of contestation and provincialisation, both in a European and in a global perspective. If 1989 has left us with an end of utopia, then we need to understand this history to draw hope for a minor universality.

Keywords: universalism; ideology; dialectics of modernity; nationalism; socialism; the West, global history; Napoleon; Valmy (French and Algerian); Thebes; the Louvre; Berlin Wall; experience(s); *tristezza*/hope; universality

Introduction

In the post-1989 era, our perception of the world has principally changed. We cannot think of the world without thinking at it as a whole. However deep we conceive of processes of globalisation in world history (cf. the propositions by Bernstein 2009 or Schüttpelz 2009), there is a shared assumption today that their dynamic has generated, since the late 20th century, an awareness of living in a specifically global condition.[1] But paradoxically, the circulation and entanglements of persons, data, and goods do not necessarily generate a universalising awareness (Spivak 2003; D'hulst 2016) – as has become evident, throughout the last years, by cultural, identitarian, and relativistic rollbacks all over the world. Nothing has

---

1 See for many Appadurai (1996; 2002; 2013), Ette (2009a), Moyn and Sartori (2013), Hunt (2014), Osterhammel (2015), Conrad (2016).

Franck Hofmann, Markus Messling, Saarland University

illustrated more clearly than the Covid-19 pandemic that borders do not belong to the past. Everywhere, borders were closed even to those being in the greatest need, as it happened, for instance, at the European-Turkish borders in March 2020. Nationalism is still the great populist temptation when it comes to the question of how populations and societies conceive of their relation to the world. With regard to these developments, the boundaries of economic and media-theoretical conceptualisations of globalisation, which often stress the flattening of barriers and suspension of restrictions, become visible (Ette 2016; Mbembe 2020a, 151–171).

Since Early Modern times, one of the strongest arguments against relativistic and nationalistic thinking was a universalist anthropology: If all humans are of the same nature by birth, and if all are rational animals, humankind needs to be thought in a global perspective in terms of freedom, equality, and solidarity. The Enlightenment would transform this perspective into a philosophy of history and politicise these ideas so they were able to carry social change.[2] Once they were in the world, they could be claimed by everyone. The Haitian Revolution and the way the French Revolutionaries struggled with the legitimacy of slavery are early examples of this (Buck-Morss 2000; Lüsebrink 2000). They also demonstrate that the problem became one of knowing who had the power to decide upon how universal claims shall be realised. Within a civilising pretension, universalism was flattened into an ideology of Progress, which did not care about the historical struggles and complexity in which it had been concretely developed (Lilti 2019). For some time now, it has become evident that the proclaimed European universalism has indeed not been universal, but followed rather the European temptation to universalise its own beliefs, norms, and interests.[3] For long, (Christian) solidarity denoted a brotherhood amongst (white) men, excluding women, and also excluding all those who were subject to interests of power. Freedom and equality were not for everybody. In 1914, at the climax of European imperialism, European and North American nation states had universalised themselves into nearly the entire world by creating regimes of standardisation, colonial exploitation and brutal oppression, which are still latent and structuring contemporary relations on a planetary scale (Glissant 1996; Mbembe 2013a, 2016). The necessity – and possibility – to differentiate human rationality from European "hyper-

---

[2] One of the most remarkable expressions of this is still Voltaire's entry "Patrie" in the *Dictionnaire philosophique*, where he criticises the will to oppress others for one's own advantage as a fundamental part of the *conditio humana* to which he opposes, in a sober, but utopian statement, the "citizen of the universe" ["citoyens de l'univers"] (Voltaire 1964 [1764], 307–308).

[3] See for instance Césaire (2016 [1956]), Said (1978), Lévi-Strauss (2011 [1987]), Walzer (1989), Habermas (1999), Spivak (2004), Wallerstein (2006), Malhotra (2011).

rationalism" (cf. Chakrabarty 2010, 98–111) has therefore been revendicated since the early stages of the European imperial project.[4]

Today, European universalism, as an ideology, has come to an end in a double sense: on the one hand, anti-colonial thought and critical studies (in a wider sense) have demonstrated its entanglement with capitalism and Western imperialism, which has largely affected and 'provincialised' its political legitimation; on the other hand, the so-called 'West' is itself in a deep struggle for the social achievements of modernity, as neo-nationalist and neo-racist movements seek to sweep away its universal value. Moreover, the collapse of the so-called 'East' also marked an end to European universalism. If communism was compromised for profound reasons, discussions about what a social modernity could be in the 21st century not only have to respond to the radical relativism of parts of postmodern criticisms, but also to nationalist temptations. These can be understood, despite the official internationalism of the communist states, as part of the real communist politics since its very beginning and especially in the 'communist block' after 1945.

The need to refabricate universality is one of the great tasks of our times in order to overcome nationalist epistemologies (Beck and Grande 2010; Thomas-Fogiel 2015; Cassin 2016; Sarr and Savoy 2018) and political chauvinism (Balibar 2016; Jullien 2016; Messling 2016a; Diagne and Amselle 2018). In this process of re-fabricating universality however, not only the dialectics of Europe's provincialisation as a relativisation of modernity needs to be considered (Al-Azm 2019). Furthermore, an emergent sense of humanity needs to be questioned from a truly worldwide perspective: Aspects of relation, inequality, and reparation are absolutely crucial here as they are put forward by the former so called 'margins' of the imperial empires (Spivak 2003; Gilroy 2010; Miano 2012; Mabanckou 2016; Mbembe 2016; Hofmann and Messling 2017; Messling 2019). If we are to conceive of a meaningful sense of universality *after* European universalism, we need to interrogate the latter: What were the sources and emancipating "weapons of criticism" of a European universalism?[5] How was it linked to the dialectics of modernity, and how did it become an ideology? Where were its concrete historical failures? What are the costs of dismissing its argumentative plausibilities?

---

4 Cf. Ette (2009b), Buck-Morss (2009), Messling (2015; 2017).
5 These include Marxism and Liberalism. This formulation is taken from the preface to the collection of essays published in German as *Europa als Provinz. Perspektiven postkolonialer Geschichtsschreibung* (Chakrabarty 2010, 12) – which is not identical with the book *Provincializing Europe. Postcolonial Thought and Historical Difference* (Chakrabarty 2000). The German preface was specifically written for this volume; the term "weapons of criticism" appears as such in the English manuscript. We are grateful to *Campus* publishers for the information.

2019: a moment in time

The year 2019 was characterised by the 30th anniversary of the fall of the Berlin Wall on 9 November 1989. The remembrance of the fall of the iron curtain that had divided post-war Europe in two distinct hegemonic spheres and ideological orders, coincided with another event of global importance that found much less, practically no, attention: Napoleon Bonaparte's 250th anniversary. However, the historical and philosophical dimension of the coexistence of these two circumstances cannot be neglected: Napoleon's appearance on the scene of world history marks the uprising of European universalism (very soon in the form of a 'modern' imperial project); and some intellectuals thought that 1989 – the bicentenary of the French Revolution! – would have signified its historical fulfilment.[6] But, that same year, only some months earlier, Chinese tanks had been rolling on Tian'anmen Square, killing hundreds of demonstrators who were making a claim for democracy. Did those who were self-assured of the West not read the signs of a world that was actually turning against a specific idea of humanity?[7] Today, we see more clearly that the fall of the Wall stands for an epistemic earthquake, which Lionel Ruffel (2016) has called the "brouhaha", a babble of voices of a world that can no more be grasped through universal concepts. A world that is characterised by a perduring present without pointing to a horizon of emancipation, without a clear utopia for an upcoming society, that would be based on the history of modern thought and the critique of a capitalist presence.

How could a complex story like this one be better addressed than in the form of a montage? – even though it certainly entails strong implications. European universalism has its deep philosophical sources long before the birth of Napoleon; in fact, they are to be found in Biblical monotheism and Greek thought. Such major historical phenomena as the 'fall of Granada', the conquest of the Americas and the Atlantic slave trade, Reformation and the Wars of Religion, have had a deep impact on European universalism long before Napoleon, the French Revolution, and the declaration of Universal Human Rights. Starting from this specific cut in time, we want to put emphasis here on a specific aspect of universalism that was again very visible in the Western reception and interpretation of 1989: its triumphant will to install a political world order.

---

[6] Most prominently Fukuyama (1992).
[7] Cf. on this the highly interesting dossier on Tiananmen testimonies and remembrances in *Cha. An Asian Literary Journal* (June/July 2019): https://www.asiancha.com/wp/ (24 May 2020).

There are risks to our polemic framing. Even if, in an advanced field of writing and of curatorial work, constellation and montage are serious tools – not only for presentation, but for understanding (Ernaux 2008; Pamuk 2012; Hofmann 2017; Schubert 2018) –, the power of fragmentary, overlapping narration is highly contested in disciplines such as history, historical sociology, or philology. These seek, sometimes for good reasons, to produce linear connections.[8] We are convinced though that the gain of this method can be bigger than what might get lost. To reconstruct the epoch of universalism by going back to decisive turning points is not only a historiographic effort in a narrow sense. To take the risk of putting aspects into constellation as a method is part of the critique of the epistemic and political dimensions of universalism. Even all the 'posts' of modernity are still part of the modern obsession to produce chronology and coherence forced by the major idea of progression (Ruffel 2016, 130). Instead, choosing some landmarks as points of departure, will make certain aspects visible without presuming too strongly the patterns we have learned to insert them into. This does not mean that historical order does not exist; and be it only in our heads, or in attempts of writing history. Restarting from some cases makes visible that concrete contexts always are in need to be linked to a general understanding through narrative procedures. They serve as points of departure from where an inquiry is launched into a greater symptomatic (de Certeau 1975; Ginzburg 1979; Revel 1996). The panorama that arises from the different landmarks shall create an impression of the complexity and paradoxes of what that could have been: the epoch of European universalism.

1769: Napoleon, Goethe, and the moment of Valmy

The "battle of Valmy" was the first major victory by the army of France during the Revolutionary Wars that followed the French Revolution (Fig. 1). The action took place on 20 September 1792 as Prussian troops attempted to march on Paris. They were stopped by General Kellermann, who thus achieved a huge psychological victory for the Revolution: monarchy was abolished over the next days and the Republic proclaimed. As a result, Kellermann was ennobled by Napoleon in 1808 and became the Duke of Valmy (Dufraisse 1990).

---

8 But see the contestations by Boucheron (2008) and Jablonka (2012).

Fig. 1: The Battle of Valmy, 20 September 1792, 1826, by Horace Vernet, National Gallery, London. Image: Wikipedia. https://de.m.wikipedia.org/wiki/Datei:Valmy_Battle_painting.jpg (10 June 2020).

The historiography of the Revolution portrayed the battle as the first victory of a citizen army, inspired by the ideals of 1789. Napoleon and Valmy: If Valmy is a decisive scene for the birth of European Modernity, then Napoleon can be considered its incarnation. He was seen not only as a person, but as an emblematic figure (Fig. 2). And he regarded himself thus. At the time of the battle, Napoleon was 23 years old. His portrait can be regarded as emblematic for the "generation Bonaparte": The French historian Pierre Nora underlined the fact that with the Revolution, "youth appeared on the political scene in an eruptive way" (Savoy 2010, 155).

For Napoleon's generation, the historical experience has been that of breakdown and acceleration. The mobility within society, a result of the Revolution, enabled spectacular careers of young men, of a generation bound together by the reception of works and projects of transnational reach: Kant and Rousseau; the reconstruction of antiquity and the interpretations of Republicanism; the interrogations of the origins of mankind; and the decoding of the rise and fall of civilizations.

The Revolution as the decisive point of reference for a generation: This idea was the starting point of the exhibition *Napoleon and Europe. Dream and Traumata* shown in 2010/2011 at two significant institutions: the Bundeskunsthalle in

Fig. 2: Napoleon Bonaparte on the Bridge at Arcole, 1796, by Antoine-Jean Gros, Hermitage Museum, Saint Petersburg. Image: Wikipedia. https://de.m.wikipedia.org/wiki/Datei:Gros_Antoine-Jean_-_Napoleon_Bonaparte_on_the_Bridge_at_Arcole_(cropped).jpg (10 June 2020).

Bonn and the Musée des armées at the Invalides in Paris. The opening constellation of the catalogue (Savoy 2010, 18–25) is telling: Framed by a photograph of Bonaparte's personal copy of the *Code Napoléon* (Fig. 3) and by a portrait, showing Dominque-Vivant Denon, the emperors 'eye', charged to bring artworks from all over Europe to Paris during the Revolutionary Wars, the curator Bénédicte Savoy presents two different commentaries on the topic of the exhibition. The then-president of the Federal Constitutional Court, Jutta Limbach, and Pierre Rosenberg, director of the Louvre Museum, were asked to give brief answers to a some-

Fig. 3: *Code Napoléon*. Personal Copy, 1807, Imprimerie Impériale, Bibliothèque nationale de France, Paris. Image: Wikimedia Commons. https://commons.wikimedia.org/wiki/File:Code_Napoléon_Personal_Copy.jpg (10 June 2020).

what anachronistic question that was put to them: Why do they – or do not – like Napoleon? Both developed their judgement against a theoretical background, but also in a very subjective way. Jutta Limbach not only underlined the legal, but also the stylistic quality of the *Code Napoléon*, pointing out that Stendhal read a few pages of it every morning as a kind of exercise while writing his novels – law as literature. Pierre Rosenberg, whilst deploring the disintegration of the collections of the Louvre caused by the restitutions undertaken in 1815, declared himself in solidarity with the citizens of Venice (Fig. 4). Asked to characterise his personal relation to Napoleon, he made him responsible for the decline of the Venetian Republic.

On the ends of universalism —— 9

Fig. 4: Apotheosis of Franz Joseph I of Austria, on the occasion of the return of the *Quadriga marciana* to Venice, 1815, by anonymous, Museo Correr, Venezia. Image: *Napoleon und Europa. Traum und Trauma*. Ed. Bénédicte Savoy. München, Berlin, London, New York: Prestel, 2010, 268.

The quadriga from Saint Marcus, brought to Paris on the orders of Napoleon in 1798, had been robbed by the Crusaders in Constantinople in 1204 and shipped to the *Serenissima*. When it was returned to Venice by the Habsburg Emperor Franz Joseph I it was again a political act, expressing the restitution of the Habsburg geopolitical order. As eclectic and subjective as these two reflections might be, they point out important aspects of the universal claim of a European modernity. Napoleon stands for both at the same time: deep admiration and irreconcilable hate.

Goethe was deeply impressed by Napoleon, and was, in fact, decorated with the "Légion d'honneur" by Napoleon in 1808 (Fig. 5). The Weimar-based writer, minister, and 'public intellectual' met with the emperor a total of four times. Napoleon is known to have read Goethe's *The Sorrows of Young Werther* (1774) not one or two, but a total of seven times, and to have been deeply impressed by it. Wilhelm von Humboldt reports in a letter that Goethe never left his house at Frauenplan

Fig. 5: Portrait of Johann Wolfgang Goethe, 1822, by Heinrich Christoph Kolbe, Goethe-Nationalmuseum, Weimar. Image: Klassik Stiftung Weimar, Bestand Museen.

without putting on his medal, because it was such an immense source of pride to him (Seibt 2008). When talking about Napoleon, Goethe would also refer to him as "my Emperor" ["mein Kaiser"] (Savoy 2010, 159).

Goethe considered Napoleon to be the sign of the extraordinary, the symbiosis of *Geist* and *Macht*, spirit and power. In 1810, he had an audience with Napoleon. Deeply impressed, Goethe considered this honour as one of the milestones in his intellectual life. Twelve years later, he published a text that would be known under the title *Campain in France in the Year 1792* (1822). As a part of his autobiographical project *Truth and Fiction relating to My Life* (*Dichtung und Wahrheit*, starting in 1809, final revision 1830), this prose combines reflections on contemporary history with his personal memories. Goethe, who had been present at the battle of Valmy with the Prussian army, summed it up in a famous sentence: "From this place and from this day forth commences a new era in the world's history, and you can all say that you were present at its birth" (Goethe 1849 [1792], 81).

Less known perhaps is a scene that Goethe developed a few pages further. With the intention to change the depressed mood of emigrants and defeated soldiers, or so he says, he tells of the history of Saint Louis, crusader and role model of the good Christian Emperor. Just like Saint Louis, who had survived despite having been in great distress in Egypt, they would enjoy the same fate of survival. The fictional *auto-récit* finds its end in a poem, put down by Goethe on paper while travelling back from the battlefield. That is, at least, what the author wants us to believe. The moment of Valmy, characterised as a step into an unknown and thus widely open world order, is contrasted by a way of life lived in proximity and at home: "And, weary of long wandering to and fro / Muses at ease on life's continuous flow; / For still those venturous hearts that farthest roam / Return at last for happiness to home" (Goethe 1849 [1792], 298).[9] Form the "farthest roam" a happy return "to home" – the open and the narrowness, Valmy and Weimar: If the story Goethe tells us was true, should the poem not been understood as a *prefiguration* of more conservative positions of the late Goethe, who had taken his distance towards the Revolution due to the fact that he himself had been too close to the violence caused by it (Seibt 2014)? Or should it be seen as a correction of a young man's emphasis, if the poem was not written at the time, but rather as a commentary on the Revolutionary Wars *ex post*? Whatever is true: In *Novel*, a short prose developed in 1827/1828 (Goethe 1981) that can not only be read as an aesthetic, but also as a social programme, Goethe points out the importance of harmony, of a structured order, and of the dream of a world unified under the sign of Christian – not modern – universalism. Herewith, he clearly modifies the admiration for Napoleon that he had expressed a few years earlier.

If many intellectuals of the "generation Bonaparte" were deeply influenced by the Revolution, like Hölderlin or Alexander von Humboldt, Hegel, born only a year after the French Emperor, shared Goethe's admiration for Napoleon. During his time as a young professor in Jena, Hegel wrote the following in 1806: "What a marvelous sentiment to see such a singular man, who is going to reach out and to dominate the world: sitting on horseback and being a point of concentration."[10] Hegel, who identified the emperor with the "world's soul" ["Weltseele"], might have found his description represented in a painting by Heinrich and Ferdinand Olivier from 1807/1808, which is considered to be *the* iconic representation of Napoleon for the German Romantics, as Savoy points out (2010, 171). Yet, it is another

---

9 ["Und wie wir auch durch ferne Lande ziehn / Da kommt es her, da geht es wieder hin; / Wir wenden uns, wie auch die Welt entzücke, / Der Enge zu, die uns allein beglücke"].
10 Cited in Savoy (2010, 169; transl. F. H. and M. M.)

painting who would become emblematic for the reception of Napoleon in general: Jacques-Louis David's *Napoleon crossing the Alps* (1800, painted in different variations till 1802). Ironically enough, it can be seen today at the Louvre Abu Dhabi, the self-proclaimed first encyclopaedic museum of the Arab world. It is this painting that was also chosen in 1999 as a cover-picture for the Chinese translation of Emil Ludwig's successful and influent biography of Napoleon (Fig. 6).

Lu-de-wei-xi, Na po lun zhua,
Mei Tuo, Guang zhou
(Hua cheng chu ban she), 1999

Fig. 6: *Lu-de-wei-xi, Na po lun zhua*, Chinese Edition of E. Ludwig's biography of Napoleon, Guangzhou 1999, using Jacques-Louis David's painting "Bonaparte crossing the Alps". Image: *Napoleon und Europa*, op. cit., 30.

Indeed, not only the horse, and the emperor on horse-back, are linked to Roman models of representing power. The entire programme of power, summarised in the name of Napoleon, is actually following a Roman model: the unification of space and time, the integration of an Empire through law, infrastructure, a citizens' army, and language-politics. This can be understood analysing a relief at Napoleon's sarcophagus in the Dôme des Invalides, in which his body was buried in 1840 after being transferred from Saint Helena. It depicts a Roman emperor, with the allegories of the sciences and arts, presenting a list of his public constructions. This is also what the name Napoleon stands for. It represents the belief in progress, technical development, and welfare. Modernity is about the effort to structure space and mind, society and politics. The dome conceived by Jean

Nouvel for the Louvre Abu Dhabi echoes the dome of the Invalides as well as the Great Louvre, which was once renewed by president Mitterrand to underline the universalist presumptions of France, as they were represented by the museum from the very beginning. At the Louvre Abu Dhabi, a flat half globe structured in traditional Arabic patterns overwhelms the exhibition cubes, which are thought as a village, but are indeed part of a universalist, if not imperialist, infrastructure imposing a European (architectural) order to the world.

A picture of the courtyard of the Louvre, transformed into a museum in 1793, shows a telegraph pole on its roof (Fig. 7).

Fig. 7: Interior of the Louvre, 1799, by Charles Norry, Bibliothèque nationale de France, Paris. Image: BNF.

The first telegraph lines reaching the pole on top the Louvre were already commissioned in 1794; five were developed until 1833. To which purpose was this infrastructure installed? For the needs of an encyclopaedic museum? Surely not. Rather, for the communication with the army, the navy, or the heads of the new "départements". The ideals of the Enlightenment and the universal claims of the French Revolution cannot be separated from the concept of empire, which is indeed a European, not merely a French dream. Looking back to Rome, this new empire is however linked to the idea of centralisation: From the very beginning of the Revolution, Paris figures as the centre of power and the theatre of the obsessions of unity. "Napoleon" is the symbolic name of this history of domination, and Valmy is the symbolic site of the endeavours that the imperial universalism entailed. Except, this time, we are not referring to Valmy in France, but Valmy in Algeria (Fig. 8a and 8b).

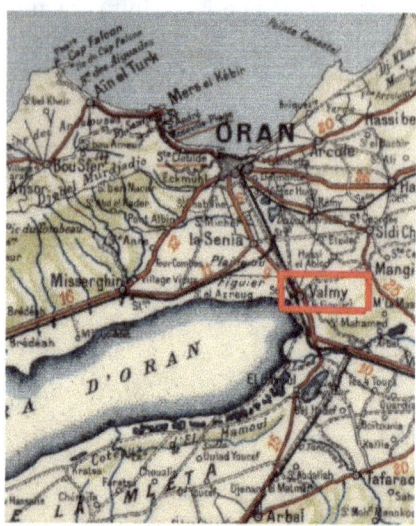

Fig. 8a: Valmy (Algeria), Map of the Region. Image: Cercle algérianiste.

Fig. 8b: Postcard "Valmy. Le Marché de la Cité". Image: diaressaada.alger.free.fr.

The history of the Algerian Valmy, El Kerma, today integrated into the agglomeration of Oran, can be studied as part of the French *mission civilisatrice*. Its history is going back to the *prise d'Alger* and the occupation of the region by the French in 1830. Under the name "Fig tree camp" this settlement, located in an area considered to be an empty, sparsely cultivated region, plays its role in both the military and the so-called 'civil colonialisation' of the country. In 1848, the camp is named *Valmy* by royal order to glorify the victory of the revolutionary army at Valmy on 20 September 1792 – and thus to assume the imperialist project of the Republic.[11] Astonishingly enough, even today, the history of El Kerma is presented as a tendentious story of (French) progress and (Arab) decline, which played its part in the Second World War and the liberation of France, but nothing relates to the Algerian War and the Independence of 1962:

> Even if it kept its winegrowing and the market gardening [after 1945] Valmy is now no longer an agricultural village but a young and dynamic town. Its radiant future seems to point towards aviation, industrialisation and innovative technologies simply by its geographic localisation.
> 1962 decided differently for it. Valmy lost its population, its dynamics and even its name, once a synonym of victory.
> (To be continued).
> (Perez 1992, formatting kept as in the original).[12]

Valmy, symbol of the victories of the revolutionary army under the tricoloured flag and the ambitions that went along, was transformed by the protagonists of the Algerian independence into a symbol of the defeat of the imperial power – and thus of the dialectics of modernity itself.

1829: Champollion, or on deceived hopes

The Algerian Valmy would be part of the massive imperial project that the French invasion to Algerian territories announces for a very long 19th century. Whereas the French Valmy stands for a war of resistance (against the old European powers),

---

[11] This history can be studied in an article, published in 1992 in *L'Algérianiste*, available on the webpage of the French *Cercle algérianiste. Association culturelle des Français d'Afrique du Nord* (see Perez 1992).

[12] [Bien que gardant sa viticulture et son maraîchage (after 1945, the eds.), Valmy n'est plus un village agricole mais une jeune cité dynamique dont l'avenir, radieux, semble orienté du fait de sa position géographique, vers l'aviation, l'industrie et les techniques du futur. / 1962 en décidera autrement. Valmy perdra sa population, son dynamisme, et même son nom, synonyme de victoire. (A suivre)].

the Algerian Valmy stands for a turn of the resistance into a mission. This *mission civilisatrice* of the French Empire starts earlier, and points towards another area of North Africa conquered in 1798 by Napoleon Bonaparte: Egypt. Napoleon's invasion of Egypt integrates the Land on the Nile until today into a universalist concept of civilisation, namely *Francophonie*. Today, this concept, at least in its traditional understanding, provokes contestations and calls for a new order of relations and encounters. One very concrete such call took place between French President Emmanuel Macron and Alain Mabanckou in the French Pavilion on the Frankfurt Book Fair in autumn 2017 (Fig. 9).

Vis-à-vis the French President, Los Angeles-based author Mabanckou maintained that *Francophonie* no longer follows the logic of a centre and its peripheries: The 66 million French citizens should better integrate themselves into the big community of the 220 Million francophone speakers, and not inversely, because the francophone world would today be above all decidedly one thing: not French.[13] In his Inaugural Lecture *Lettres noires* before the Collège de France

Fig. 9: Encounter between Emmanuel Macron and Alain Mabanckou, Frankfurt Book Fair 2017, French Pavilion, 10 October 2017. Image: Markus Messling.

---

13 See also the open letter that Alain Mabanckou (2018) published between two speeches on the status of the French language given by Macron: the first on the occasion of the official opening

(2016), Alain Mabanckou had demonstrated the enormous literary and cultural part that the African *Francophonie* plays in the history of encounter with the universal claim of the "France métropolitaine" and continued to develop a counter-narration at the very heart of French academia.

But the universalistic claim of the centre has very early on been reversed on itself. We know the story of the Haitian slave army that sang out the *Marseillaise* while confronting the French revolutionary army that was sent to maintain the colonial order (Buck-Morss 2000). This is the dialectics of modernity, which was conceived by Europeans themselves much earlier then is often thought. A wonderful example in this respect is Jean-François Champollion le Jeune, the glorified decipherer of the Egyptian hieroglyphs. His case is telling about the European awareness in times of imperial discourse.

Champollion was a fervent proponent of Bonaparte (Fig. 10). His career was deeply intertwined with the social mobility associated with the rise of Napoleon.[14] Born under provincial circumstances, he soon lived under the responsibility of his elder brother Jacques-Joseph in Grenoble, who was part of a milieu that would enable the young Jean-François to study. Due to his enormous talent and ambitions, he learned quickly and was made a member of the Academy of Sciences of Grenoble right after he had finished the Lyceum. He went to Paris between 1807 and 1809 in order to study with the leading philologers of his time, such as Silvestre de Sacy.[15] The Baron Silvestre de Sacy, dean of the rising European Oriental philology, an important player in the Restauration, would become a strong opponent to Champollion as the project of the deciphering of the hieroglyphs made progressively less credible the historical truth of the Bible and its narrative on humankind (cf. Messling 2015, 26). Champollion was called to a professorship at the newly founded University at Grenoble in 1810, being then barely 20 years old. In 1822 he writes his famous *Lettre à M. Dacier*, his letter to the Perpetual Secretary of the Académie Royale des Inscriptions et Belles-Lettres in which he suggested a first systematic phonetic understanding of the hieroglyphs (Champollion 1822). His grand coup was prepared through the epistemology of the *Idéologues*, and based on the very practical knowledge he received from Coptic exiles who had quit Egypt after the French defeat on the Nile, and from whom Champollion learned about the historical depth of Coptic and its link to earlier forms of writing (Mess-

---

of the Frankfurt Book Fair on 10 October 2017; the second one on 20 March 2018 at the Académie française. In his open letter, Mabanckou alludes to the personal encounter and repeats his claim for a new understanding of the notion of *Francophonie*.
14 Still the richest biography of Champollion is astonishingly enough the work of the German Egyptologist Hartleben (1906).
15 For de Sacy's work and influence cf. Espagne, Lafi, and Rabault-Feuerhahn (2014).

Fig. 10: Portrait of Jean-François Champollion le Jeune, 1831, by Léon Cogniet, Musée du Louvre, Paris. Image: Wikimedia Commons. https://commons.wikimedia.org/wiki/File:Jean-François_ Champollion,_by_Léon_Cogniet.jpg (10 June 2020).

ling 2016b). These forms of mobility, intellectual and practical, stand behind his "coup de génie". It is rare to find another example that demonstrates as clearly the entanglement of education and social progress with such a rapidity and convincing result.

In 1826, Champollion becomes the Curator [*conservateur*] of the Egyptian department of the Louvre (Fig. 11). This is the time when the great European museums in London, Paris, Torino, and Berlin are in a race for Egyptian antiquities. To possess valuable Old Egyptian parts was seen as a proof of the validity to be a legitimate inheritor of the Empire, pushing the *translatio* back to the beginnings of Universal History in the Land of the Nile. When it comes to the concurrence with London, the other capital of the 19th Century, Champollion is a factor to be reckoned with. Thanks to his reputation, several great collections go to the

Fig. 11: Gravure of the first room of the Egyptian antiquities in the Louvre Museum, as it was designed by Champollion, 1863, by Augustin Régis for the travelguide "Nouveau guide de l'étranger et du Parisien" ed. by Adolphe Joanne. Image: Wikimedia Commons. https://commons.wikimedia.org/wiki/File:Egyptian_collection_Louvre.jpg (10 June 2020).

Louvre from 1826/1827 onwards (Messling 2015, 89). Champollion becomes *the* European expert of his times and writes surveys for acquisitions of many of the great museums.

We need to bear in mind the underlying epistemic structure of his rise to importance. Being of the post-revolutionary generation, Champollion believed in the notion of a *mission civilisatrice*, wherein France played a key role. Paris was considered the centre of modern civilisation – that is, for Champollion, a civilisation enlightened by science – where the beginnings of civilisation are revisited and integrated into the narrative of a great Universal History of humankind. In order to secure this human heritage, Champollion considered it legitimate – even necessary – to bring cultural goods from Egypt to the scientific centre – Paris –, where liberty, humanity, and science were represented in their most modern apogee. Champollion himself would bring back objects from Egypt, among them four mummies, a bas-relief of the Hathor-goddess, a sarcophagus of green basalt, and some sculptures. Champollion saw in the scientific discovery of the monuments an opportunity to save the antiquities from oblivion and natural decay. The scientific profit – with all the implications of the term – consequently was for him something entirely different than their destruction for commercial purposes

(Messling 2015, 103–111). This needs to be kept in mind in order to understand the contradiction between Champollion's argumentation for the conservation of the monuments and his actual practise. Champollion had already previously criticised the destruction of the Egyptian monuments by French activities, for example in a fierce polemic for the *Revue encyclopédique*, published in November 1821, through which he lambasted the transport of the Zodiac of Dendera to Paris.[16] Its removal from the ceiling of the Dendera Temple had been requested by the collector Sébastien Louis Saulnier and, against the wishes of the Egyptian administration, was carried out by the French engineer Jean Baptiste Lelorrain. Champollion rightly accused them both of having destroyed the site (Messling 2015, 105).

It should also not be forgotten that Champollion depended for his Egyptological works on the collections in Europe until 1828. Demanding the appropriation of objects of knowledge for the production of universal knowledge, and the concentration of this knowledge in European metropolises, particularly in Paris, also contains a biographical logic. His journey to Egypt from August 1828 until November 1829 in some ways freed him of this dependency and allowed him to let his work be shaped by the decryption of the cultural goods and their conservation. When Champollion finally travels to the Nile in 1828, he is affected by the huge destructions he witnesses. The diary entries and letters, which Champollion wrote during his travels through the valley of the Nile to Nubia and back, are dedicated especially to the Egyptian monuments and inscriptions themselves. Time and again he remarked upon the destruction caused by nature and human interference of different sorts (Messling 2015, 106–107).

What is unsettling in all of this is how much Champollion himself pushed for findings. He spoke of his disappointment with his limited means and the efficiency of the excavations he commissioned. He advised his French compatriots again and again to acquire the obelisks of Luxor (Messling 2015, 106). Reading these contradictions, one is given the impression that Champollion was torn between the indignation about the destructions of the antique monuments and his desire to achieve his own important research results. Once, in a reflective mood, he asked himself in a letter to his brother Jean-Jacques, whether it was not already too late and his hasty travel to Egypt was therefore unjustified (Messling 2015, 107). Most likely, and paradoxically, this would have confirmed his conviction of the necessity to export the antiquities for scientific purposes. The amount of inscription-copies alone, either made by Champollion himself or commissioned by him, and about which he wrote incessantly in his letters to European interlocutors, speaks volumes about his perceived necessity to conserve as much as possible for science,

---

[16] This passionate polemic is reprinted in Champollion (1987 [1909]: 154–157).

and for eternity. In November 1829, shortly before he embarked on his return journey to Europe from Alexandria – as if this was his idealistic legacy to the country – Champollion finally wrote his "Note" to the Egyptian viceroy Muhammad (Mehmet) Ali Pasha, in which he listed monuments and suggested measures of protection for them.[17] To understand its importance, we need to go back to the structural backgrounds for a moment.

Certainly, many of the deals made with European Museums were made through self-declared 'collectors' like Henry Salt, Bernardino Drovetti, or Giovanni Battista Belzoni (Fig. 12).

Fig. 12: "Drovetti 1816", Bernardino Drovetti's Signature in the Temple of Dendur. Metropolitan Museum of Art, New York. Image: Markus Messling.

But the description of the particularly remarkable paths of life of the central protagonists during the thriving early excavation phase should not cover up the fact that excavations and the 'removal' of monuments and art objects were big business in Egypt throughout the course of which countless Europeans and Egyptians hoped to become rich. Frédéric Cailliaud, travel companion to the French Consul General and collector Drovetti in Upper Egypt and at the time a geologist in the service of the viceroy Muhammad Ali Pasha, gives an impression of the dimen-

---

17 This "Note remise au Vice-Roi pour la conservation des monuments de l'Égypte" is reprinted in Messling (2015, 117–121).

sions of this gold-digger atmosphere in 1818 in his travel account *Voyage à l'oasis de Thèbes et dans les déserts situés à l'Orient et à l'Occident de la Thébaïde*:

> In Thebes, I found many Europeans who were involved in interesting excavations, in Kurna, in the ruins of Medinet Habu and in the *Memnonium*; the entire area of the ruins of Karnak was covered with dividing lines marking the terrain of the French, the English, the Irish, the Italians etc. European ladies were walking through the ruins, entered the catacombs, like all the other travellers. All of them sought to find or buy antiquities; no-one was worried about the heat or the effort; at any time of the day or night, travellers walked through the tombs or the plain. In the midst of this general zeal to satisfy their understandable curiosity or to discover overlooked antiquities, occasionally serious conflicts between the guides of several travellers of different nationalities arose, to the point where they even threatened each other at gun-point; fortunately, these conflicts went no further than that. I noticed that the Arabs quite liked these disputes, as they almost always ended to their advantage. Nowadays, there are not enough men for the excavations; that is why they also employ their women for the digging work in the catacombs: they incessantly roam the largest and the smallest tombs. And everyone, even their children from the age of nine, work tirelessly to carry the earth outside. This has become such an obsession that, if the *Kachef* or *Qaimaqam* did not force them to cultivate their fields, the Arabs would completely neglect their lands in order to devote themselves exclusively to the search for antiquities (Cailliaud [1821] 1862, 82; transl. Marko Pajević).

Thebes around 1820 was a particular case with respect to the intensity of excavations, but it shows that the excavations and openings of tomb chambers were not isolated projects by a few archaeologists in remote monuments of a large country, but rather represented a considerable international enterprise. Looking at the lists of the collections gives an impression of the 'profit' made in these undertakings: for Drovetti's first collection alone, the curator in charge of the Turin collection, Giulio Cordero di San Quintino, lists 169 papyri, 485 metal objects, 454 wooden objects, 1.500 scarabs, 175 statuettes, 102 mummies, 90 alabaster vases, and 95 statues (Messling 2015, 95–96). Cailliaud's report also uncovers the way in which these excavations were carried out. It is easy to imagine the considerable damage that was caused by this uncontrolled exploitation. This took place for the sake of quick money, but also in the name of science, which often enough caused the loss of precisely the knowledge it wished to conserve for humanity by salvaging the Egyptian antiquities – due to the destruction of the sites, lack of sketches and records, and inappropriate transport. Quite regularly, the meaning of objects could no longer be determined since the specific environment they had been embedded in – a temple, a tomb – could no longer be reconstructed, even though some museums tried. During the long transport routes, some objects simply got lost forever.

Comparable to natural history collections with their cabinets of species conserved in alcohol, the Egyptian collections were a material counterpart of the world famous *Description de l'Égypte* (Jomard et al. 1809–1829) which was in-

Fig. 13: *Description de l'Égypte*, title-page, first volume, 1809. Image: Wikimedia Commons. https://commons.wikimedia.org/wiki/File:Description_de_l'Egypte_1.jpg (10 June 2020).

spired by the same notion of an exhaustive, historical and encyclopaedic description of the world: Egypt was to be completely appropriated in its antique and contemporary political, social, cultural, and geographic dimensions (Fig. 13).

To some extent, the history of this publication still resembles a fairy tale and illustrates the cultural and civilisational effectiveness of the enthusiasm for Egypt. It expresses more than just France's political longing for heritage and the renewal of human civilisation. Immediately after the military failure of the Egyptian campaign in 1802, Napoleon put to work a *Commission d'Égypte*, consisting

Fig. 14: *Description de l'Égypte*, housed in a custom-made display cabinet, inspired by the originals carpeted by Charles Morel and designed by Edme-François Jomard. Image: Sotheby's.

of ten persons, which were to produce a work for which special paper sheets, so called 'mammoth formats', new printing techniques, printing machines, and even a piece of furniture were invented (Fig. 14). Six printers were employed, as well as dozens of draughtsmen, engravers and clerks.[18] In relation to the state budget, the estimated cost of 4.100.000 Francs, raised from diverse departments, probably still represents today one of the largest cultural projects of research and documentation of all times. It was the same claim to validity that carried the politics of collections.

Before this background, Champollion's letter to the Egyptian viceroy Muhammad Ali from 1829 is remarkable. In some few lines, he demands a regulation of the excavations and denounces the European looting. "The time has come to bring an end to these barbaric destructions", he takes the viceroy into responsibility, making the point that the objects belong to nobody if not humanity as a whole (Messling 2015, 120). Maybe his letter is a first document, in which a case is made for an 'international protection' of cultural goods from the perspective of a shared human heritage. It demonstrates that European imperial universalism becomes problematic to itself very early on, and acquires, in a dialectical turn towards its hegemonic implications, a true sense of humanity.

---

18 For a detailed description of the gigantic *Description de l'Égypte*, see Grinevald (2008).

From today's perspective, it is possible to level criticism at Champollion's note for different reasons. However, the attempt to limit the appropriation of cultural goods represents a significant rupture in the European awareness. In view of the dominant understanding of science and the world described above, this letter is a truly remarkable document, which highlights another aspect of the "great Champollion", as the nationalistic saying quickly went.

Champollion owed his advancement to Bonapartism, which he had defended fervently against the Restoration as a force that continued to pursue the goals of the Revolution; however, this did not blind him to the realities produced by it. His letter to Muhammad Ali represents an early, but very modern, document of international heritage protection. In its attempt to understand the world and humanity as part of a great History of Progress, anchored in the cultural capitals of Europe, Champollion's conception of Egyptian antiquity belongs to the universal aspirations of European modernity. Yet precisely because of its success, his project also reveals the cost of this aspiration, as it is there that the damaged world shows its resistance to this kind of appropriation. Rather than a hero, the famous Champollion statue at the Collège de France curiously appears, contrary to the artistic intention, to express scepticism as a result of its almost Rodin-like thinker-pose (Fig. 15).

Fig. 15: Statue of Jean-François Champollion, 1875, by Frédéric-Auguste Bartholdi, Collège de France courtyard, Paris. Image: Wikimedia Commons. https://commons.wikimedia.org/wiki/File:Jean-francois_champollion_bartholdi_statue.jpg (10 June 2020).

In such crisis-related reflections (in both senses of the word) lies, beyond progressivism, the deeper archive of European Enlightenment consciousness. This reflexivity is radically contemporary and politically relevant in its inability to subsume the 'loss' caused by universalism, as the inevitable 'cost' of it.

Are these dialectics relevant for our understanding of history? – considering the fact that we have to deal with the bitter truth of the hegemony of an imperial discourse starting in Champollion's time under the flag of universalism.

1989, absolute West?

"Communism – that means Soviet power plus electrification of the whole country". Lenin's programmatic abbreviation from 1920 is still famous today. It not only became illustrated by the erection of monuments all over the country, but also as a kind of a pop-slogan even in times when the belief in the emancipatory dimension of technological progress was contested. Less known are the utopian accents he made explicit in his speech at the *8th All-Russian Soviet Congress*:

> We have to achieve, that each factory, each power-station becomes a site of enlightenment, and the day Russia will be covered by a network of electricity production units and of powerful technologic infrastructures, our communist economic development will become the paragon for an upcoming socialist Europe and Asia (Lenin 1959; transl. F. H. and M. M.).

This quote appears like an interpretation of the Russian Revolution of 1917 that combines the ambitions of Valmy and a *Nation universaliste* incarnating the liberation of the people, up to the *Commune de Paris*, with the concept of the empire at a time. The dialectics of modernity, first formulated as the programme of the French Republic and of a universalistic nation, was transferred into the international communist movement. This will soon establish its own empire. If Napoleon thought about a federal Europe at the same time as Kant developed his concept of a World Republic, the Communist Party translated the universalistic ideas and their relation to power into the Union of the Soviets and the programme of the Communist International.

Revolution and Restauration. One way led from Valmy to the idea of the social revolution; a second one to the national revolution. In opposition to the colonial reality of French politics which imposed a specific modernity to other European countries and the world, nationalisms were rapidly arising, right from the so called "Wars of Liberation" and late German Romanticism. In the perspective of a *longue durée*, the two world wars and also the ideological fundament of Western European integration after 1945 cannot been understood without the

Revolutionary Wars and the programme for which Napoleon stands; he, who became the Napoleon of the Invalides, the expression of the "grandeur de la France".

Fig. 16: Adolf Hitler Looking Down on Napoleon's Tomb at Dôme des Invalides, 28 June 1940, by Heinrich Hofmann, Deutsches Historisches Museum, Berlin. Image: Deutsche Digitale Bibliothek.

In 1940, some hours only after the German Wehrmacht had reached Paris, Hitler visited Bonaparte's sarcophagus (Fig. 16). Another translation was to be symbolised: The 19th century dreams of the Empire had to be transposed to the nationalsocialist vision of a Germanised Europe (Langewiesche 2008, 211–234). As for many others, for the German communist exiles, the arrival of the Wehrmacht and the occupation of Paris turned into a nightmare. The dream of the social revolution as encouraged by the *Front Populaire* in 1936 was squashed.

Like many others, the Paris-based German communist and artist Max Lingner, who lived in France since 1929, found himself suddenly in exile. He was arrested and brought to the Camps at Gurs and at Les Milles near Aix-en-Provence. Lingner, who had worked before as press drawer for Barbusse's journal *Monde* as well as for *L'Humanité*, is known for being one of the emblematic artists of the *Front Populaire*, and, more specifically, of the *Fête de l'humanité*, a huge public feast organised by the communist press. But his monumental decorations, celebrating the working class and the idea of progress, have to be seen together with another part of his work, constituted by drawings of men and women, portraits in between typology and subjectivity, and of minimalist studies of the places they live in. His work as an artist and as a communist bound to partisan discipline can be interpreted through the dialects of modernity, as an expression of its promises and of disappointments. "À la recherche du temps présent – Auf der Suche nach der Gegenwart": a line taken from an autobiographic note, seems to be the programmatic concentration of Lingner's work (1945, 1). Before the occupation of France, Lingner had searched for his contemporaneity in the *banlieues*, in the proletarian suburbs of Paris. He did not only systematically organise the studies of urban sceneries in geographic patterns, but also with regard to the cardinal points: North, South, East, West. The sum of his drawings can be regarded as a worldview without a centre. His universalism is a universalism of a universal class, of workers and their party, and not of the *Nation universaliste* with its capital and great monuments.

After the liberation of Europe, the hope for a social revolution through a communist future made him move back to Germany. Lingner returned to Berlin in 1949 and became one of the most representative artists of the German Democratic Republic. In order to participate at the foundation of a new art and renewed art history in line with the hopes and the ideology of the communist movement, Lingner made a symbolic donation to the German people, handing over 40 paintings, aquarelles, and drawings he brought back from France to the National Council. They were presented in an exhibition opened by Wilhelm Pieck, then-president of the Council. Hence, they were from the very beginning entangled with the political representation of what would soon become the GDR.

In 1950, Lingner designed the famous decorations for the International Labour Day Parade (1 May) at Berlin's Lustgarten (Fig. 17). His intention was to transform the historical centre of the city into a place of festivity and into a forum of an emerging people's democracy.

Fig. 17: Otto Grothewohl standing on the official tribune underneath Max Ligner's wall painting "Völkerfreundschaft" (*Friendship amongst the peoples*), 1 May 1950. Image: *Max Lingner. Das Spätwerk (1949–1959)*. Ed. Thomas Flierl. Berlin: Lukas Verlag, 70.

Therefore, he transformed the architectural symbol of the Prussian feudalism, the Berliner Schloss, together with Schinkel's Neues Museum, into representations of a universal solidarity of the people (Flierl 2013a). But Lingner's hopes were disappointed just a few months later. As he had returned to Berlin from Paris instead of Moscow, the professor and academy member was considered a suspect by the Russians. Close to president Grotewohl, who was then attacked by Walter Ulbricht, Lingner found himself under fire: His style was criticised as an expression of Western formalism and his portraits of workers were considered to not be "German enough" (Lingner 1955, 64). Designated to create the emblematic *Berliner Wandbild* at the former fascist Ministry of Aviation [*Reichsluftfahrtministerium*] that had been transformed into a central government building of the GDR, he had to re-elaborate his propositions several times to adapt composition and expression according to the ideological programme. The monumental relief mural, realised in noble Meissen porcelain, illustrates the communist ideal of a free society and of a – national – universalism. Frustrated by the fact that his art was not appreciated, Lingner took refuge from contemporary social life, working on historical paintings such as *Der grosse Deutsche Bauernkrieg*. Celebrating the peasant war of 1524 allowed him to express his partisan convictions and, following the doctrine of his party, to continue to sketch faces and expressions of men in preparatory studies. His artistic search for a contemporary socialist realism was now turned into something different: What would be a typical *German* socialist realism inspired by old German masters such as Grünewald or Altdorfer?

Lingner died in 1959, two years before the GDR closed the border to West Berlin. His work became petrified as part of the official state art, but nonetheless kept the force to remember another history of socialism in art, as it showed up in its connection to Paris and to the *peuple de gauche* in France. Of course, the latter aspect was banned in the pictorial language of the 'official' social realism. Still, as soon as in 1965, a small publication edited by the German Academy of Arts at Berlin [Deutsche Akademie der Künste zu Berlin] celebrated *Max Lingner in Paris*, presenting under this title his French drawings, which had been brought to Moscow during the war. Through this publication, the making of the artist and communist Lingner in France was appreciated, as well also his artistic and political experience. Lingner himself had related his French experiences in a short autobiographical prose and summed up in the portrait of *Yvonne*, an ephemeral love first met at the Louvre museum, remembered as the later activist in the communist resistance, who was deported to Auschwitz and subsequently killed (Lingner 1949). In 1989, in a trembling state, some months only before the Berlin Wall came down, the French Lingner was once more cherished by an important exhibition organised by the National Academy of Arts and the National Gallery: *Max Lingner. 1888–1959*. It was accompanied by a special edition of stamps, symbols of state sovereignty, and universal *Bilderfahrzeuge* (Aby Warburg) – miniscule transport vehicles for images. Among the motives chosen for the stamps was *Yvonne* (Lingner 1988, 73). Yet no attention was given to the monumental mural relief, celebrating the foundation of the GDR, one of the contested works of Max Lingner that can still be seen today in Berlin right on the facade of the Federal Ministry of Finance

[*Bundesfinanzministerium*]. If a Lingner exhibition marked the beginnings of the GDR in 1949, another one pointed to its end.[19]

1989. The end of the social utopia, the end of History? In his famous essay *The End of History and the Last Man* (1992), Francis Fukuyama writes:

> From the beginning, the most serious and systematic attempts to write Universal Histories saw the central issue in history as the development of Freedom. History was not a blind concatenation of events, but a meaningful whole in which human ideas concerning the nature of a just political and social order developed and played themselves out. And if we are now at a point where we cannot imagine a world substantially different from our own, in which there is no apparent or obvious way in which the future will represent a fundamental improvement over our current order, then we must also take into consideration the possibility that History itself might be at an end (Fukuyama 1992, 51).

Fukuyama is often understood superficially. What is meant here, is certainly not that historical movement in the sense of an enchainment of historical events would come to an end. He rather considered the post-1989 situation as a *conditio humana* in which no serious intellectual and political alternative to Western universalism – which means for him: to capitalism and liberal democracy – seemed to remain. But even this philosophical perspective was wrong, and we see it with striking clarity today. It was wrong, because the counter-modern current with its specific entanglement of progressivism and reactionary politics gains in all Western societies in power and pushes the importance of freedom back behind other principles like homogeneity or belonging. It also showed to be wrong, because, whilst Fukuyama claims that "capitalism flourishes best in a mobile and egalitarian society", 1989 announced the fact that capitalism can well live without democratisation (Ther 2019; Balibar 2020, 193–212). Moreover, the 'world' was expressing the fact that freedom was not at all necessarily linked to Western universalism. The anti- and decolonising movements had done this for decades – just think of the example of Frantz Fanon who gave up his position as a psychiatrist in Algeria at the moment he was convinced that the wounds of his patients

---

[19] Thirty years after the Berlin Wall came down, Lingner's art was stored in the museum-depots and barely visible. Therefore, in 2019, an exhibition at the Institut Français de Berlin organised a 'rediscovery' of the artist and discussed his realism and legacy. The exhibition *Max Lingner. Auf der Suche nach der Gegenwart* (curated by F. Hofmann and R. Melis) pointed out the failed image-transfer from France to Germany and from the former GDR into the reunified German society. Widely unknown to former West-German citizens, Lingner's work endures to be an important part of the contested East-German culture, of the state history of the GDR, and of the memories of its former citizens. An augmented version of this exhibition was shown in Paris at the Musée de l'histoire vivante in 2020 (Hofmann 2019).

Fig. 18: Poster "Imperialism and Revolution: Who was Frantz Fanon?", May 2017, London. Image: Wikimedia Commons. https://commons.wikimedia.org/wiki/File:Who_was_Frantz_Fanon,_London_May_2017.jpg (10 June 2020).

would not be healable within a colonial system oriented towards the needs of the colonisers only (Fig. 18).[20]

And in the wake of the decolonisation, the literatures of the world painted already in 1989 another picture of the times by pointing to a multi-polar, diverse world. It is another historical concomitance, that in 1989 the famous book *The Empire Writes Back: Theory and Practice in Post-Colonial Literature* (Ashcroft, Griffiths, and Tiffin 1989) is published in London, the ancient heart of another imper-

---

[20] See Fanon (2018 [1956]), and for the background on Fanon's letter to the "Ministre Résident": Mbembe (2016, 119–139).

ial universalism. Today, intellectuals claim that progressive visions of the future cannot simply mean a mimicry of possible Western achievements, but have to be thought beyond, in a truly 'global' perspective – be it, for instance, from an African contemporary (Sarr 2016, 123–131; Mbembe 2013b, 257–263), or be it with regard to the transformations in the Arab world (Dakhli 2009; Kerrou 2018, 149–172).

Maybe those who believed less in the force of the Spirit, as Fukuyama did, saw more clearly, already in 1989. In his text *The Beech and the Birch. An Essay on the European sadness* (2009), Camille de Toledo writes:

> The spirit always forgets the body of the being. It doubles the body with high speed, and disdains all forms of inertness. It runs like the hare in order to celebrate the end, bends itself under the new conditions of the present, goes through metamorphoses, takes notice of the new facts about the world, interprets them. It shouts: 'The Wall has fallen! The Wall has fallen!', aligns itself to the antitotalitarian excitement, to the triumph of what we obsessively define as *Freedom*. And doing so, the hare forgets the turtle, the weight, the endurance of the past, its capacity to survive the event that strikes it. The spirit does not see the appalled faces of all those for whom freedom is one of these words which are stowed away in the libraries of hope… The spirit did not see, during and after the Berlin Wall came down, the sadness (de Toledo 2009, 15; transl. M. M.).

The impression de Toledo gets from the falling Berlin Wall is a tragic one, recalling the famous picture of the master Mstislav Rostropovich playing Bach on his cello at Checkpoint Charlie (Fig. 19). Whereas the original TV-films are colourful and reveal that many people actually gathered around the Soviet dissident, the black and white photography, rich in contrast, stresses the rough aspect of the Berlin of that time and casts a cloud of gravity over the scene. Rostropovich, self-absorbed, seems to be distanced from the world and from the people. De Toledo tells that some passers-by, who did not recognize the master Rostropovich, threw some coins to him. Behind him, on the Berlin Wall, a great painting of a wily Mickey Mouse. Next to it some writings like "Charlie's retired", or a crossed out "~~Ost~~" (~~East~~).

What an image for the new regime of freedom! Europeans did not listen to the world, the image says. They were inebriated by an idea of freedom that was reflecting themselves without considering a wider context. As long as Europeans do not see the necessity to set themselves into a new relation with those who had barely tasted freedom, they will not be able to see an option for a world of the future. This loss of a utopian perspective is due to the fact that Europeans have lost their 'Other' as a point to which they can transcend. But they did not only lose the 'Other' in the sense of another modern system (state socialism, communist internationalism). After 1989, the 'West' also forgot those who did not profit from the system change. Europeans forgot the losses that were still in the world, in the Eastern hemisphere, and, since long, in the Global South – not to forget the social problem within Western societies. The unlimited capitalism generally and more

Fig. 19: Mstislav Rostropovich performs some pieces by Bach at Checkpoint Charlie in celebration of the Fall of the Berlin Wall, 10 November 1989. Image: Reuters.

and more raised the question of justice and relation. As if the Europeans were enclosed in themselves. As if they had lost the empathy that would allow transcendence, liberation towards a desirable humanity. That is why large parts of European societies ensconced in a mode of melancholia which Camille de Toledo calls the "tristesse européenne" (2009, 25–30).

After the horrors of the 20th century, the power of the Enlightenment idea of progress had already come to a certain end. European self-understanding was now to be grasped from its negativity: Never again such crimes against humanity. Or, as de Toledo describes it, the "negative universal" (2009, 102–105). Europe was building on values that consisted in what it did not want to be. The democratic public culture that was born from it was taken for the foundations of humanity. But unfortunately, the lessons of history did not encompass colonial history. It concentrated on the crimes committed against Europeans. This 'loss' of the world was fortified when the utopian 'Other' broke away in 1989. But in the return to a 'blank reality', it also became much more visible. Other groups of victims of European politics were getting a voice. As the cultures of remembrance were fixed in stone memorials and other remembrance marginalised, a struggle emerged which continues in terms of an ethnicisation of representation.[21] "Sadness to see", writes de Toledo, "that what could have been born from the 'negative universal' (the link between Sartre, Fanon, and Améry) is again subject to contestation, concurrence, and the struggle for recognition" (2009, 105; transl. M. M.).

Therefore, if 1989 was the end of a European 20th century, it needs to be an opening to the world. Histories need to be told together to avoid "hierarchies of pain" (de Toledo 2009, 205). That is the force of the narration: To the contrary of memorials and historical sites fixed in stone, narrations can entangle histories. To connect, or even entangle the histories of suffering of modernity carries an ethic dimension, but, moreover, makes it necessary to reflect the own standpoint from where a narration shall be constructed.[22] The lessons of the 20th century should not be put to an end, but rather woven into a common "negative universal" that can serve as a moral fundament of a world-society. It entails questions of reparation, justice, and forgiveness. In this shared universal, humanity may find a utopian dimension for its living-together – without centralising and without making abstraction of particularities any more. Time to overcome the obsessions and to get to an end with the European *tristezza*.

References

Al-Azm, Sadik Jalal. "What's in a name? 'Proche-Orient', 'Asie Occidentale' et le pouvoir du nom". *Point de fuite. La Méditerranée et la crise européenne*. Eds Franck Hofmann and Markus Messling. Paris: Éditions Hermann, 2019, 27–35.
Appadurai, Arjun. *Modernity At Large: Cultural Dimensions of Globalization*. Minneapolis: University of Minnesota Press, 1996.
—. Ed. *Globalization*. Durham, NC: Duke University Press, 2002.
—. *The Future as Cultural Fact: Essays on the Global Condition*. New York, London: Verso, 2013.

---

21 See the recent global debate on German remembrance politics during which numerous articles, essays and manifestos have been published; cf. the central statement by Achille Mbembe, "Lettres aux Allemand_e_s" (Mbembe 2020b).
22 Werner and Zimmermann have stressed the importance of reflexivity in their widely received article on the "histoire croisée" (2006).

Ashcroft, Bill, Gareth Griffiths, and Helen Tiffin. Eds. *The Empire Writes Back: Theory and Practice in Post-Colonial Literature*. London: Routledge, 1989.
Balibar, Étienne. *Des Universels. Essais et conférences*. Paris: Galilée, 2016.
—. *Histoire interminable. D'un siècle l'autre* (= Écrits 1). Paris: La Découverte, 2020.
Beck, Ulrich and Edgar Grande. Eds. *Varieties of second modernity: extra-European and European experiences and perspectives*, vol. 61.3 special issue: 409–638 of *The British Journal of Sociology*, 2010.
Bernstein, William. *A Splendid Exchange: How Trade shaped the World*. London: Atlantic Books, 2009.
Boucheron, Patrick. *Léonard et Machiavel*. Paris: Verdier, 2008.
Buck-Morss, Susan. "Hegel and Haiti". *Critical Inquiry* 26.4 (2000): 821–865.
—. *Hegel, Haiti, and Universal History*. Pittsburgh: University of Pittsburgh Press, 2009.
Cailliaud, Frédéric. "Voyage à l'oasis de Thèbes et dans les déserts situés à l'Orient et à l'Occident de la Thébaïde fait pendant les années 1815 1816, 1817 et 1818. rédigé et publié par Edme-François Jomard [contains a chapter written by Bernardino Drovetti]. 2 parts", 1821. [Reprint Paris: Imprimerie Royale, 1862].
Cassin, Barbara. *Éloge de la traduction. Compliquer l'universel*. Paris: Fayard, 2016.
Certeau, Michel de. *L'Écriture de l'histoire*. Paris: Gallimard, 1975.
Césaire, Aimé. "Lettre à Maurice Thorez, secrétaire général du Partie communiste français (Paris, le 24 octobre 1956)". *Aimé Césaire. Écrits politiques (1935–1956)*. Preface Marc Césaire. Ed. Édouard de Lépine. Paris: Jean-Michel Place, 2016 [1956], 387–394.
Chakrabarty, Dipesh. *Provincializing Europe. Postcolonial Thought and Historical Difference*. Princeton, NJ: Princeton University Press, 2000.
—. *Europa als Provinz. Perspektiven postkolonialer Geschichtsschreibung*. Frankfurt/Main: Campus, 2010.
Champollion, Jean-François [le Jeune]. *Lettre à M. Dacier, secrétaire perpétuel de l'Académie royale des Inscriptions et Belles-Lettres, relative à l'alphabet des hiéroglyphes phonétiques employés par les Égyptiens pour inscrire sur leurs monuments les titres, les noms et les surnoms des souverains grecs et romains*. Paris: Firmin Didot Frères, 1822.
—. "Lettres et Journaux écrits pendant le voyage d'Égypte". *Lettres et Journaux de Champollion le Jeune*, recueillis et annotés par H. Hartleben. Paris: E. Leroux, ("Bibliothèque égyptologique", 31), 1909. [Reprint with an introduction by R. Lebeau, Paris: Christian Bourgois, 1987].
Conrad, Sebastian. *What is Global History?* Princeton, NJ: Princeton University Press, 2016.
Dakhli, Leyla. *Une génération d'intellectuels arabes. Syrie et Liban (1908–1940)*. Paris: Karthala, 2009.
Diagne, Souleymane Bachir and Jean-Loup Amselle. *En quête d'Afrique(s): universalisme et pensée décoloniale*. Paris: Albin Michel, 2018.
D'hulst, Lieven. "After Globalism?". *Canadian Review of Comparative Literature* 43.3, special issue "Literature and Globalism" (2016): 337–341.
Dufraisse, Roger. "Valmy: une victoire, une légende, une énigme". *Francia* 17.2 (1990): 95–118.
Ernaux, Annie. *Les années*. Paris: Gallimard, 2008.
Espagne, Michel, Nora Lafi, and Pascale Rabault-Feuerhahn. Eds. *Silvestre de Sacy. Le projet européen d'une science orientaliste*. Paris: Éditions du Cerf, 2014.
Ette, Ottmar. "European Literature(s) in the Global Context". *Literature for Europe?*. Eds Theo D'haen and Iannis Goerlandt. Amsterdam, New York: Rodopi, 2009a, 123–160.
—. *Alexander von Humboldt und die Globalisierung: das Mobile des Wissens*. Frankfurt/Main: Insel, 2009b.

—. *TransArea. A Literary History of Globalization*. Berlin, Boston: De Gruyter, 2016.
Fanon, Frantz. "Lettre au Ministre Résident". *Écrits sur l'aliénation et la liberté*. Paris: La Découverte, 2018 [1956]. 452–454. [First published in *Pour la révolution africaine*. Paris: Maspéro, 1964].
Flierl, Thomas. "Von der Pariser Festdekoration zum Gründungsbild der DDR. Bildtransfer und Bildverlust bei Max Lingner". *Max Lingner. Das Spätwerk 1949–1959*. Ed. Thomas Flierl. Berlin: Lukas Verlag, 2013, 52–97.
Fukuyama, Francis. *The End of History and the Last Man*. New York, London: Free Press, 1992.
Ginzburg, Carlo. "Spie. Radici di un paradigma indiziaro". *Crisi della ragione. Nuovi modelli nel rapporto tra sapere e attività umane*. Ed. Aldo Gargani. Torino: Einaudi, 1979, 57–106.
Gilroy, Paul. "Planetarity and Cosmopolitics". *The British Journal of Sociology* 61.3 special issue (2010): 620–626.
Glissant, Édouard. *Introduction à une Poétique du Divers*. Paris: Gallimard, 1996. [First ed. Montréal: Presses de l'Université de Montréal, 1995].
Goethe, Johann Wolfgang. *Campain in France in the Year 1792*. Transl. Robert Fairie. London: Chapman and Hall, 1849 [1792].
—. "Novelle". *Hamburger Ausgabe*. München: Beck, 1981, 491–513.
Grinevald, Paul-Marie. "La *Description de l'Égypte*". *Bonaparte et l'Égypte. Feu et lumières*. Catalogue of the exhibition at Institut du monde arabe Paris/Musée des Beaux-Arts Arras. Ed. Jean-Marcel Humbert. Paris: Hazan, 2008, 200–204.
Habermas, Jürgen. "Der interkulturelle Diskurs über Menschenrechte". *Recht auf Menschenrechte. Menschenrechte, Demokratie und internationale Politik*. Eds Hauke Brunkhorst, Wolfgang R. Köhler, and Matthias Lutz Bachmann. Frankfurt/Main: Suhrkamp, 1999, 216–227.
Hartleben, Hermine. *Champollion. Sein Leben und sein Werk*. 2 vols. Berlin: Weidmannsche Buchhandlung, 1906.
Hofmann, Franck. "De/Konstruktionen des Südens. Die Méditerranée im planetaren Horizont der documenta 14". *Kritische Berichte. Zeitschrift für Kunst- und Kulturwissenschaft* 4 (2017): 10–17.
—. "Max Lingner. Von der Suche nach der Gegenwart zum Verlust der Wirklichkeit". *Max Lingner – Auf der Suche nach der Gegenwart / À la recherche du temps présent*. (Reader, Exhibition Institut français de Berlin, January 17–February 28, 2019). Eds Franck Hofmann and Rahel Melis. Berlin: Max Lingner Stiftung, 2019, 22–39.
— and Markus Messling. "Für Europa: Politik und Ästhetik der Anerkennung". *Fluchtpunkt. Das Mittelmeer und die europäische Krise*. Eds Franck Hofmann and Markus Messling. Berlin: Kulturverlag Kadmos, 2017. 7–24. [French translation: "Pour l'Europe: politique et esthétique de la reconnaissance." *Point de fuite. La Méditerranée et la crise européenne*. Paris: Éditions Hermann, 2019, 5–23].
Hunt, Lynn. *Writing History in the Global Era*. New York: W. W. Norton, 2014.
Jablonka, Ivan. *Histoire des grands-parents que je n'ai pas eus. Une enquête*. Paris: Seuil, 2012.
Jomard, Edme-François et al. Eds. *Description de l'Égypte, ou Recueil des observations et des recherches qui ont été faites en Égypte pendant l'expédition de l'armée française. Publié par les ordres de S. M. l'Empereur Napoléon le Grand*. 23 vols.: 10 vols. with texts, 10 vol. with plates, 2 « Mammutfolio » for oversize plates, 1 atlas. Paris: Imprimerie Impériale (since 1817: Imprimerie Royale), 1809–1829.
Jullien, François. *Il n'y a pas d'identité culturelle*. Paris: L'Herne, 2016.
Kerrou, Mohamed. *L'autre révolution. Essai*. Tunis: Cérès, 2018.

Langewiesche, Dieter. *Reich, Nation, Föderation: Deutschland und Europa*. München: Beck, 2008.
Lenin, Wladimir Iljitsch. "Über die Elektrifizierung. Rede vor dem VIII. Gesamtrussischen Sowjetkongress am 22. Dezember 1920". *Werke*. Berlin: Dietz, 1959, 513.
Lévi-Strauss, Claude. *L'Anthropologie face aux problèmes du monde moderne*. Paris: Seuil ("La Librairie du XXIe siècle"), 2011 [1987].
Lilti, Antoine. *L'héritage des Lumières. Ambivalences de la modernité*. Paris: Seuil/Gallimard ("Hautes Études"), 2019.
Lingner, Max. "Auf der Suche nach der Gegenwart". Typoscript. Max Lingner Archiv Berlin, 1945.
—. *Mein Leben und meine Arbeit*. Dresden: Verlag der Kunst, 1955.
—. "Yvonne. (First published in *Deutschlands Stimme*, September 1, 1949)". *Max Lingner in Paris*. Ed. Deutsche Akademie der Künste zu Berlin. Dresden: Verlag der Kunst, 1965, 34–40.
—. "Yvonne. Painting". *Max Lingner 1888–1959. Gemälde, Zeichnungen, Pressegraphik*. (Catalogue. Exhibition Staatliche Museen zu Berlin November 17, 1988–January 15, 1989). Ed. Staatliche Museen zu Berlin, Akademie der Künste der DDR. Berlin: Staatliche Museen zu Berlin, 1988.
Lüsebrink, Hans-Jürgen. "Grégoire and the Anthropology of Emancipation". *The Abbé Grégoire and His World*. Eds Jeremy D. Popkin and Richard H. Popkin. Dordrecht, Boston, London: Kluwer, 2000, 1–12.
Mabanckou, Alain. *Le Monde est mon langage*. Paris: Grasset, 2016.
—. "*Lettres noires: des ténèbres à la lumière*. Leçon inaugurale prononcé le 17 mars 2016 au Collège de France". https://books.openedition.org/cdf/4421. (24 May 2020).
—. "Francophonie, langue française: lettre ouverte à Emmanuel Macron". *BibliObs* (15 January 2018). https://bibliobs.nouvelobs.com/actualites/20180115.OBS0631/francophonie-langue-francaise-lettre-ouverte-a-emmanuel-macron.html. (24 May 2020).
Malhotra, Rajiv. *Being Different: An Indian Challenge to Western Universalism*. Noida: HarperCollins India, 2011.
Mbembe, Achille. *Sortir de la grande nuit. Essai sur l'Afrique décolonisée*. Paris: La Découverte, 2013a.
—. *Critique de la raison nègre*. Paris: La Découverte, 2013b.
—. *Politiques de l'inimitié*. Paris: La Découverte, 2016.
—. *Brutalisme*. Paris: La Découverte, 2020a.
—. "Lettres aux Allemand_e_s. En exclusivité pour *taz*: Le philosophe camerounais répond aux attaques en présentant les racines africaines et la portée globale de sa pensée". *taz* 11 May (2020b). https://taz.de/Essai-dAchille-Mbembe/!5684629/ (31 May 2020b).
Messling, Markus. *Les Hiéroglyphes de Champollion. Philologie et conquête du monde*. Revised and enlarged version. Transl. Kaja Antonowicz. Grenoble: ELLUG ("Vers l'Orient"), 2015.
—. *Gebeugter Geist. Rassismus und Erkenntnis in der modernen europäischen Philologie*. Göttingen: Wallstein ("Philologien: Theorie – Praxis – Geschichte"), 2016a.
—. "Décryptologies. Zur Struktur der modernen Philologie zwischen Materialpolitik und einsamen Erkenntnissen". *Symphilologie. Formen der Kooperation in den Geisteswissenschaften*. Eds Stefanie Stockhorst, Marcel Lepper, and Vinzenz Hoppe. Göttingen: Vandenhoeck & Ruprecht, 2016b, 241–260.
—. "W. von Humboldt's critique of a Hegelian understanding of modernity. A contribution to the debate on postcolonialism". *Forum for Modern Language Studies* 53.1 (2017): 35–46.

—. *Universalität nach dem Universalismus. Über frankophone Literaturen der Gegenwart*. Berlin: Matthes & Seitz, 2019.
Moyn, Samuel and Andrew Sartori. "Approaches to Global Intellectual History". *Global Intellectual History*. Eds Samuel Moyn and Andrew Sartori. New York: Columbia University Press, 2013, 3–30.
Osterhammel, Jürgen. *The Transformation of the World. A Global History of the Nineteenth Century* [2009]. Princeton, NJ: Princeton University Press, 2015.
Pamuk, Orhan. *The Innocence of Objects. The Museum of Innocence, Istanbul*. New York: Abrams, 2012.
Perez, Robert. "Valmy, village algérien (d'après un mémoire de Jean Morral)". *L'Algérianiste* 60 (1992). http://www.cerclealgerianiste.fr/index.php/archives/encyclopedie-algerianiste/territoire/villes-et-villages-d-algerie/oranie/136-valmy-village-algerien (10 May 2020).
Revel, Jacques. Ed. *Jeux d'échelles. La micro-analyse à l'expérience*. Paris: Gallimard/Seuil, 1996.
Ruffel, Lionel. *Brouhaha. Les mondes du contemporain*. Paris: Verdier, 2016.
Sarr, Felwine. *Afrotopia*. Paris: Philippe Rey, 2016.
— and Bénédicte Savoy. *Restituer le patrimoine africain*. Paris: Philippe Rey/Seuil, 2018.
Savoy, Bénédicte. Ed. *Napoleon und Europa. Traum und Trauma* (Catalogue. Exhibition Bundeskunsthalle Bonn, Dezember 17, 2010–April 25, 2011). München, Berlin, London, New York: Prestel, 2010.
Schubert, Olga von. *The Contemporary Condition. "100 Years of Now" and the Temporality of Curatorial Research*. Berlin: Sternberg Press, 2018.
Schüttpelz, Erhard. "Weltliteratur in der Perspektive einer Longue Durée I: Die fünf Zeitschichten der Globalisierung". *Wider den Kulturenzwang. Migration, Kulturalisierung und Weltliteratur*. Eds Özkan Ezli, Dorothee Kimmich, and Annette Werberger. Bielefeld: transcript, 2009, 339–360.
Seibt, Gustav. *Goethe und Napoleon. Eine historische Begegnung*. München: Beck, 2008.
—. *Mit einer Art von Wut. Goethe und die Revolution*. München: Beck, 2014.
Spivak, Gayatri Chakravorty. *Death of a discipline*. New York: Columbia University Press, 2003.
—. "Writing wrongs". *South Atlantic Quarterly* 2–3.103 (2004): 523–581.
Ther, Philipp. *Das andere Ende der Geschichte. Über die Große Transformation*. Berlin: Suhrkamp, 2019.
Thomas-Fogiel, Isabelle. *Le Lieu de l'universel. Impasses du réalisme dans la philosophie contemporaine*. Paris: Seuil, 2015.
Toledo, Camille de. *Le hêtre et le bouleau. Essai sur la tristesse européenne. Suivi de L'utopie linguistique ou la pédagogie du vertige*. Paris: Seuil, 2009.
Voltaire. *Dictionnaire philosophique*. Chronologie et préface par René Pomeau. Paris: Garnier-Flammarion, 1964. [*Dictionnaire philosophique portatif*, Geneva, 1964].
Wallerstein, Immanuel. *European Universalism. The Rhetoric of Power*. New York: The New Press, 2006.
Werner, Michael and Bénédicte Zimmermann. "Beyond Comparison: *Histoire Croisée* and the Challenge of Reflexivity". *History and Theory* 45.1 (2006): 30–50.
Walzer, Michael. "Two Kinds of Universalism". *Nation and Universe*. The Tanner Lectures On Human Values, delivered at Brasenose College 1 and 8 May. Oxford University, 1989, 509–532. https://tannerlectures.utah.edu/_documents/a-to-z/w/walzer90.pdf (4 January 2018).

Part I: **Histories**
Première partie : **Histoires**

Leyla Dakhli
Napoléon a-t-il *réveillé* le monde arabe?

Résumé: L'Expédition d'Egypte fait partie des dates canoniques de l'histoire contemporaine arabe. Elle est considérée comme une rupture majeure, faisant entrer cet espace dans la modernité. Cette chronologie est marquée par une conception très mécaniste de l'histoire, et par une vision des Lumières qui semble ne pas vouloir comparer Bonaparte avec les conquérants et les colonisateurs, en faisant même une exception, un faiseur de civilisation. Cette vision caricaturale, qui a alimenté l'orientalisme mais aussi les rêves d'émancipation arabes, est fortement discutée dès les premières décennies du XIXe siècle. L'objet de ce chapitre est de revenir sur ces discussions et sur ce qu'elles révèlent. Elles permettent de comprendre quelles circulations intellectuelles sont à l'œuvre dans cette première mondialisation méditerranéenne et ce qu'elles nous apprennent sur les universels imaginés de part et d'autre de cette petite mer.

Mots-clés: conquête/découverte; monde arabe; civilisation; langue(s); colonisation; nationalisme(s); Napoléon Bonaparte; Butrus al-Bustani; Ahmad Faris al-Shidiaq; Hassan al-Attar

La question peut paraître étrange, il faut le reconnaître. Mais elle est pourtant dérivée d'une des affirmations classiques de l'histoire contemporaine du monde arabe, qui date de l'expédition d'Égypte la renaissance de la région. Comme d'autres avant et après lui en d'autres espaces (Vigil 1990), cet Européen aurait donc *découvert* l'Égypte, l'aurait rendue à elle-même en lui faisant découvrir ses propres richesses, des pyramides aux obélisques, de la langue des tablettes à l'islam arabe. La critique de la notion de découverte a été faite ailleurs et fait partie d'un retour sur la modernité européenne. Le récit de la conquête qui nous est présenté aux pieds des pyramides est de courte durée, raconté sur le mode de la rencontre et de la révélation, et il n'est que l'un des tropes bien connu des livres d'histoire. Une des manières de renverser le stigmate serait – et a souvent été – de raconter le revers de la rencontre, et de montrer alors comment l'Égypte a conquis l'Europe, et même le monde en pénétrant son imaginaire, ses musées, ses salons, ses villes, suscitant même, après la publication des *Voyages en Syrie et en Égypte* de Volney (1799), le désir d'Égypte de Bonaparte (Humbert 1998); ou de raconter comment les Égyptiens ont ensuite rendu la politesse et à leur tour visité l'Europe,

Leyla Dakhli, CNRS/Centre Marc Bloch

Open Access. © 2021 Leyla Dakhli BY-NC-ND This work is licensed under a Creative Commons Attribution-NonCommercial-No-Derivatives 4.0 License.
https://doi.org/10.1515/9783110691504-002

raconté leurs découvertes et les merveilles de l'Occident. On peut ensuite raconter l'histoire de ce vice-roi d'Égypte, Mohammad Ali, qui voudra transformer les villes de son pays en Paris des Lumières, y mettre des opéras et des boulevards, des réverbères et des promenades. Enfin, on assistera au percement du Canal de Suez, micro-ouverture pour une nouvelle irrigation commerciale et culturelle de cette partie du monde qui, depuis des siècles, se trouvait contournée par le détroit de Magellan [1].

Fig. 1: « Bonaparte devant le Sphinx », 1886, par Jean-Léon Gérôme. Image : Wikimedia Commons. https://de.wikipedia.org/wiki/Datei:Bonaparte_ante_la_Esfinge,_por_Jean-Léon_Gérôme.jpg (10.6.2020).

Mais c'est une vision qui reprend de toute façon le récit viriliste de la conquête et s'intéresse peu à la réalité des contacts et porosités. Et on peut aussi refuser de se laisser bercer ou berner par cette histoire rythmée par des gens de lettres et des aventuriers de papier, par des inventeurs et des déchiffreurs. S'il est passionnant de comprendre l'ampleur du rêve oriental du jeune Bonaparte qui, influencé par la lecture du *Mahomet* de Voltaire (2009 [1741]), se projette dans de nouvelles conquêtes sur des terres considérées comme à prendre et à réveiller après l'expédition italienne (Laurens 1989, 19–21), il pourrait être utile de voir si par hasard,

---

[1] On peut renvoyer ici au chapitre de cet ouvrage sur l'inauguration du Canal de Suez ; cf. l'article de Sarga Moussa.

en tendant l'oreille, on ne peut pas comprendre autrement l'universalité de ce moment Bonaparte. Comme l'écrit Romain Bertrand, parler de la conquête, c'est toujours creuser un peu l'histoire de la violence en même temps que celle du remords. « Apprendre à exister dédoublé » devient dès lors l'une des figures de notre modernité (Bertrand 2015, 12).

Car lorsque le porteur de révolution et de lumières débarque en terre égyptienne, la Renaissance du monde arabe, la Nahda [2], commence tout juste, et elle trouve dans cette guerre qui l'oppose à l'envahisseur européen une occasion de prendre la mesure de ce que la modernité représente, en matière de puissance de feu, mais aussi de développement intellectuel et scientifique. C'est à partir de ce constat que le projet moderniste égyptien se construit, en rupture avec l'Empire ottoman, en se cherchant d'autres supports et d'autres origines. Plus qu'une exportation des Lumières, on peut parler ici d'une secousse, voire d'une décharge électrique.

Le *contact*

On le voit, ce qui se joue d'abord autour de cette affaire, c'est une histoire de *contact*. On a pu donner à ce contact un sens, une direction. Les uns découvrant les autres, et leur apportant des choses (au choix: la civilisation, la science, les lumières, la révolution, les baïonnettes). C'est alors que la Renaissance arabe devient un mouvement nourri par ce contact, qui emprunte, voire adapte, ce que les européens lui font découvrir à son tour.

L'expédition napoléonienne est l'expérience de la sidération, ressentie notamment par les élites locales face au développement de la technique et de la science européennes. C'est ce qui est en partie lisible dans la célèbre chronique du cheikh d'Al-Azhar 'Abd al-Rahmân al-Jabarti (1753–1825), *'Aja'ib al-ʿathar fi al-tarâjim wal-ʿakhbar* [3]. Cette vision détermine pour longtemps les dichotomies entre conservateurs et modernistes, séculiers et religieux. Al-Jabarti insiste par exemple sur sa fréquentation de la bibliothèque ouverte par les Français, ses échanges avec eux sur les questions scientifiques et sa découverte de l'orienta-

---

[2] Le terme *Nahda* (essor, éveil, renaissance) désigne un mouvement intellectuel et culturel qui s'est développé à partir du début du XIXe siècle dans le monde arabe et musulman. Il désigne par extension et plus précisément sous le vocable devenu courant de *'asr al-ʿnahda* une période d'effervescence liée notamment au développement de centres d'édition dans la région. Cette période s'étend du début du XIXe siècle à la fin de la Première Guerre mondiale. Cf. Dakhli, « Nahda ».
[3] Traduction française de Joseph Cuoq sous le titre *Journal d'un notable du Caire durant l'expédition française (1798–1801)* ('Abd al-Rahmân al Jabarti 1979).

lisme européen. La lecture de cette chronique montre bien la fascination pour les méthodes scientifiques qui sont utilisées par les Français. Néanmoins, les Égyptiens ont bien conscience d'être aussi des savants, et ils ont pour fonction d'enseigner à ces *savants* d'outre-mer.

Du contact, comme l'écrit Elliott Colla (2003), on connaît le plus souvent surtout la construction littéraire des Français qui décrivent comment les Égyptiens s'opposent à une mission venue leur apporter la Raison ou les libérer des despotes, selon les termes de Vivant Denon dans son *Voyage dans la basse et la haute Égypte*, mais aussi de Bonaparte lui-même ;

> Depuis trop longtemps les beys qui gouvernent l'Égypte insultent à la nation française, et couvrent ses négociants d'avanies : l'heure de leur châtiment est arrivée. Depuis trop longtemps ce ramassis d'esclaves achetés dans le Caucase et la Géorgie tyrannisent la plus belle partie du monde ; mais Dieu, de qui dépend tout, a ordonné que leur empire finît.
> Peuples de l'Égypte, on vous dira que je viens pour détruire votre religion ; ne le croyez pas. Répondez que je viens vous restituer vos droits, punir les usurpateurs, et que je respecte, plus que les Mamelouks, Dieu, son prophète, et le Coran.
> Dites-leur que tous les hommes sont égaux devant Dieu : la sagesse, les talents et les vertus mettent seuls de la différence entre eux.
> Or quelle sagesse, quels talents, quelles vertus distinguent les Mamelouks pour qu'ils aient exclusivement tout ce qui rend la vie aimable et douce ? Y a-t-il une belle terre ? Elle appartient aux Mamelouks. Y a-t-il une belle esclave, un beau cheval, une belle maison ? Cela appartient aux Mamelouks [4].
> Si l'Égypte est leur ferme, qu'ils montrent le bail que Dieu leur en a fait (Bonaparte, 1798, in Pujol 1845, 139–140).

Les « découvreurs de l'Égypte » y décrivent à foison l'ignorance et la confusion des « musulmans », subjugués par leurs maîtres eux-mêmes ignorants et cupides. Pourtant, ils sont aussi séduits par leur propre imaginaire oriental et les projections qu'il suscite sur la réalité lorsque Denon se met à « se rêver en Shahrayar » (Denon 1802, 105). Colla démontre que dans ce contact se joue aussi une forme d'homo-érotisation qui passe par le savoir, et qui concerne à la fois les textes de Denon sur les conteurs arabes et les textes de savants égyptiens comme Hassan al-Attar. Constater cette ambivalence, déjà présente dans une tradition soufie de désir pour le savoir, ne signifie évidemment pas relativiser la violence de la « rencontre coloniale » (Fauvelle-Aymar 1999 ; Bertrand 2001). Il s'agit simplement de comprendre peut-être un peu mieux les échanges qui ont lieu dans la découverte réciproque.

---

[4] Pour une vision plus juste de l'origine de la dynastie des Mamelouks et leur œuvre, cf. Loiseau (2017).

La poésie du savant d'al-Azhar Hassan al-Attar intitulée *Maqâmat al-Fransis* dit, dans la traduction de Colla :

> He saw the affection in my eyes and spoke to me
>   With pearls of words, sweetly and effeminately
> The beauty of seeing him became
>   a metaphor that transforms lips into words
> He pursued my mind with his gestures and, O my!
>   The Frenchmen have invaded everything, even my mind!
> To consummate my love for him has become impossible
>   Because he has no pity for passion
> I ask, « Shall we get together ? » He replies, « Non! Non! »
>   I ask him, « Shall we leave each other ? » He replies, « Si, Si! »
> (Al-Attar, [1858], 96 ; traduit par Colla 2003, 1065)

Le jeu sur la notion d'invasion, qui pénètre jusqu'à l'esprit de ceux qui s'y soumettent, charrie un imaginaire érotique sans ambiguïté. Et le jeu sur les langues et les significations du refus disent évidemment un jeu du désir.

Le réveil

Qu'est-il resté de cet échange, reconnaissant la violence comme le désir mutuel, au moins dans la sphère du contact intellectuel, savant et littéraire ? Sur ce contact, tel qu'il a été discuté par les historiens et les intellectuels égyptiens, on peut dire qu'il a été décliné sous la forme de la scansion régulière d'un « réveillez-vous, les Arabes », qui repose sur un sentiment de perte, sur la conscience aiguë de se tenir sur des ruines. Il a été transformé en un discours critique qui fait de la modernité arabe un âge de l'imitation, de l'importation, de la dépendance, et du réveil, de la Nahda, le résultat de ce contact vécu comme une défaite. Le contact, en somme, installe un paradigme toujours prégnant pour la lecture historique des sociétés arabes, celui du retard. Ce que nous disent les envahisseurs, c'est que nous sommes faibles, et qu'il faut nous ressaisir, nous reconstituer pour ne plus être envahis. Bien plus, les envahisseurs doivent alors devenir nos modèles car ils ont les armes qu'il nous faut, et en premier lieu celles de la science et des techniques.

En cela, Napoléon et son expédition éclipsent d'autres paradigmes en construction, qui s'appuient sur d'autres types de rencontres, comme celle de l'intervention armée. La Renaissance arabe est alors provoquée par le choc d'une rencontre qui se poursuit au sein même des sociétés locales. Se transmet, en même temps que la conquête et ses ambiguïtés, la guerre et ses différentes formes. Les débuts de la mondialisation dans la région prennent alors la forme de conquêtes intérieures et de crises qui peuvent mener à la guerre civile. On le sait, les Mamelouks égyptiens partent bientôt à la conquête d'autres terres orientales, par-delà le Sinaï, et conquièrent la Palestine et la Syrie dans les premières décennies du XIXe siècle. La Renaissance arabe se construit aussi face à ce type de rencontre, et face au risque de la guerre civile. Dans le contexte de mondialisation et de transformation qui est celui du tournant du XIXe siècle, les sociétés du Moyen Orient et d'Afrique du Nord sont secouées et déstabilisées ; elles se transforment et vivent des épisodes de violences interconfessionnelles qui accélèrent leurs transformations : émigrations, exode rural.

Ce que construisent aussi les auteurs et les autrices de ce temps, les acteurs et actrices de la Nahda, peut se comprendre comme une réponse à ces transformations, une réponse qui s'articule à la notion de *patrie* et trouve son ancrage dans la langue arabe. Plus que la question de l'emprunt, qui n'est en somme qu'un moyen, c'est la revivification, l'entretien systématique, à la manière d'un jardin, de la langue, qui est perçu comme une œuvre de civilisation.

L'un des auteurs majeurs de la Nahda, le *Libanais*[5] Ahmad Faris al-Shidiyâq (1804–1887) considère dans les premières pages du merveilleux ouvrage autobiographique et picaresque qu'il rédige au milieu du XIXe siècle que les Arabes ont acquis leur civilisation par la langue, au contraire des Européens qui auraient acquis leur langue par la civilisation (al-Shidiaq, 1855 ; Traboulsi, 2016). Avec d'autres, il fait de ce constat le pilier majeur de son travail de revivification de la culture arabe. L'instrument majeur est la langue, la philologie, le travail sur les outillages conceptuels et sur les manières de dire le monde en arabe. On le voit, la question qui se pose alors est celle de l'origine et de la manière d'entrer dans la modernité.

De manière globale, le réveil s'opère alors que se déploie la mondialisation des conditions économiques et sociales par l'essor du capitalisme industriel. Dans les textes des auteurs du XIXe siècle, des références récurrentes sont faites à un âge d'or qu'il faudrait retrouver, mais aussi à un contexte qui se transforme sous leurs yeux de jour en jour. Le réveil est raconté comme faisant suite à une longue torpeur qui aurait saisi l'ensemble de la région après un temps d'effervescence et de rayonnement, ce que Rifaa al-Tahtâwî, dans l'exorde de son *Or de Paris*, appelle le « sommeil de l'incurie » (Al-Tahtâwî, 1834).

---

[5] Les appartenances nationales ne sont alors pas fixées par des frontières, et la notion de Libanais est un peu anachronique. Shidiaq est un sujet ottoman, habitant des provinces arabes et du Mont-Liban, une région qui s'autonomise à l'issue des épisodes de violences confessionnelles de 1860. Shidiaq est par ailleurs un grand voyageur, il passe du temps en Égypte, en Afrique du Nord, en France et à Istanbul.

La Nahda, qui se dit par la langue, est à la fois un grand mouvement de traduction et un mouvement de réappropriation des richesses de la langue arabe et de retrouvailles avec ses potentialités, comparable avec ce qu'on appelle en Islam l'*ijtihad*, cet effort de revivification et de développement, qui est exigé pour chacun des croyants et pour la collectivité bonne. Les textes de l'époque parlent souvent de l'emprunt (*iqtibâs*) comme un moyen de réveiller la culture et la science arabe et de combler le retard accumulé pendant des siècles d'inertie. Ceci devient par la suite un leitmotiv intellectuel, celui de la distance qui sépare les mondes civilisés sur ceux qui sont enfermés dans leur retard.

La mondialisation et ses visages

Pourtant, les racines endogènes de la Nahda ne se limitent pas à l'attachement des nahdaouis à la civilisation classique ou à l'héritage arabe, elles tiennent aussi à la continuité décelable en matière de développement économique et capitalistique, comme cela a été montré depuis longtemps (Gran 1998). Les liens qui existaient entre les rives de la Méditerranée, ou entre les mondes musulmans et chrétiens étaient fondés depuis des siècles sur le commerce et l'idée selon laquelle il y aurait eu un développement capitaliste européen complètement étanche est un peu saugrenue. C'est pourtant l'image qu'ont construite les orientalistes et celle que porte avec lui Napoléon, dressant le portrait d'un Empire ottoman inculte qui aurait détruit la splendeur de la civilisation égyptienne et aurait négligé le bonheur des habitants et leur épanouissement. À partir de cet ensemble de présupposés, voire de préjugés, peut se construire l'image de Bonaparte accueilli en sauveur et devenant le point de départ d'un sursaut, notamment pour les Égyptiens.

Pourtant, le lien entre les Égyptiens et les Français qui débarquent sur leurs rives est loin d'être idyllique. Comme l'écrivent Jens Hanssen et Hicham Safieddine, « à l'époque, l'armée de Napoléon fit face à un amusant mélange de réprobation et de ridicule ». Ils ajoutent : « Les chroniqueurs Abd al-Rahman al-Jabarti et Hassan al-Attar ne croyaient pas plus dans la rhétorique napoléonienne de libération de l'Égypte de l'oppression mamelouke que les Irakiens n'ont accueillis les soldats américains avec des fleurs en 2003 » (Hanssen et Safieddine 2019, 23).

Contrairement à ce que nous disent alors les voyageurs et les orientalistes, les intellectuels et savants arabes du début du XIXe siècle ne regardent pas que dans une direction, qui serait l'unique source de civilisation. Pour des raisons qui tiennent à des affinités religieuses, linguistiques, les mondes orientaux sont aussi connectés entre eux vers l'Est, et l'Asie comme la Perse sont des sources d'inspiration. Les circulations intellectuelles ne se limitent pas à un échange nord-sud, ou Europe-monde arabe, qui sera très largement construit dans la relation coloniale. On peut citer la figure célèbre de Jamal al-Dîn al-Afghâni (1838–1897) : né dans une province afghane ou iranienne, formé entre l'Inde, l'Irak et l'Iran, émigré en Turquie, puis en Égypte et à Paris, il parle aussi bien le persan, le pachtou, l'ottoman que l'arabe. On peut aussi évoquer l'historien Mustafa Ali (1541–1600), musulman né à Gallipoli et mort à Djeddah. C'est sur ce socle, autant que sur le choc de la rencontre avec l'Occident, que se fonde l'entreprise de la Nahda. Dans le cadre d'un Empire à l'ancienne, où les provinces conservent leur autonomie, notamment sur le plan culturel, les élites intellectuelles, qu'elles soient artistiques, religieuses ou scientifiques, circulent et échangent. Elles partagent des références, se lisent dans différentes langues [6]. Elles se développent également en relation avec des lieux d'émigration, comme l'Amérique du Nord et du Sud. Par ailleurs, la présence de l'Europe dans le monde intellectuel arabe est multiforme : elle s'incarne aussi dans les écoles et universités missionnaires installées dans la région à partir du milieu du XIXe siècle. Cette présence européenne devient un des éléments de la culture locale. Ainsi la diffusion du darwinisme, un des pans importants de la pensée de la Nahda, se fait via le *Syrian Protestant College* de Beyrouth et suscite la polémique en son sein même. C'est à travers la polémique qui oppose un professeur, enseignant la théorie de Darwin, et la hiérarchie du *College*, qu'un groupe d'étudiants découvre les vertus émancipatrices des théories scientifiques et comment elles peuvent s'opposer à l'ordre missionnaire. Ces histoires sont bien connues, et elles nous transportent vers d'autres types de contacts et de rencontres.

Dans le contexte d'une première mondialisation, les mouvements qui suivent les guerres et les conquêtes napoléoniennes ont charrié des revendications nationales et d'émancipation. S'il est bien clair que ce langage n'est pas celui qui a été entendu lors de l'expédition de 1798, les effets des guerres révolutionnaires, des printemps des peuples sont eux directement ressentis dans l'Empire ottoman puisqu'ils se déroulent à ses portes, et en son sein. La Nahda peut alors être lue comme un mouvement des nationalités arabe, et un mouvement d'émancipation sociale.

Ne se limitant pas à un mouvement *proto nationaliste arabe*, elle embrasse la question de l'émancipation de multiples manières, en la réinterprétant à l'aune du contexte moyen oriental. La focalisation des acteurs de la Nahda sur les questions de langue et d'identité est incontestable. Elle a certainement permis de for-

---

[6] Sur ce point, voir la revision opérée par le grand historien Albert Hourani (1991, 128) : « It now seems to me to have been wrong in laying too much emphasis upon ideas which were taken from Europe, and not enough upon what was retained, even if in a changed form, from an older tradition. » Hourani in *International Journal of Middle Eastern Studies*, 1991, p. 128.

ger les concepts clés du nationalisme arabe. Mais cette dimension linguistique et d'auto-désignation comme « Arabes » s'opère dans le cadre de l'Empire ottoman, et, majoritairement, dans une grande fidélité à la Porte. À travers cette recherche, elle touche à des domaines comme le rationalisme[7], la sécularisation des sociétés – notamment par la critique du système des millets ottomans, la place des plus faibles et d'une classe ouvrière cosmopolite (et souvent européenne) de plus en plus visible dans les grandes villes et les ports (Khuri-Makdisi 2010 ; Turiano 2016, 337–349), ou encore la place des femmes.

Le texte que fait paraître Butrus al-Bustani, « Le Clairon de la Syrie » [*Nafîr Suriyya*] pendant les affrontements confessionnels de 1860 dans la montagne libanaise est un bel exemple de la réflexion complexe qui s'opère autour de la notion de *watan* (patrie, heimat). La définition de la nation n'est pas simple dans une région qui découvre dès les années 1840 puis plus violemment encore en 1860 les affres de la guerre civile, *al-harb al-ahliyya*, que l'on pourrait traduire plutôt par « guerre domestique ». On y trouve une réflexion forte sur le vivre ensemble, à partir de l'observation d'une crise locale. Ces idées font partie du bagage que se constituent les penseurs et penseuses arabes dans le contact avec les transformations de la modernité. Comme l'Empire austro-hongrois, l'Empire ottoman vit cette période comme un moment de dislocation des équilibres et d'affirmation de volontés d'émancipation tout autant que d'invention de nouvelles solidarités, dont la *patrie* ou la *communauté* est l'une des formes.

Le mouvement nahdaoui est d'emblée un mouvement politique, dans la mesure où il prend position sur l'avenir de l'ordre politique impérial, sur ses caractéristiques, sur ses réformes, dans la mesure aussi où cette prise de parole s'opère à partir de la crise des équilibres sociaux, économiques et culturels antérieurs, crise qui ne se résume pas à l'attirance – réelle – pour les idéaux émancipateurs de la Révolution française, ou à la soumission – chèrement obtenue – aux nouveaux ordres de domination impériale du monde. On sait que la Première Guerre mondiale sera l'occasion d'imposer de ces nouveaux systèmes de domination jusque dans le Proche et Moyen Orient, après les premières conquêtes coloniales en Afrique du Nord.

Pendant que les canons prennent position, les intellectuel·le·s forgent d'autres armes pour décrire et désigner le monde qui change, puis pour gouverner, juger. Butrus al-Bustani, par-delà les pamphlets politiques, publie des dictionnaires (*Muhît al-ʿmuhît* – L'Océan, [1869–1870]), des lexiques de la langue nouvelle (*Lûghat al-ʿjarâʾid*, La langue de la presse, 1901), une encyclopédie de la langue actuelle (*Dâʾirat al-ʿmaʿârif*, entreprise menée avec son fils Salîm, et restée inache-

---

[7] Cf. La controverse entre Renan et Afghani, cf. Renan (2005).

vée). Il tente de pallier les insuffisances qu'il a lui-même déplorées et de mettre la langue à niveau afin d'éviter sa subordination. Pour lui comme pour les autres, l'instrument majeur de cette résistance passe par la culture.

Il ne nous appartient pas ici de dire si l'on peut parler de défaite ou de victoire face aux forces de la conquête et du contact. Ce que Napoléon était venu chercher, il l'a emporté avec lui, ceci nous le savons. Ce qu'il prétendait être venu apporter, il est plus difficile de savoir si cela a été absorbé, détourné, et s'il n'a pas apporté bien d'autres choses dont il ne se serait pas vanté, à commencer par la guerre. Cette guerre n'est pas seulement celle, meurtrière, des canons. Elle est aussi celle que l'on dirait aujourd'hui des civilisations. Ce que dit Bonaparte en prenant pied en Égypte, ce qu'il affirme, c'est qu'il y a *nous* et *les autres*, un autre radical que l'on peut conquérir, que l'on peut même aimer, mais qui reste radicalement autre. L'un des représentants les plus fameux de l'historiographie issue de cette conception est certainement l'ottomaniste ultra-conservateur Bernard Lewis, notamment via son (bel) ouvrage *Comment l'Islam a découvert l'Europe* (Lewis 1984). Le livre est une mine d'informations, mais il contribue à fixer l'idée d'un contact entre deux entités fixes, qu'il qualifiera par la suite de *civilisations* qui entrent en choc. Les frontières poreuses entre ces civilisations, dont témoignent notamment les sources qu'il cite abondamment dans ses ouvrages, ne sont rien en regard de l'irréductibilité de deux ensembles, Islam et Chrétienté, que Napoléon lui-même semble mimer lors de son arrivée en Égypte. Napoléon n'a pas réveillé le monde arabe, il l'a simplement fait exister comme un monde radicalement autre. En Égypte, il a pris ce qui *lui* appartenait : obélisques, statues, pierre de Rosette, jusqu'aux Dieux pharaoniques qui sont devenus les berceaux d'une humanité commune qui siège dans les musées d'Occident. Et il a observé, soumis et fait le projet de transformer une autre humanité contemporaine, considérée quant à elle comme radicalement autre. Aucun de ces deux legs ne fut approprié par les intellectuel·le·s arabes, à part peut-être cette barrière érigée entre les mondes, qui leur fût d'autant plus visible que bientôt elle s'arma et les poussa à s'armer à leur tour. Dans ce jeu de miroir réside une bonne part des remords de la conquête, et des malentendus de ce qu'on appelle modernité.

Références bibliographiques

Al-Bustani, Butrus. *Muhit al-Muhit* 2 vols. Beirut : Librairie du Liban, 1979.
Al-Jabarti, 'Abd al-Rahmân. *Journal d'un notable du Caire durant l'expédition française (1798–1801)*. Trad. et notes Joseph Cuoq. Paris : Albin Michel, 1979.
Al-Attar, Hasan. *Al-Maqama fi-l-fransis*. Bulaq, [1858].

Bertrand, Romain. «La rencontre coloniale, une affaire de mœurs? L'aristocratie de Java face au pouvoir hollandais à la fin du XIXe siècle». *Genèses* XLIII.2 (2001): 32–52.

—. *Le Long remords de la conquête*. Paris: Seuil, 2015.

Colla, Elliott. «"Non, Non! Si, Si!": Commemorating the French Occupation of Egypt (1798–1801)». *MLN* CXVIII.4 (2003): 1043–1069.

Dakhli, Leyla. «Nahda». Notice pour H. Touati (dir.). *Encyclopédie de l'humanisme méditerranéen* (2014). http://www.encyclopedie-humanisme.com/?Nahda (10 septembre 2020).

Denon, Vivant. *Voyage dans la basse et la haute Égypte*. Le Caire: Institut Français d'Archéologie Orientale du Caire, 1989 [1802].

Fauvelle-Aymar, François-Xavier. «La rencontre coloniale. Regards sur le quotidien». *Politique africaine* LXXIV.2 (1999): 105–112.

Gran, Peter. *Islamic Roots of Capitalism. Egypt 1760–1840*. New York: Syracuse University Press, 1998.

Hanssen, Jens et Hicham Safieddine. *The Clarion of Syria*. Berkeley: University of California Press, 2019.

Hourani, Albert. «How should we write the history of the Middle East?». *International Journal of Middle East Studies* XXIII.2 (1991): 128.

Humbert, Jean-Marcel. *Rêve d'Égypte*. Catalogue d'exposition. Paris, 1998.

Khuri-Makdisi, Ilham. *The Eastern Mediterranean and the Making of Global Radicalism, 1860–1914*. Berkeley: University of California Press, 2010.

Laurens, Henry. *L'Expédition d'Égypte (1798–1801)*. Paris: Armand Colin, 1989.

Lewis, Bernard. *Comment l'Islam a découvert l'Europe*. Trad. Annick Pélissier. Paris: Gallimard, 2005.

Loiseau, Julien. *Les Mamelouks (XIIIe–XVIe siècle). Une expérience du pouvoir dans l'Islam médiéval*. Paris: Seuil, 2017.

Pujol, Auguste. *Œuvres choisies de Napoléon. Mises en ordre et précédées d'une étude littéraire*. Paris: Belin-Leprieur éditeur, 1845.

Renan, Ernest. *L'Islam et la science*. Montpellier: L'Archange Minotaure, 2005.

Al-Shidiaq, Ahmad Faris. *La Jambe sur la jambe [Al-Sâq 'alâ al-Sâq]*. Trad. (incomplète) René R. Khawam. Paris: Phébus, 1991 [1855]. [Une traduction complète en 2 volumes a été réalisée en langue anglaise par Humphrey Davies: *Leg over Leg*. New York: NYU Press, 2013].

Al-Tahtawi, Rifâ'a Rif'at. *L'Or de Paris. Relation de voyage, 1826–1831 [Takhlis al-Ibriz fi talkhis baris]*. Trad. Anouar Louca. Paris: Sindbad, 1988 [1834].

Traboulsi, Fawaz. «Ahmad Faris Al-Shidyaq (1804–1887)». *Arabic Thought beyond the Liberal Age: Towards an Intellectual History of the Nahda*. Éds Jens Hanssen et Max Weiss. Cambridge: Cambridge University Press, 2016, 175–186.

Turiano, Annalaura. «Le consul, le missionnaire et le migrant. Contrôler et encadrer la main d'œuvre italienne à Alexandrie à la fin du XIXe siècle». *Étudier en liberté les mondes méditerranéens. Mélanges offerts à Robert Ilbert*. Éds Leyla Dakhli et Vincent Lemire. Paris: Publications de la Sorbonne, 2016, 337–349.

Vigil, Ralph H. «Spanish exploration and the Great Plains in the age of discovery: myth and reality». *Great Plains Quarterly* 10 (1990): 3–17.

Volney, Constantine-François de Chassebœuf, Comte de. *Voyage en Syrie et en Égypte, Pendant les années 1783, 1784 et 1785*. Paris: Dugour et Durand, 1799.

Voltaire. *Le Fanatisme ou Mahomet le prophète*. Paris: Fayard (« Milles et une nuits »), 2009 [1741].

Hans-Jürgen Lüsebrink
Universalisme des Lumières et impérialisme colonial
Concepts culturels et positionnements politiques, de G.-T. Raynal à Jules Ferry

Résumé : Cette contribution se propose d'analyser les rapports entre l'universalisme de la pensée des Lumières et l'impérialisme colonial. Elle met d'abord en relief la mise en place, au milieu du XVIIIe siècle, d'une configuration idéologique neuve ancrée dans le concept de « civilisation », qui érige, notamment à travers les œuvres de Raynal, de Condorcet et de Volney, le modèle occidental de culture en modèle universel et l'associe avec les idéaux universels de démocratie et de droits de l'homme. Une seconde étape est focalisée sur la mise en pratique d'une « mission civilisatrice » associée à la fois aux valeurs des Lumières et à l'expansion coloniale que Jules Ferry, dirigeant politique sous la IIIe République, incarne de manière emblématique. Dans un troisième volet, enfin, sont analysées les mises en cause anticolonialistes et post-coloniales de cette conception de la « mission civilisatrice », contrastées et parfois contradictoires, chez des hommes politiques et des intellectuels africains comme Sékou Touré, Patrice Lumumba et Henri Lopes.

Mots-clés : Lumières ; universalisme ; civilisation ; mission civilisatrice ; impérialisme colonial ; idéologie coloniale française ; anticolonialisme

1 Lumières et civilisation – Guillaume-Thomas Raynal, Denis Diderot et la globalisation coloniale

L'universalisme des Lumières, qui constitue le fondement de l'universalisme occidental, est à la fois un récit – une narration historiographique – et un ensemble de concepts et de valeurs. Ce *grand récit* du progrès universel des Lumières oppose un passé souvent qualifié de ténèbres à un présent et un futur caractérisé par les lumières de la raison et du progrès, la barbarie (située dans le passé ou dans un ailleurs géographique lointain) à la civilisation, tout en établissant, au sein des sociétés et des cultures du globe, de fortes différenciations : c'est-à-dire des degrés d'évolution socio-culturels liés au progrès des mœurs, des arts et techniques, des lois ainsi que du commerce et des formes de communication.

Le grand récit universaliste de l'avancement des lumières et de la civilisation et les réseaux lexicaux et sémantiques qui y sont associés, ont été forgés par de nombreux penseurs de la seconde moitié du XVIIIe siècle, et en particulier par cinq intellectuels et philosophes français : d'abord par Voltaire, dans l'*Essai sur les mœurs et l'esprit des nations* (1756), jetant les jalons d'une histoire universelle connectée (et non pas cumulative) qui fait la part belle aux sociétés non-européennes, mais dont le récit reste néanmoins ambivalent sur de nombreux points, en particulier sur le rôle joué par l'Europe au sein du processus de civilisation, par rapport à d'autres aires culturelles et grands empires, comme la Chine et l'Inde ; puis ce récit universaliste a été poursuivi par Raynal et son co-auteur Diderot, dans l'*Histoire philosophique et politique des établissemens et du commerce des Européens dans les deux Indes* (1770), qui peut être considérée comme la première véritable « histoire globale » (Ohji 2008) ; et enfin, par Volney et Condorcet qui intégrèrent dans le grand récit du progrès des Lumières les expériences historiques toutes récentes des révolutions américaine et française.

Ces figures de proue du discours universaliste des Lumières mirent en même temps en place une réflexion philosophique et politique tissée autour de concepts-clés et de valeurs liés au mouvement des Lumières : notamment les concepts-valeurs de tolérance, de liberté (en particulier de liberté d'expression et de liberté religieuse), de démocratie, d'égalité des droits et des devoirs du citoyen débouchant en 1789 sur la Déclaration des droits de l'homme ; puis ceux de progrès, de commerce mondial, de communication (entre les différentes sociétés et cultures du globe) ainsi que celui de civilisation, englobant le progrès conjoint des mœurs et du savoir. L'universalisme des Lumières trouva ainsi un double ancrage épistémologique : Ce discours universaliste s'inséra, d'une part, dans une philosophie de l'histoire axée autour d'un récit téléologique ; et, d'autre part, dans une normativité basée sur des concepts et des valeurs largement partagés – malgré des dissensions internes – par les membres de la République européenne des Lettres du XVIIIe siècle.

L'émergence et la diffusion du concept de *civilisation* – qui constitue le concept central du discours universaliste des Lumières et des récits qu'il a générés – au sein des sociétés et cultures de l'Europe du XVIIIe siècle et sa transposition sur une échelle globale, sont dues toutefois essentiellement à cet ouvrage majeur de la seconde moitié du XVIIIe siècle que représente l'*Histoire philosophique et politique des établissemens et du commerce des Européens dans les deux Indes* (1770) de Guillaume-Thomas Raynal. Ouvrage d'abord en six, puis en sept volumes (en 1774) et enfin (dans son édition de 1780, reprise et élargie par des suppléments en 1783) en dix volumes, dirigé par l'Abbé Raynal, mais rédigé par un ensemble d'auteurs parmi lesquels Denis Diderot occupa une place de premier plan, l'*Histoire des deux Indes* connut plus de 50 éditions en français et une large diffusion également à travers de nombreux « extraits » et « abrégés »[1], ainsi qu'une soixantaine de traductions, entières ou partielles, dans une dizaine de langues. Ayant pour objectif de retracer, à travers un discours à la fois historique, politique et philosophique, une trajectoire qui mène le lecteur de la découverte de l'Inde et de l'Amérique au XVe siècle jusqu'aux événements contemporains de la Révolution de l'Amérique débutant en 1765, l'ouvrage de Raynal présente en même temps un tableau relativement différencié des peuples et cultures du globe. Contrairement aux histoires universelles précédentes, comme la *Universal History* publiée à Londres en 65 volumes entre 1747 et 1766[2] (Swinton et al. 1747–1766), l'*Histoire des deux Indes* n'est pas une histoire cumulative du monde, passant en revue les différents pays et les règnes, mais une histoire *connectée* basée sur la mise en relief de facteurs dynamisant le processus historique, et ayant recours à des concepts philosophiques susceptibles de l'encadrer sur le plan philosophique. Le commerce international et son essor global rapide avec les débuts de l'expansion européenne outre-mer au XVe siècle, l'invention de l'imprimerie et d'autres nouvelles technologies et nouveaux outils comme la boussole et, enfin, l'intensification sans précédent des moyens de communication entre les différents pays et continents débouchant sur une multiplication des transferts matériels et des circulations de savoir, sont dépeints dans l'œuvre dirigée par Raynal comme les principaux *générateurs* de connexion des différentes parties du globe.

Parmi les concepts philosophiques jouant un rôle déterminant dans l'*Histoire des deux Indes*, celui de civilisation revêt une importance toute particulière. Forgé en 1756 par le Comte de Mirabeau et apparaissant pour la première fois dans la seconde édition de l'ouvrage en 1774[3], le concept de civilisation commença à occuper une place centrale à partir de sa troisième édition parue à Genève en 1780. Il renferme dans l'*Histoire des deux Indes* essentiellement deux significations qui sont recouvertes également par le verbe « civiliser », l'adjectif « civilisé » et le substantif « les civilisés »: il renvoie d'une part à un processus historique de longue durée; et il constitue, d'autre part, l'aboutissement de ce processus reflété dans des sociétés où fleurissent les arts et les sciences, où les mœurs

---

[1] Sur l'histoire éditoriale de l'ouvrage, voir Courtney et Goggi (2010); et sur l'importance des « extraits » et « abrégés » pour sa diffusion : Lüsebrink (1988).
[2] Sur ce sujet, voir Abbattista (1989).
[3] Sur le concept de civilisation, voir notamment : Michel (1988, 7–50); et Lüsebrink (1998, 148–154).

sont raffinées et les structures étatiques parvenues à un stade de développement avancé dont l'ensemble des citoyens est susceptible de tirer profit. Le narrateur de l'ouvrage constate ainsi, à propos des missions des Jésuites au Paraguay, que celles-ci étaient parvenues en 1768 – lors de l'interdiction de l'ordre des Jésuites par la Couronne espagnole –

> à un point de civilisation, le plus grand peut-être où on puisse conduire les nations nouvelles, et certainement fort supérieur à tout ce qui existait dans le reste du nouvel hémisphère. On y observait les loix. Il y régnoit une police exacte. Les mœurs étaient pures. Une heureuse fraternité y unissait les cœurs. Tous les arts de nécessité y étaient perfectionnés, et on y en connaissait quelques-uns d'agréables. L'abondance y étoit universelle, et rien ne manquoit dans les dépôts publics (Raynal 1783, livre VIII, chap. 18, 153).

Dans le chapitre consacré aux « Mœurs, habitudes et occupations des peuples de la Guinée » en revanche, Raynal constate :

> Rien, dans ces établissements, ne porte l'empreinte d'une civilisation un peu avancée. Les maisons sont construites avec des branches d'arbre ou avec des joncs attachés à des pieux, assez enfoncés pour qu'ils puissent résister aux vents. Ce n'est pas que l'abondance du plus beau & du meilleur bois ; ce n'est pas qu'une terre propre à faire de la brique, qui remplaceroit la pierre infiniment rare dans ces contrées, ne sollicitent ces peuples à d'autres constructions : mais il ne leur est jamais tombé dans l'esprit qu'il fallût se donner tant de peine pour se loger (Raynal, 1783, t. V livre XI, chap. 15, 210).

Définissant l'état de civilisation comme « un système réfléchi de législation, qui suppose déjà un état de [...] lumières très avancé » (Raynal 1783, livre I, chap. 8, 58), Raynal et ses co-auteurs l'historicisent en précisant que l'état de « civilisation » dépend moins de la « sagesse des souverains » que des « circonstances » historiques, culturelles et géographiques dans lesquelles un peuple évolue (Raynal 1783, t. X, liv. 19, chap. 2, 53). Parcourant de leur regard l'histoire des différentes sociétés du globe, de la Chine aux Amériques, et de la Laponie à l'Afrique subsaharienne, les auteurs de l'*Histoire des deux Indes* distinguent ainsi des sociétés précédant l'état de civilisation – décrites comme des sociétés constituées de « sauvages nus, errans, sans industrie, sans gouvernement » (Raynal, 1783, liv. VI, chap. 8, 163) – et ensuite différents stades d'évolution de la « civilisation » dont ils s'efforcent de déterminer le degré en relevant des « traces décisives », comme ce fut le cas sur les hauts-plateaux du Mexique où ils relèvent la présence de « peuples logés, vêtus, formés en corps de nation, assez avancés dans les arts pour convertir en vases des métaux précieux » (Raynal, 1783, liv. VI, chap. 8, 163).

C'est essentiellement grâce à Raynal et à son co-auteur principal Denis Diderot, auteur de la grande majorité des passages philosophiques de l'*Histoire des deux Indes*, que se développa, pendant les deux décennies précédant la Révolution française, l'universalisme des Lumières autour du concept-clé de civilisation. Indissociablement lié aux notions de *progrès*, de *lumières*, de *raison* et de *liberté*, ce concept fut désormais utilisé pour différencier les sociétés du globe et pour légitimer, dans le cadre de l'expansion européenne outre-mer, les conquêtes, mais aussi les processus d'éducation et d'acculturation coloniales qui en découlaient. Il fut en même temps constitutif du grand récit que construisirent la philosophie et l'historiographie des Lumières afin de (re)penser l'histoire de l'humanité.

L'*Histoire des deux Indes* se présente toutefois comme un ouvrage polyphonique, rassemblant non seulement des connaissances encyclopédiques sur les différentes sociétés du globe, mais également des positions parfois contradictoires qui débouchèrent sur des lectures différentes, voire antagonistes de cette œuvre. Napoléon Bonaparte, qui fut dans sa jeunesse un lecteur assidu de l'*Histoire des deux Indes* et un grand admirateur de Raynal, reprit ainsi de son ouvrage la conception d'une expansion coloniale basée sur l'idée de civilisation et de progrès des sciences (Bonaparte 1888, en particulier XLVI–XLVII, 53–116). Cette idée et cette vision déterminèrent pour une large part ses rêves coloniaux, qui se matérialisèrent notamment à travers l'expédition d'Égypte en 1798/1799, et trouvèrent une fin brutale en 1802 avec l'échec fracassant du corps expéditionnaire envoyé par Napoléon à Saint-Domingue pour réprimer l'insurrection haïtienne et rétablir l'esclavage – un rétablissement par ailleurs contraire aux conceptions de Raynal et de son co-auteur Diderot. Ceux-ci avaient, en effet, fondé leur conception philosophico-politique d'un *colonialisme éclairé* sur la nécessité d'une abolition de l'esclavage et de la traite des noirs, une revendication réalisée en 1794 en France par la Convention nationale. L'amélioration du système colonial à travers des réformes – notamment l'abolition de l'esclavage – est l'une des deux perspectives philosophiques présentées dans l'*Histoire des deux Indes* pour penser l'avenir du régime colonial, l'autre perspective étant la suppression de toute colonisation. Les insurgés de Saint-Domingue, comme Toussaint Louverture et le député noir de Saint-Domingue, Jean-Baptiste Bellay, avaient précisément choisi cette seconde perspective, en se réclamant également de Raynal et de son ouvrage [4].

Les philosophes Condorcet et Volney développèrent le grand récit du processus conjoint des Lumières et de la civilisation dans une triple perspective. Condorcet érigea, en premier lieu, dans son *Esquisse d'un tableau historique des progrès de l'esprit humain* (1793) et dans son essai *De l'influence de la Révolution d'Amérique sur l'Europe* (1786), le processsus de civilisation en un projet universaliste

---

[4] Voir Lüsebrink (2008); Lüsebrink (2020).

de l'Occident moderne englobant désormais, dans son optique, non seulement l'Europe, mais également l'Amérique du Nord issue de la révolution américaine :

> Mais si tout nous répond que le genre humain ne doit plus retomber dans son ancienne barbarie […], nous voyons encore les lumières n'occuper sur le globe qu'un espace resserré […]. Toutes les nations doivent-elles se rapprocher un jour de l'état de civilisation où sont parvenus les peuples les plus éclairés, les plus libres, les plus affranchis des préjugés, les Français et les Anglo-Américains[5] ? (Condorcet 1966 [1793], 203, 249–250).

En second lieu, Condorcet ajouta aux grandes forces dynamiques du processus de civilisation mises en relief par Raynal et ses co-auteurs, un nouveau facteur, décisif dans son optique : l'éducation. Condorcet, qui participa aux travaux du Comité d'instruction publique de la Convention nationale en 1792/1793, vit dans la diffusion de savoirs à travers l'enseignement généralisé et obligatoire un vecteur fondamental du processus de civilisation : un levier d'acculturation et d'émancipation des masses populaires, en France comme dans d'autres pays européens et non-européens. Tout en considérant l'enseignement comme un instrument pour civiliser des populations restées à l'état sauvage, il n'en revendiqua pas moins pour celles-ci, à travers l'abolition de l'esclavage, une entière liberté individuelle.

Volney, pour sa part, qui défendit également des positions résolument anti-colonialistes, se montre convaincu, dans son ouvrage *Les Ruines ou méditations sur les évolutions des empires* (1792), de la puissante dynamique culturelle du processus de civilisation – à travers des phénomènes d'imitation et de fascination – au moyen desquels le modèle européen et occidental allait conquérir le globe sans qu'il y ait nécessité de contrainte, de violence ou encore de diffusion ciblée par un système d'enseignement transplanté dans d'autres pays et d'autres cultures. Volney paraît ainsi profondément persuadé de la force de conviction de l'universalisme des Lumières, en particulier auprès de populations non-europénnes. « La spécificité européenne tient […] à la Révolution française, qui a ouvert une nouvelle ère », souligne Antoine Lilti dans son ouvrage sur *L'Héritage des Lumières* à propos de Volney, « et montre ainsi l'exemple au monde. » L'Europe doit, dans l'optique de Volney qui fut député à l'Assemblée nationale constituante en 1789, « devenir le législateur du monde parce qu'elle a ouvert un nouvel horizon d'émancipation » (Lilti 2019, 129–130).

Le concept de civilisation, élaboré pendant la seconde moitié du XVIIIe siècle et revêtant d'emblée une dimension universaliste, impliquait un *projet civilisateur* et une *politique civilisatrice*. Comme Michèle Duchet l'a mis en relief dans ses travaux sur l'anthropologie des Lumières et la naissance de l'ethnologie au

---

5 Voir aussi dans la même perspective : Condorcet (2010 [1785]).

XVIIIe siècle, la « civilisation » – comme processus d'acculturation colonial – des peuples désignés comme non-civilisés et « sauvages » exige un « modèle » : « le portrait de l'homme sauvage n'est jamais peint d'après nature, il est déjà une ébauche de l'homme perfectionné par les soins de l'Église ou l'effet d'une sage administration » (Duchet 1970, 18). Ce modèle de politique civilisatrice est basé ainsi à la fois sur une *biopolitique* (Foucault) et sur un *projet de société* fondamentalement imprégné des idéaux des Lumières, mais susceptible en même temps de légitimer les conquêtes coloniales et les projets de colonisation. Comme le souligne M.Duchet, « fixer les tribus, les encourager à la culture des terres par les besoins qu'on saura leur donner, les instruire, favoriser l'assimilation par le croisement des races, policer les nations sauvages et se les incorporer, c'est jeter les bases d'un établissement durable et prospère » (Duchet 1970, 1).

2 Expansion impérialiste et mission civilisatrice – Jules Ferry, héritier des Lumières

Jules Ferry, ministre de l'éducation nationale et Premier ministre français entre 1877 et 1885, issu d'une famille de petits notables de Saint-Dié dans le département des Vosges où l'on « respirait l'air des Lumières » et « célébrait la Grande Révolution » (Ozouf 2014, 30), réunit dans sa politique deux ambitions héritées du XVIIIe siècle et en particulier de la Révolution française : l'ambition éducative, d'une part, la volonté de faire apprendre à lire et à écrire à l'ensemble des enfants de la nation ; et, d'autre part, l'ambition coloniale reformulée autour du concept de *mission civilisatrice*, qui allait devenir un concept central pour la France de la Troisième République. Les débats autour de l'expansion coloniale française, soutenue par Jules Ferry comme président du Conseil, et l'opposition menée par le grand adversaire de Ferry, Georges Clémenceau, se cristallisèrent en 1885 à la Chambre des députés à l'occasion des conquêtes récentes de Madagascar et du Tonkin.

Jules Ferry utilisa dans le cadre de ces débats parlementaires essentiellement trois arguments majeurs pour légitimer et défendre sa politique d'expansion coloniale : d'abord la grandeur de la France, seule république au sein des grandes puissances européennes de l'époque, et son prestige international ; puis les intérêts économiques et industriels de la France rendant, à ses yeux, indispensable l'existence d'un grand empire colonial ; et enfin, le *devoir de civiliser* lié à la mission de la France comme patrie des droits de l'homme et de la pensée des Lumières avec ses projets d'éducation et d'acculturation émancipateurs chers à Condorcet, dont Jules Ferry fut un grand lecteur et admirateur. Mais ce qui se trouve au centre des discours de Jules Ferry, c'est essentiellement la dernière ligne d'argumentation, légitimant la colonisation par une *mission civilisatrice* donnée aux nations européennes, et avant tout à la France, des nations qui « ne conquièrent ni pour le plaisir ni pour exploiter les faibles, mais pour le progrès de la justice et des Lumières » (Ozouf 2014, 79–80). Son adversaire Georges Clémenceau mit radicalement en cause ces formes de légitimation de la colonisation avancées par Jules Ferry en ayant recours à différents registres d'argumentation : le coût élevé des opérations coloniales ; la dispersion des forces militaires et démographiques face à l'affrontement – à ses yeux beaucoup plus important au sein de la politique étrangère française – avec l'Allemagne ; et enfin, la mise en cause de l'usage du concept de civilisation et du récit émancipateur auquel Ferry l'associait. « Combien de crimes atroces, effroyables, ont été commis au nom de la justice et de la civilisation », rétorqua Clémenceau dans sa fameuse réplique au discours de Jules Ferry, le 30 juillet 1885, à l'Assemblée nationale française :

> La conquête que vous préconisez, c'est l'abus pur et simple de la force que donne la civilisation scientifique sur les civilisations rudimentaires, pour s'approprier l'homme, le torturer, en extraire toute la force qui est en lui au profit du prétendu civilisateur. Ce n'est pas un droit [de civiliser], c'en est la négation. Parler à ce propos de civilisation, c'est joindre à la violence l'hypocrisie (Clémenceau 2006, 79–80).

La position de Clémenceau, et celle d'autres adversaires de Ferry, renoue avec la conception d'un processus de civilisation foncièrement pacifique, déconnecté des conquêtes coloniales et de leur violence, tel que celui prôné par Condorcet, Volney et, dans une certaine mesure, par les auteurs de l'*Histoire des deux Indes*. Polarisées dans le contexte du débat parlementaire en 1885, et renforcées par les enjeux budgétaires et de pouvoir, les positions antinomiques de Ferry et de Clémenceau, reposant pourtant sur un même socle de concepts et de références aux Lumières, étaient en réalité moins antagonistes qu'il n'y paraît. Comme Charles-Robert Ageron l'a montré dans son article « Jules Ferry et la colonisation », aux yeux de beaucoup de ses contemporains, Ferry adoptait des positions « quasi anticolonialistes » (Ageron 1985, 202) en stigmatisant en Algérie « la colonisation par la dépossession de l'Arabe » et « l'exploitation de l'indigène à ciel ouvert » (Jules Ferry, cité d'après Ageron 1985, 202), en défendant leur instruction et également leur langue, l'arabe, et en créant le protectorat, un *gouvernement indirect* laissant une large autonomie aux pouvoirs autochtones, l'érigeant comme la forme de colonisation la plus adaptée à la mission civilisatrice.

Dans le sillage de la reformulation et de la mise en pratique de la *mission civilisatrice* au sein de la politique de colonisation initiée par Jules Ferry, le grand récit du progrès civilisationnel des Lumières va se traduire sous de multiples formes de discours : romans coloniaux, poésies coloniales, discours politiques et surtout livres scolaires, ce média étant le plus influent pour ancrer ce récit dans l'imaginaire national et les mentalités collectives. *Le Tour de la France par deux enfants* d'Augustine Fouillée (Bruno 1904), véritable bestseller scolaire de la Troisième République édité à plus de 40 millions d'exemplaires entre 1877 et 1940, fut ainsi suivi d'adaptations coloniales qui transposaient le grand récit philosophique et politique de la mission civilisatrice européenne dans l'espace scolaire et éducatif : tel le récit *Les étapes d'un petit Algérien dans la province d'Oran* de Jules Renard (1884) qui raconte le périple, mais aussi l'émerveillement d'un jeune Arabe scolarisé devant les effets et résultats de la civilisation depuis le début de la colonisation de l'Algérie en 1830 ; ou tel encore *Moussa et Gi-Gla*, adaptation du *Tour de la France par deux enfants* publiée en 1916 par Louis Sonolet et André Pérès, qui servit entre 1916 et la fin de l'époque coloniale de « Cours complet d'Enseignement à l'usage des écoles de l'Afrique Occidentale Française [6] » (Sonolet et Pérès 1916, 83). Basé sur l'idéologie coloniale de la Troisième République, *Moussa et Gi-gla* incarnait une vision à la fois égalitaire (dans ses principes de base) et paternaliste des rapports entre la France et l'Afrique que l'on retrouve dans l'ouvrage à travers le discours que l'instituteur Gilbert (qui avait été l'enseignant de Moussa à l'école de Djenné) adresse aux deux protagonistes :

> [...] *il faut toujours aimer l'homme qu'on sert, quand il le mérite.* Peu importe la différence de race. *La bonté n'a pas de couleur.* Il y a, au contraire, avantage pour un Noir à se trouver au service d'un Blanc, parce que les Blancs sont plus instruits, plus avancés que les Noirs et que, grâce à eux, ceux-ci peuvent faire des progrès plus rapides, apprendre mieux et plus vite, connaître plus de choses et devenir un jour des hommes vraiment utiles. De leur côté, les Noirs rendent service aux Blancs en leur apportant le secours de leurs bras pour l'exécution des travaux de tous genres qu'ils ont entrepris, en cultivant la terre qui permet d'alimenter le commerce et aussi en combattant pour la France dans les rangs des troupes indigènes. *Ainsi les deux races s'associent et travaillent en commun pour la prospérité et le bonheur de tous* (Sonolet et Pérès 1916, 83).

---

[6] Sous-titre, l'ouvrage fut réédité entre autres en 1918, 1925, 1926, 1946 et 1952 (14e et dernière édition), avec des modifications concernant essentiellement le chapitre XXII relatif aux tirailleurs africains et leur rôle dans la Première Guerre Mondiale. Sonolet, qui avait été chargé de mission pour l'enseignement en A. O. F., publia, d'après A. Conklin, en 1924 une version abrégée de l'ouvrage, pour le public métropolitain, sous le titre *Les aventures de deux négrillons* que nous n'avons toutefois pas pu retrouver. Voir Conklin (1997) : « [...] so that young French children could become acquainted with West Africa, its inhabitants, its riches and the admirable progress France is bringing about there » (Conklin 1997, 295). Voir également sur les rapports entre l'ouvrage de Sonolet et Pérès et l'enseignement colonial : Cabanel (2007, 421–428).

Les Étapes d'un Petit Algérien dans la Province d'Oran (Renard 1888), complétant l'*Histoire de l'Algérie racontée aux petits enfants* (Renard 1884) également écrit par Jules Renard, s'adressait essentiellement à un public scolaire, mais était susceptible d'être lu, d'après Paul Bert, « avec profit par les grandes personnes elles-mêmes » (Renard 1884, Préface, IX). Ce sont notamment les villes décrites, comme Oran, Tlemcen et Mostaganem, qui illustrent les progrès parcourus depuis le début de la colonisation de l'Algérie par la France. La ville d'Oran occupe ainsi, à peine 50 ans après la prise d'Alger, « une superficie cinq fois plus considérable qu'à l'époque de la conquête » (Renard 1888, 3). Tlemcen se serait, selon un des interlocuteurs des deux protagonistes, depuis sa conquête par la France en 1842 « relevée de ses ruines et nous promet un avenir digne de son passé, à savoir de l'époque romaine dont la colonisation française en Afrique du Nord se considéra comme l'héritière directe » (Renard 1888, 30). L'ouvrage se termine, à l'exemple de son modèle français, sur une vision quasi-utopique de l'avenir, calquée sur le grand récit du progrès de la civilisation inventé par le siècle des Lumières et la Révolution française. Cette vision insiste à la fois sur l'utilisation financière des ressources économiques du pays et sur le renforcement de la cohésion nationale :

> Quand ce vaste territoire sera exploré, fouillé, retourné ; quand les éléments multiples qui constituent ses ressources seront connus et exploités ; quand tous, étrangers, Juifs, Kabyles et Arabes, auront passé par nos écoles et s'y seront coudoyés sous la direction des mêmes maîtres ; quand l'éducation en commun aura produit les effets salutaires attendus, que la langue de Voltaire et de Victor Hugo sera comprise de chacun, que nos idées auront pénétré une à une les cerveaux comme l'eau pénètre goutte à goutte la pierre ; quand la propriété collective aura fait place à la propriété individuelle, que l'expérience et l'instruction auront démontré aux indigènes les bienfaits de cette civilisation que nous leur apportons et à laquelle ils sont encore rebelles ; quand il n'y aura plus de terres cultivables en friche ; que les Hauts-Plateaux, où le climat est sain et les sources fraîches, seront peuplés de colons, d'éleveurs et d'industriels ; quand le Sahara lui-même sera transformé par le forage de puits qui lui donneront, avec l'eau, la fertilité et la vie ; quand toutes ces réformes et tous ces travaux seront accomplis, l'Algérie sera véritablement la France nouvelle que nous rêvons tous, j'entends tous ceux qui ont à cœur la richesse, la force, la gloire et la grandeur de la patrie [7] (Renard 1888, 219–220).

Jusqu'à la fin de l'époque coloniale, ou tout au moins jusqu'à la fin des années 1930, la conception de Jules Ferry liant indissociablement l'expansion coloniale française à l'universalisme des Lumières et à l'héritage de la Révolution française, domina l'idéologie coloniale française. « Les races supérieures », souligne ainsi son biographe Georges Froment-Guieysse en 1937, au moment de l'Exposition universelle de Paris, « ont un devoir impérieux vis-à-vis des races inférieures,

---

[7] Ce passage se retrouve, avec de très légères modifications dans Renard (1884, 164–165).

elles doivent se pénétrer de leur grand rôle de tuteurs vis-à-vis de multitudes humaines ; elles doivent les civiliser, au sens où l'on entendait ce mot aux environs de 1880, leur assurer la paix et la sécurité, la santé physique et la santé morale, leur apporter la justice, et préparer tout un programme de mise en valeur du pays » (Froment-Guieysse 1937, 36). Foncièrement différente d'autres formes de colonialisme sur le plan idéologique, l'idéologie coloniale française fut portée par un paternalisme spécifique : à la fois conquérant et émancipateur dans ses objectifs, il fut en même temps caractérisé par des contradictions profondes qui trouveront leur écho dans les mouvements anti-colonialistes naissant à partir des années 1930.

3 Contre-discours postcoloniaux face au « Devoir de civiliser »

Le modèle civilisationnel de Jules Ferry, impliquant dans le contexte colonial un paternalisme éducatif, culturel et politique, s'est heurté avec le mouvement des indépendances africaines à un refus souvent radical. Sékou Touré, élu président de la République de Guinée en 1958, souligna ainsi, en faisant implicitement référence à l'œuvre coloniale et scolaire initiée par Jules Ferry, dans son discours du 25 août 1958 devant le Général de Gaulle alors en voyage officiel en Guinée : « En disant "non" de manière catégorique à tout aménagement du régime colonial et à tout esprit paternaliste, nous entendons ainsi sauver dans le temps et dans l'espace les engagements qui seront conclus par la nouvelle communauté franco-africaine » (Sékou Touré 2010 [1958], 31). Dans le même volume intitulé *Africains, Levons-nous !* publié en 2010 et réunissant, outre le fameux discours de Jules Ferry du 28 juillet 1885 sur « Le devoir de civiliser », ceux de Sékou Touré et de Patrice Lumumba, figure emblématique de la résistance anti-colonialiste au Congo, ce dernier revendique pour les Africains « une culture propre, des valeurs morales et artistiques inestimables, un code de savoir-vivre et des modes de vie propres », tout en se réclamant de la Déclaration universelle des droits de l'homme basée sur les valeurs de 1789 : « Les Africains doivent jouir, au même titre que tous les autres citoyens de la famille humaine, des libertés fondamentales inscrites dans cette Déclaration et des droits proclamés dans la Charte des Nations Unies » (Patrice Lumumba 2010 [1959], 9–18). L'universitaire camerounais Antoine Nguidjol questionne, pour sa part, l'héritage de Jules Ferry en Afrique subharienne de manière extrêmement critique en renouant avec les propos de Georges Clémenceau dans le débat qui l'opposa en juillet 1885 à Jules Ferry, des propos qu'il qualifie « d'une rare lucidité » (Nguidjol 2008, 30). Dans sa préface à l'ouvrage, Klah Popo met en relief la prise de distance qu'opère l'auteur par rapport à Jules Ferry et la mise en place de sa conception de la *mission civilisatrice* à travers l'institution de l'école :

> L'école africaine contemporaine est donc, pour l'essentiel, une invention de Jules Ferry, le concepteur au demeurant de la politique coloniale de la IIIème République.
> Rigoureusement appréhendée, cette école n'a aucune vocation à fabriquer de la citoyenneté africaine : car elle n'est africaine que de nom. C'est comme un corps étranger mal greffé sur une réalité socio-historique africaine qu'elle étouffe, au lieu de contribuer à la mieux connaître et à en développer les potentiels (Nguidjol 2008, 8).

La mise en cause radicale du concept de civilisation et de ses soubassements universalistes forgés par le mouvement des Lumières et sa récupération politique pendant la Troisième République remonte ainsi à la fin de l'époque coloniale. L'ancien président de la Guinée, Ahmed Sékou Touré, qui avait été le leader politique du seul pays de l'Afrique Occidentale Française à refuser en 1958 l'adhésion à la Communauté française considérée comme une institution foncièrement néo-coloniale, avait développé dans plusieurs de ses écrits un discours interrogeant de manière critique le concept de civilisation et ses soubassements universalistes donnant une place privilégiée à l'Europe et sa culture. Dans le chapitre « Qu'est-ce que la civilisation ? » de son ouvrage programmatique *L'Afrique et la Révolution*, Sékou Touré affirme l'égalité fondamentale de toutes les cultures, ce qui met fondamentalement en cause non seulement le concept occidental de civilisation, mais également tout projet de colonisation et de développement basé sur une vision inégalitaire. Définissant la civilisation comme « l'ensemble des rapports existant entre l'homme et la société, l'homme et la nature », Sékou Touré soutient la position suivante :

> La science elle-même nous le montre : *il n'y a pas de peuple sans culture, il n'y a pas de peuple sans civilisation*[8] ! À moins, alors, qu'on ne décide de donner le nom de civilisation au seul héritage européen, proposition d'autant plus absurde qu'elle contredit les faits mêmes de l'histoire européenne, puisque la civilisation de l'Europe est, elle-même, le produit d'un incroyable amalgame de races et d'influences extraeuropéennes ! Le christianisme, dont ses avocats se prévalent tant, n'a-t-il pas sa source en Asie ? Rome sans l'Égypte n'eût pas été Rome, pas plus que la Grèce sans la Perse n'eût été la Grèce. Incontestablement, l'Afrique a apporté à l'humanité une civilisation d'un haut niveau technique et d'une valeur incontestable ; il faut être de la plus mauvaise foi ou simplement borné pour ne pas en convenir (Sékou Touré s.l.n.d. [ca. 1966], 184).

En faisant implicitement allusion aux thèses et aux publications du philosophe sénégalais Cheikh Anta Diop sur l'origine égyptienne, et par conséquent africaine, de la civilisation européenne et occidentale, Sékou Touré s'inscrit dans un paradigme de pensée qui avait émergé dans le sillage des mouvements anticolonialistes des années 1950. Il renverse les perspectives d'une pensée téléologique

---

[8] Les passages soulignés se trouvent tels quels dans le texte de Sékou Touré.

établie depuis le XVIIIe siècle et met radicalement en cause non seulement les soubassements idéologiques du colonialisme européen, et plus spécifiquement français, mais aussi sa visée universaliste. Malgré une vision décentrée mettant en cause la perspective eurocentriste, les concepts et les schémas de pensée fondamentaux du discours occidental sur la civilisation, Sékou Touré affirme que l'« on ne peut pas nier que l'Afrique ait été le berceau de la civilisation » (Sékou Touré s.l.n.d., 185). En même temps il a – paradoxalement – recours à des stratégies de légitimation largement identiques à celles conçues par la philosophie politique des Lumières, et reprises par Jules Ferry, pour penser une civilisation : telle la construction de grandes cités, l'organisation du pouvoir en « États » et en « provinces », ou encore la maîtrise de la nature par des instruments et des technologies permettant de « dominer » la nature et de satisfaire aux besoins des hommes. Sékou Touré, comme d'autres penseurs et dirigeants politiques africains critiques du concept occidental de civilisation et de ses implications coloniales et universalistes, se réfère également à l'autre versant sémantique du concept de civilisation, non pas culturel et éducatif, mais essentiellement politique. Celui-ci était lié, dans un courant important de la pensée des Lumières, aux valeurs de la liberté politique, de la démocratie, de la fraternité, de l'humanité et de la justice. Dans son ouvrage *La Révolution Culturelle* publié en 1969, Sékou Touré considère ces valeurs héritées des Lumières comme des « concepts mobilisateurs des peuples » tout en soulignant qu'« une fois encore ils n'ont ni couleur, ni race, ni nationalité ; ils sont d'hier, d'aujourd'hui et de demain » (Sékou Touré 1969, 53). En faisant indirectement allusion aux conceptions de Jules Ferry associant étroitement le projet de colonisation et la mission civilisatrice, Sékou Touré développe un discours radicalement anti-colonialiste qui dénonce le processus de civilisation comme une vaste et brutale entreprise de déculturation : « La colonisation », affirme-t-il dans son ouvrage *Des droits du peuple aux droits de l'homme*, « pratiquée à grande échelle, au nom d'une prétendue mission civilisatrice de l'homme blanc, et qui conduisit à la négation et à la destruction systématique du droit constitutionnel africain, fut aussi une des sources permanentes de rivalités et de conflits armés entre les puissances impérialistes, chacune voulant avoir sa part du gâteau » (Sékou Touré s.l.n.d. [ca. 1978], 17–18).

Mais en se réclamant en même temps des concepts-phares de l'universalisme européen et en les intégrant dans une vision africaine et postcoloniale, Sékou Touré se situe ainsi fondamentalement dans un même cadre de pensée que ses adversaires. À lire de près ses textes et à prendre en considération le contexte d'énonciation dans lequel ils furent rédigés et publiés, on aperçoit néanmoins des non-dits et des contradictions frappantes : Sékou Touré utilise les concepts de démocratie, de fraternité, de liberté et de nation (considérée comme « seule source de l'autorité et du droit » (Sékou Touré s.l.n.d. [ca. 1978], 17), mais ceux-ci demeurent très généraux; et les concepts de *liberté d'expression*, de *liberté d'opinion* et de *liberté de la presse* ainsi que celui de *droit à la résistance à l'oppression* qui lui furent associés dès le XVIIIe siècle, ne sont pas explicitement mentionnés. Ces contradictions, silences et non-dits qui caractérisent un discours qui se veut à la fois universaliste et anti-colonialiste sont liés à l'évolution du régime politique instauré par Sékou Touré qui avait basculé depuis le début des années 1960 vers une dictature sanglante où le discours démocratique et universaliste ne représenta plus qu'une forme idéologique de légitimation. Les termes d'« universalité » et d'« universel » jouent un rôle central dans le discours de Sékou Touré: ils se réfèrent à une universalité des valeurs (qui sont cependant interprétées différemment par rapport à la tradition occidentale), mais également à l'« universalité de l'impérialisme » et à « l'universalité de la lutte impérialiste » (Sékou Touré 1974, 18) qui sont des concepts liés à l'idéologie marxiste. Enfin, Sékou Touré lie le concept d'« universel » à sa vision de la révolution culturelle et à son projet de « ré-africaniser » les sociétés et cultures africaines, après « plusieurs siècles de tentatives de désafricanisation » (Sékou Touré 1974, 18).

La généalogie historique tracée dans cette contribution – de même que l'archéologie du pouvoir qu'elle présuppose – a tenté d'établir une filiation discursive entre plusieurs grands penseurs des Lumières (Raynal, Volney, Condorcet), l'œuvre éducative et colonisatrice de Jules Ferry et les discours de légitimation qu'elle a fait naître, ainsi que les virulents contre-discours postcoloniaux qu'ils ont suscités. Cette formation discursive fondée sur le *grand récit* du progrès civilisationnel et développée en premier lieu en France au XVIIIe siècle, plus précisément entre 1751 et 1789, est enracinée sur un versant, dominant et même hégémonique, du discours des Lumières sur l'évolution de l'humanité et la diversité des cultures. Ce discours est ancré dans la conviction de la possibilité d'un progrès infini des sociétés et des cultures du globe, et repose sur le rôle primordial à attribuer dans ce processus à la raison et aux sciences, ainsi que sur la certitude de l'exceptionnalité occidentale, c'est-à-dire du rôle-phare à jouer par l'Occident dans le processus de civilisation du globe. Il rencontre aujourd'hui de plus en plus de critiques venant pour la plupart d'intellectuels non-occidentaux qui renouent avec celles formulées par Sékou Touré et Patrice Lumumba aux lendemains des indépendances africaines; mais il connaît également des défenseurs engagés, mettant en avant sa dimension émancipatrice et résiliente par rapport aux régimes autocratiques et aux mouvements socio-religieux fondamentalistes contemporains, comme par exemple l'écrivain et homme politique congolais Henri Lopes [9] et l'écrivain et journaliste franco-libanais Amin Maalouf, dans son ouvrage récent *Le Naufrage des Civilisations* (2019).

---

9 Voir par exemple son ouvrage *Sans tam-tam* (Lopes 1977) ainsi que Lopes (2003).

Références bibliographiques

Abbattista, Guido. «Un dibattito settecentesco sulla storia universale (Ricerche sulle traduzioni e sulla circolazione della *Universal History*)». *Rivista storica italiana* CI.3 (1989): 614–695.
Ageron, Charles-Robert. «Jules Ferry et la colonisation». *Jules Ferry, Fondateur de la République*. Actes du colloque organisé par l'EHESS. Éd. François Furet. Paris: Éditions de l'EHESS, 1985, 191–206.
Bonaparte, Napoléon. *Œuvres littéraires*. Publiées d'après les originaux et les meilleurs textes avec une introduction, des notes historiques et littéraires et un index par Tancrède Martel. Paris: Nouvelle Librairie Parisienne, 1888.
Bruno, Giordano [Augustine Fouillée]. *Le tour de la France par deux enfants. Livre de lecture courante – Cours moyen*. Paris: Belin Frères, 1877.
Cabanel, Patrick. *Le Tour de la nation par des enfants. Romans scolaires et espaces nationaux (XIXe–XXe siècles)*. Paris: Belin, 2007.
Clémenceau, Georges. «Discours du 30 juillet 1885». Cité d'après *1885: le tournant colonial de la République. Jules Ferry contre Georges Clémenceau, et autres affrontements parlementaires sur la conquête coloniale*. Introduction de Gilles Manceron. Paris: La Découverte, 2006, 79–80.
Conklin, Alice L. *A Mission to Civilize. The Republican Idea of Empire in France and West Africa, 1895–1930*. Stanford, CA.: Stanford University Press, 1997.
Condorcet, Nicolas de. *Esquisse d'un tableau historique des progrès de l'esprit humain*. Éd. Monique et François Hincker. Paris: Éditions sociales, 1966 [1793].
—. *De l'influence de la Révolution d'Amérique sur l'Europe*. Présentation et notes par Pierre Musso. Houilles: Éditions Manucius, 2010 [1785].
Courtney, Cecil P. et Gianluigi Goggi. *Guillaume-Thomas Raynal: Histoire philosophique et politique des établissements et du commerce des Européens dans les deux Indes*. Édition critique. «L'édition de l'*Histoire des deux Indes*», Vol. I. Éds Anthony Strugnell, Andrew Brown, Cecil Patrick Courtney, Georges Dulac, Gianluigi Goggi et Hans-Jürgen Lüsebrink. Ferney-Voltaire: Centre International d'Étude du XVIIIe siècle, 2010, XXXIV–XLVIII.
Duchet, Michèle. «Monde civilisé et monde sauvage au siècle des Lumières, les fondements de l'anthropologie des Philosophes». *Au Siècle des Lumières*. Paris: École Pratique des Hautes Études; Moscou: Institut d'Histoire Universelle de l'Académie des Sciences de l'U. R. S. S, 1970, 7–28.
Froment-Guieysse, Georges. *Jules Ferry*. Paris: Éditions de l'Institut de l'Encyclopédie Coloniale et Maritime, 1937.
Lilti, Antoine. *L'Héritage des Lumières. Ambivalences de la modernité*. Paris: EHESS/Gallimard/Seuil, 2019.
Lopes, Henri. *Sans Tam-Tam*. Roman. Yaoundé: Éditions Clé, 1977.
—. *Ma grand-mère bantoue et mes ancêtres les Gaulois*. Paris: Gallimard, 2003.
Lumumba, Patrice. «Discours de Patrice Lumumba [1959]». *Africains, Levons-nous!* Paris: Éditions Points, 2010, 9–18.
Lüsebrink, Hans-Jürgen. «Europe observed. The rediscovery of Europe: Latin American and Haitian Intellectuals in Late Eighteenth-Century Europe». *Europe Observed. Multiple Gazes in Early Modern Encounters*. Éds Kumkum Chatterjee et Clement Hawes. Lewisburg: Bucknell University Press, 2008, 213–235.

—. «L'*Histoire des Deux Indes* et ses "Extraits" : un mode de dispersion textuelle au XVIIIe siècle». *Littérature* 69 (1988) : 28–41.
—. «Civilización». *Diccionario histórico de la Ilustración*. Éds Vincenzo Ferrone et Daniel Roche. Madrid : Alianza Editorial, 1998, 148–154.
—. «Histoire des traductions et littératures "nationales" à l'époque des Lumières et des Révolutions (1680–1820). Questionnements, défis et voies d'approche». *Histoire des traductions et histoire littéraire*. Éd. Carolin Fischer. Dossier de la revue *Lendemains* 158/159, 184–198, 2015.
—. «Dialectiques transatlantiques des Lumières. La figure de Toussaint Louverture, héritier paradoxal des Lumières, dans les littératures antillaises, africaines et européennes». *L'actualité des Lumières dans les Caraïbes françaises. Religion, savoir et raison*. Éds Gisela Febel, Ralph Ludwig et Natascha Ueckmann. Paris : Classiques Garnier, 2020 (en préparation).
Maalouf, Amin. *Le Naufrage des Civilisations*. Paris : Grasset, 2019.
Michel, Pierre. *Handbuch politisch-sozialer Grundbegriffe in Frankreich, 1680–1820*. «Barbarie, Civilisation, Vandalisme», Vol. 8. Éd. Rolf Reichardt et Eberhard Schmitt, en coll avec Gernd van den Heuvel et Anette Höfer. Munich : Oldenbourg Verlag, 1988, 7–49.
Nguidjol, Antoine. *Repenser l'héritage de Jules Ferry en Afrique Noire*. Préface de Klah Popo. Paris : L'Harmattan, 2008.
Ohji, Kenta. «Civilisation et naissance de l'histoire mondiale dans l'*Histoire des deux Indes* de Raynal». *Revue de Synthèse* 129.1 (2008) : 57–83.
Ozouf, Mona. *Jules Ferry. La liberté et la tradition*. Paris : Gallimard, 2014.
Raynal, Guillaume-Thomas. Éd. *Histoire philosophique et politique des établissemens et du commerce des Européens dans les deux Indes*. 10 vols. Neuchâtel, Genève : Les Libraires Associés, 1783.
Renard, Jules. *Histoire de l'Algérie racontée aux petits enfants. Leçons – résumés – exercices oraux et écrits*. Préface de Paul Bert. Ouvrage destiné aux élèves des Écoles primaires, et publié sous le patronage du Conseil municipal d'Oran. Alger : Librairie Classique Adolphe Jourdain, 1884.
—. *Les étapes d'un petit Algérien dans la province d'Oran*. Livre de lecture. Paris : Hachette, 1888.
Sonolet, Louis et André Pérès. *Moussa et Gi-gla. Histoire de deux petits noirs. Livre de lecture courante*. Paris : Armand Colin, 1916.
Sékou Touré, Ahmed. «Discours de Sékou Touré [1958]». *Africains, Levons-nous !* Paris : Éditions Points, 2010, 23–34.
—. «L'Afrique et la Révolution». s.l.n.d. [Conakry, ca. 1966]. (*Œuvres d'Ahmed Sékou Touré*. Vol. 13).
—. *La Révolution Culturelle*. Conakry : Imprimerie nationale « Patrice Lumumba », 2e édition, 1969.
—. «Message du Président Ahmed Sékou Touré au 6ème Congrès Panafricain», 1974. Conakry : Imprimerie nationale « Patrice Lumumba ».
—. *Des droits du peuple aux droits de l'homme*. Conakry : Bureau de presse de la Présidence de la République, s.d. [ca. 1978].
Swinton, John, et. al. Éd. *An Universal History from the earliest account of time*. 65 vols. London : T. Osborne, 1747–1766.

Avi Lifschitz
Un culte universaliste de la raison ?
Réflexions sur les Lumières, l'universalisme
et les particularismes culturels

Résumé : Peut-on caractériser le XVIIIe siècle des Lumières principalement par une croyance en des valeurs et des politiques universellement applicables, parallèlement à une forte adhésion à la souveraineté de la raison ? Cette vision émergeant au XIXe siècle, popularisée à l'origine par les détracteurs des Lumières, a été largement adoptée par des penseurs du milieu du XXe siècle de convictions très différentes, d'Isaiah Berlin en Grande-Bretagne à Max Horkheimer et Theodor Adorno en Allemagne. En examinant la dette de Berlin envers Friedrich Meinecke et son hostilité à la vision des Lumières d'Ernst Cassirer, cet article reconstruit les éléments d'un paradigme influent dans l'histoire des idées du XXe siècle. Il se termine en suggérant que deux notions qui, selon Berlin, étaient des caractéristiques des Contre-Lumières – l'enracinement linguistique de la pensée humaine et l'historicité de la culture humaine – ont en fait été soutenues de différentes manières par la plupart des auteurs des Lumières, contribuant ainsi à une théorie distincte du XVIIIe siècle sur l'évolution naturelle de la société humaine.

Mots-clés : Lumières, Contre-Lumières, historicité, universalisme, particularisme culturel, libéralisme, monisme, Ernst Cassirer, Isaiah Berlin

Dans la deuxième moitié du XXe siècle, les idées du XVIIIe ont fait l'objet de nombreuses interrogations. Avec la fin de la seconde guerre mondiale, on a assisté à ce qu'on pourrait appeler un « tournant ambigu » vis-à-vis du mouvement intellectuel communément appelé les Lumières, *Enlightenment* ou *Aufklärung*[1]. Cette période a été reconnue, qu'on le veuille ou non, comme le berceau de certaines idées politiques modernes, mais on l'a aussi largement identifiée à un moment

---
[1] Je remercie Markus Messling et les participants à la conférence « 1769/1989 : The Epoch of Universalism – L'époque de l'universalisme – Die Epoche des Universalismus » qui s'est tenue en septembre 2019 à la Villa Europa, à Sarrebruck, pour leurs remarques avisées sur un précédent état de cet article. Certains des arguments qu'il contient ont été développés dans Lifschitz (2016). Au sujet de l'histoire des débats universitaires sur cette question, voir (entre autres) Schmidt (2003) ; Ferrone (2015) ; Robertson (2015).

Avi Lifschitz, Université d'Oxford

d'apothéose de la raison, où le rôle des passions fut minimisé, tandis qu'un universalisme et un cosmopolitisme naïfs régnaient en maîtres, aux dépens des particularismes culturels. Comme l'écrivent Theodor Adorno et Max Horkheimer du fond de leur exil californien vers la fin de la guerre : « *A priori*, la Raison ne reconnaît comme existence et occurrence que ce qui peut être réduit à une unité ; son idéal, c'est le système dont tout peut être déduit [2] » (Horkheimer/Adorno 1983, 24–25). Les implications d'une pareille conception des Lumières sont terribles : « En sacrifiant le penser qui, sous sa forme réifiée, en tant que mathématique, machine, organisation, se venge de l'homme qui l'oublie, la raison a renoncé à s'accomplir » (Horkheimer/Adorno 1983, 56). Or, au-delà de l'influence qu'a pu exercer leur ouvrage, *Dialektik der Aufklärung*, traduit en français par *Dialectique de la Raison*, Adorno et Horkheimer ont une conception des Lumières qui n'est pas nécessairement celle des générations de chercheurs qui les ont précédés ou suivis. Pour eux, le Marquis de Sade et Friedrich Nietzsche, tout comme Kant, « condui[sent] les lumières jusqu'à la limite de leurs implications » : pour les deux exilés allemands, les Lumières sont un mode de pensée et de conduite qui se retrouve de Parménide à Bertrand Russell (Horkheimer/Adorno 1983, 18 et 25).

En tant que dix-huitiémiste, je me concentrerai dans cet essai sur des interprétations de la pensée des Lumières ayant été produites au XXe siècle, par des chercheurs autrement plus légitimes qu'Adorno et Horkheimer à revendiquer une connaissance approfondie du XVIIIe siècle. Comme nous allons le voir, même lorsqu'ils abordaient ce mouvement d'un point de vue politique très différent, les penseurs du milieu du XXe siècle partageaient globalement leur lecture des Lumières comme synonyme de souveraineté absolue de la raison et d'universalisme. Mon objectif principal est ici de remettre en question cette vision tenace des Lumières, et de proposer une autre perspective qui n'en fait pas un courant de pensée ayant cherché à imposer aux sociétés humaines une conception statique et monolithique de l'universalisme. Et pour commencer, j'aimerais évoquer l'une des interprétations des Lumières qui fut parmi les plus influentes dans le monde anglosaxon au XXe siècle, à savoir celle d'Isaiah Berlin.

---

[2] Dans cet article, nous citons les œuvres allemandes d'après leur traduction française de référence lorsque celle-ci existe ; pour les citations en langue anglaise en revanche, nous conservons l'original.

1 Berlin, Meinecke et Cassirer sur l'universalisme des Lumières

La conception qu'a Isaiah Berlin des Lumières n'apparaît jamais aussi clairement dans ses écrits que lorsqu'il décrit leur « envers », un mouvement censément antagoniste, celui qu'on a appelé les contre-Lumières. Berlin fait une distinction très nette entre d'une part, ces contre-Lumières, un ensemble d'idées principalement allemandes défendant le relativisme et l'irréductibilité des valeurs, et d'autre part, des Lumières principalement franco-britanniques qui ne jureraient que par la toute-puissance de la raison capable de fournir des réponses universelles à toutes les questions importantes. Dans ses premiers écrits, entre autres une biographie de Karl Marx (1939) et une anthologie de textes du XVIIIe siècle publiée en 1956, Berlin attribue la réaction à l'universalisme fondé sur la raison aux idées hégéliennes du XIXe siècle (Berlin 1939; 1956). Mais c'est en 1973, dans un article sur les contre-Lumières devenu célèbre, qu'il développe la thèse selon laquelle l'opposition aux Lumières serait présente dès le XVIIIe siècle.

Dans ce texte, également reproduit en introduction de son ouvrage *Against the Current* (1979), tous les auteurs ne serait-ce qu'à peine conscients de l'historicité et de la diversité des cultures sont présentés comme déviant de la norme des Lumières. Rationalistes et empiristes, partisans de Leibniz et de Locke, Shaftesbury et Kant, Montesquieu et Diderot étaient tous, pour Berlin, et malgré leurs différences, engagés dans une même démarche :

> One set of universal and unalterable principles governed the world for theists, deists and atheists, for optimists and pessimists, puritans, primitivists and believers in progress and the richest fruits of science and culture; these laws governed inanimate and animate nature, facts and events, means and ends, private life and public, all societies, epochs and civilisations; it was solely by departing from them that men fell into crime, vice, misery (Berlin 2001, 3).

> [The Enlightenment's principles]: Universality, objectivity, rationality, and the capacity to provide permanent solutions to all genuine problems of life, and (not less important) accessibility of rational methods to any thinker armed with adequate powers of observation and logical thinking (Berlin 2001, 20).

Cette conception des Lumières comme un mouvement moniste, anti-pluraliste, allait persister encore longtemps, et ce alors même que Berlin prenait de plus en plus conscience de certaines exceptions, avec les correctifs mis en avant par certains collègues comme Peter Gay³. Berlin avait pu, par le passé, concéder aux Lumières un certain courage intellectuel – mais le compliment était à double tranchant :

> Their age is one of the best and most hopeful episodes in the life of mankind. […] But the central dream, the demonstration that everything in the world moved by mechanical means, that all evils could be cured by appropriate technological steps, that there could exist engineers of human souls and of human bodies, proved delusive (Berlin 1956, 28–29).

D'une façon qui n'est pas sans rappeler Adorno et Horkheimer, Berlin suggère ici que le courage intellectuel des penseurs du XVIIIᵉ siècle était en grande partie utilisé à mauvais escient. Plus important bien qu'implicite dans ce texte est le lien qu'il établit entre ce qu'il considérait comme l'universalisme scientifique du XVIIIᵉ siècle et les chimères politiques du XXᵉ siècle⁴. Pour lui, les penseurs des contre-Lumières – principalement Vico et Herder – furent les premiers à percevoir le caractère unique des différentes communautés humaines en fonction des époques, des langues et des environnements. Mais ils le firent en abandonnant les conceptions universalistes de l'humanité. C'est pourquoi, selon Berlin, la conception plus nuancée de l'existence humaine prônée par les contre-Lumières a pu facilement être récupérée par les idéologies politiques anti-universalistes des XIXᵉ et XXᵉ siècles.

Isaiah Berlin avait assurément ses propres comptes à régler sur le plan politique. En tant que penseur fortement impliqué dans la guerre froide intellectuelle, il avait à cœur de rappeler au camp libéral les figures desdites contre-Lumières comme autant de précurseurs du pluralisme de valeurs, dont il se revendiquait, contre le monisme politique. Dès lors, on peut facilement comprendre qu'il ait cherché à dépeindre les Lumières comme un mouvement aveuglément universaliste, prônant une conception simpliste de la raison et enclin à apporter toujours les mêmes réponses à toutes les questions importantes de l'humanité, en tout lieu et en toute époque. Ces Lumières-là étaient, à ses yeux, une sorte d'ancêtre intellectuel de la perspective scientiste d'un Karl Marx sur les affaires humaines et, indirectement, du totalitarisme communiste du XXᵉ siècle. Mais sous l'angle des études dix-huitiémistes, il peut paraître assez étrange d'avoir adopté un tel point

---

3 Pour la réponse de Berlin, lors d'une conférence faite le 11 février 1975 à Wolfson College, Oxford, à l'argument de Gay selon lequel les penseurs des Lumières n'étaient pas un « groupe monolithique », voir Berlin (1975, 1–5). Gay avait lui-même fait une conférence le 28 janvier 1975 (dans le cadre de la même série à Wolfson College) sous le titre évocateur : « The Enlightenment as Counter-Enlightenment ».
4 Sur la place de Berlin dans la critique des Lumières dans l'après-guerre, voir Robertson (2015, 122–124).

de vue dans les années 1960 et 1970 – au moment précis où les études sur les Lumières connaissaient un renouveau, porté par de multiples travaux, ceux de Franco Venturi en Italie (Venturi 1969–1990) et de Peter Gay dans son ouvrage en deux volumes (Gay 1966–1969).

Au cours des vingt dernières années, il y a eu de nombreuses études sur Berlin et sa façon de renvoyer dos à dos l'universalisme des Lumières et le relativisme des contre-Lumières (Mali et Wokler 2003 ; Norton 2007 ; 2008 ; Lestition 2007 ; Sternhell 2006 ; Mali 2013 ; Brockliss et Robertson 2016). Toutefois, je n'ai trouvé nulle part de référence au penseur qui, à mon sens, a directement inspiré cette vision, en l'occurrence Friedrich Meinecke qui, en 1936, avait publié *Die Entstehung des Historismus*. En effet, la plupart des arguments développés par Berlin dans ses ouvrages sont présents dans sa préface à l'édition anglaise du livre de Meinecke *Historism : The Rise of a New Historical Outlook* (Berlin 1972, x et xvi). Dans la correspondance inédite de Berlin, on trouve plusieurs lettres qui attestent du rôle important qu'il a joué dans la réception de l'œuvre de Meinecke auprès du public anglophone. Dans une lettre de mai 1958 à Stephen Toulmin, par exemple, Berlin fournit des recommandations d'ouvrages d'histoire des idées pour un « projet Routledge » non précisé :

> If you want to spread your net a little wider I should warmly recommend the *magnificent works of Meinecke* – he is *the only historian in Europe in the last fifty years worth reading* – only one of his books has been translated into English – under the title of *Machiavellianism* – but both the book on historicism and the one on the emergence of a national State are masterpieces and it is *a great shame they are not translated* (Berlin 2016 [1958]).

En 1962, lorsque Berlin fut consulté par Hans Kohn à propos d'une collection intitulée « Milestones of thought », il renchérit : « I am sure that what is really needed is translations of the major German works – for example, the whole untranslated corpus of Meinecke » (Berlin 2016 [1962]). De fait, Berlin finit par introduire Meinecke auprès du lectorat anglophone comme le penseur ayant accompli la mission des contre-Lumières dans son « classique inégalé » de 1936. D'après Berlin, « Meinecke is intensely anxious not to fall into the errors he castigates in the *hated* Natural Law, mechanistic, all-levelling, eighteenth-century Encyclopaedist tradition » (Berlin 1972, xii). Les principales figures de l'historicisme que Meinecke passe en revue dans son ouvrage (principalement Möser, Herder et Goethe) considèrent, nous dit Berlin, que chaque groupe humain possède « its own *individual* laws of growth, its own *unique* organic character ». En bref, Berlin résume ainsi Meinecke : les valeurs de certains groupes humains ne peuvent pas être ramenées à celles d'autres sociétés ou périodes. Par conséquent, ces valeurs sont la seule base qui permette de comprendre les différentes communautés – et elles ne peuvent pas être mises en balance avec d'autres. (Berlin 1972, xi). Le concept de Loi naturelle – utilisé selon différentes acceptions dès le XVIIIe siècle – est employé par Berlin, tout comme par Meinecke, comme marqueur de tout ce que les penseurs allemands ont pu transcender en se concentrant sur l'autonomie des phénomènes historiques. Comme Meinecke le souligne lui-même dans ses Remarques préliminaires, « l'essence de l'historicisme consiste à remplacer une considération généralisante par une considération individualisante des forces humaines dans l'histoire [5] » (Meinecke 2016 [1959], 2). La pensée des Lumières, elle, était coupable d'appréhender tous les phénomènes à travers le même prisme (Meinecke 2016 [1959], 3).

Les principales idées qui sous-tendent la vision que Berlin donne des Lumières, surtout à partir de 1956, sont toutes présentes chez Meinecke. En particulier la fusion quelque peu cavalière qu'il opère entre rationalisme et empirisme, dont il fait un seul et même phénomène intellectuel, au prétexte que les philosophes des deux bords en appelaient à la raison (bien que dans des sens différents). Autre ressemblance frappante : la référence répétée à la Loi naturelle en tant que firmament intellectuel constant, presque inchangé depuis l'Antiquité, et qui ne serait rejeté que par Herder et ses compagnons. Enfin, dernier argument de Meinecke repris par Isaiah Berlin de façon évidente dans son essai sur les contre-Lumières : l'opposition aux Lumières ne daterait pas du XIXe siècle hegelien mais remonterait au XVIIIe lui-même. Les penseurs proto-historicistes et historicistes évoqués par Meinecke étaient contemporains des Lumières.

Il faut pourtant noter qu'il existait, avant les années 1960, d'autres interprétations des Lumières dont Berlin aurait pu se réclamer, mais qu'il a rejetées avec fermeté. Le représentant le plus éminent de ces visions alternatives est peut-être Ernst Cassirer, qui a tenté de préserver une conception des Lumières transeuropéenne beaucoup plus nuancée dans son rapport à la raison et à l'universalisme. L'attitude de Berlin par rapport à cette vision apparaît très clairement dans un compte-rendu qu'il a donné de l'ouvrage de Cassirer, *Die Philosophie der Aufklärung* (1932), lors de sa parution en langue anglaise. Cette recension (Berlin 1953, 618) est l'un des textes les plus virulents que Berlin ait jamais publiés, fustigeant ce qu'il prend pour une tentative naïve de présenter la pensée des Lumières comme une synthèse européenne [6]. Mais il se garde bien de donner à ses lecteurs les véritables arguments de Cassirer. À la différence de Meinecke et Berlin, par exemple, Cassirer met l'accent sur la physique organique chez Diderot et l'intérêt

---

5 Nous traduisons.
6 Le compte-rendu de Berlin était beaucoup plus critique à l'égard de Cassirer que ne l'était la recension de l'ouvrage original par Meinecke lui-même. Malgré ses divergences compréhensibles sur le sens de l'histoire chez les Lumières et au sujet de Rousseau, Meinecke parle d'un « excellent livre » et d'un « chef-d'œuvre » (voir Meinecke 1934).

qu'il manifeste (ainsi que Maupertuis) pour la dynamique de Leibniz (Cassirer 1990 [1966], 77). Il reconstruit ainsi un nouveau concept des Lumières qui crée un lien entre le général et le particulier, et argumente qu'Helvétius ne représentait pas les Lumières, contrairement à ce qu'on avait souvent dit (Cassirer 1990 [1966], 73–64 et 69). Plus encore, Cassirer intègre totalement Leibniz, Kant et l'esthétique allemande dans les Lumières, démontrant leur impact en France et en Angleterre – au lieu de renvoyer dos à dos les cultures entre elles. Cette vision globale et intégrante est rendue possible par sa conception nouvelle de la raison au XVIIIe siècle. Dans *La Philosophie des Lumières*, la raison n'a rien d'une abstraction inerte, aveugle aux spécificités des individus et des communautés. À la différence de Meinecke, Cassirer distingue nettement l'usage de la notion de raison au XVIIe et au XVIIIe siècles (Cassirer 1990 [1966], 52). La raison des Lumières n'est pas selon lui un ensemble de principes et de vérités, mais une force ou une énergie, « non l'idée d'un être, mais celle d'un *faire* » (Cassirer 1990 [1966], 53) – une conception très éloignée des vues de Berlin et Meinecke. Dans sa recension, Isaiah Berlin ne renseignait pas non plus ses lecteurs sur le contexte socio-politique de l'interprétation de Cassirer. Il était en effet audacieux, dans l'Allemagne de 1932, au vu de la montée de la *Lebensphilosophie* et du particularisme nationaliste, de parler aussi ouvertement et sans détour du sens profond des Lumières. Cassirer n'essaie pas de dissimuler ses motivations : il s'agit pour lui, de façon explicite, de faire taire les critiques romantiques accusant le XVIIIe de « platitude » (Cassirer 1990 [1966], 38). Mais ce n'est pas là le seul but de cet ouvrage écrit dans le crépuscule de la République de Weimar.

> Aucun ouvrage d'histoire de la philosophie ne peut être pensé et réalisé dans une perspective purement historique. Tout retour sur le passé de la philosophie est un acte de prise de conscience et d'autocritique philosophique. Or, plus que jamais, me semble-t-il, il est temps que notre époque accomplisse un tel retour critique sur elle-même, qu'elle se mire au clair miroir que lui tend le siècle des Lumières. [...] Et bien des choses que nous tenons aujourd'hui pour le fruit du « progrès » perdront sans doute, dans ce miroir, de leur éclat ; bien des choses dont nous nous flattons nous paraîtront étranges et caricaturales. Et ce serait juger hâtivement et nous faire dangereusement illusion que d'attribuer tout uniment ces difformités aux seuls défauts du miroir au lieu d'en chercher ailleurs la cause (Cassirer 1990 [1966], 38).

Pour être plus convaincant, Cassirer insiste sur la « germanité » des Lumières, ou sur la centralité des penseurs allemands à l'intérieur de ce mouvement transeuropéen – par opposition à une vision romantique selon laquelle les Lumières seraient une affaire étrangère, auquel l'esprit allemand aurait résisté, qu'il aurait essayé de contrer. Il a déjà développé cet argument, de façon plus tortueuse, dans une conférence sur l'histoire du républicanisme à l'occasion du Jour de la Constitution en 1928. Son principal argument était que l'idée républicaine n'était pas une intruse dans l'histoire intellectuelle de l'Allemagne. Cassirer veut alors contrer l'idée contemporaine selon laquelle la pensée libérale et constitutionnelle serait « anti-allemande », il veut suggérer que le républicanisme pousse (aussi) sur le sol allemand, s'épanouissant dans le terreau de la philosophie kantienne. En tant que tel, il pourrait être considéré comme un élément authentique de l'héritage culturel local. Cassirer n'était pas un *Vernunftrepublikaner*[7], il n'était pas républicain par nécessité, mais par conviction.

Les efforts de Cassirer sont diamétralement opposés aux visées de Meinecke et Berlin qui mettent en avant un mouvement essentiellement allemand (protohistoricisme ou contre-Lumières) qui se serait opposé à un siècle des Lumières franco-britannique. Séduit par l'interprétation du XVIIIe selon Meinecke, Berlin était troublé par les efforts de Cassirer pour présenter les Lumières comme un phénomène européen au-delà des différences culturelles nationales, qu'il n'a d'ailleurs jamais niées (Berlin 1953, 618–619).

2 Entre universalisme et particularisme : des pistes plus récentes

Au cours des quarante dernières années, bien sûr, la recherche sur les Lumières n'a cessé d'avancer – au point que la vision qu'en donnaient Berlin et Meinecke semble aujourd'hui caricaturale et surannée, du moins dans les cercles de spécialistes du XVIIIe siècle. Dès lors, pourquoi est-il important de nous souvenir de la construction d'Isaiah Berlin, pour qui les Lumières sont un mouvement universaliste à l'excès et ultra-rationaliste[8] ?

Prenons, par exemple, l'appropriation récente et très particulière de la pensée des Lumières par des mouvements d'extrême-droite à travers le monde entier pour servir leurs campagnes anti-islam. Pour ces nouveaux défenseurs des Lumières, ce mouvement (tel qu'ils le conçoivent) est un allié bien trouvé dans leur soi-disant défense de la liberté de parole, de la liberté de croyance et de la laïcité. Toutefois, non seulement leur allégeance à ces valeurs est une instrumentalisation opportuniste, mais elle repose aussi sur une image des Lumières qui n'est pas sans rappeler celle de Meinecke ou Berlin : la pensée du XVIIIe siècle comme culte de la raison, qui mesure toutes les communautés, en toutes circonstances, à l'aune de

---

7 Voir à ce propos le discours de Cassirer intitulé « Die Idee der republikanischen Verfassung. Rede zur Verfassungsfeier am 11. August 1928 » (1929) reproduit dans Cassirer (2004, 291–398).
8 Parmi de nombreuses références intéressantes, voir Reill (1975; 2005); Pocock (1999–2015); Robertson (2005); Hont (2005); Sorkin (2008).

ses propres valeurs. Il n'est pas question de soutenir ici qu'aucun auteur du XVIIIe siècle ne pensait ainsi. Mais les extrémistes de la raison étaient une très petite minorité, ce sont principalement les détracteurs du mouvement, des conservateurs catholiques, qui les considéraient comme représentatifs des Lumières. La plupart des penseurs des Lumières à travers l'Europe avaient des positions beaucoup plus nuancées.

Aujourd'hui, il est clair que de nombreux éléments que Berlin prête aux contre-Lumières faisaient en réalité partie intégrante de la pensée des Lumières elle-même. Dès le départ, il y a eu, au cœur des Lumières, un courant anticartésien. Leibniz et Vico ont critiqué l'épistémologie cartésienne dès le début du XVIIIe, et cette critique a été reprise tout au long du siècle, et à travers toute l'Europe. Aujourd'hui, on peut difficilement ignorer certains schémas généraux ou composantes de la Loi naturelle chez Vico et Herder, qui croyaient tous deux à certaines caractéristiques humaines communes au-delà des périodes. De même, il n'est plus possible de ne pas tenir compte de débats sur le particularisme et l'intraduisible chez Montesquieu ou Condillac. La diversité et la complexité des Lumières ne peuvent pas se résumer à une simple tentative d'appliquer les méthodes des mathématiques et des physiques à toutes les affaires humaines, comme au XVIIe siècle. L'entichement pour la méthode géométrique, caractéristique de la période de la Révolution scientifique, n'a pas survécu au début du XVIIIe. La vaste majorité des auteurs des Lumières n'a pas manqué de critiquer l'application de cette méthode à la philosophie.

Si tel est le cas, ne devrions-nous pas cesser de rechercher un dénominateur intellectuel commun, et nous intéresser bien plutôt aux manifestations locales de la pensée des Lumières – une pensée grecque des Lumières, une pensée catholique, écossaise, napolitaine ? Non pas une pensée des Lumières mais des pensées au pluriel (voir Porter/Teich 1981 ; Pocock 1999 et 2008 ; Robertson 2005) ? Toutefois, il ne serait pas non plus tout à fait satisfaisant de fragmenter les Lumières en différentes manifestations nationales. Tout d'abord parce que cela reviendrait à conférer à chaque mouvement national (français, allemand ou autre) plus de cohérence qu'il n'en a jamais eu, ouvrant la voie à des simplifications comme celles que Berlin et Meinecke ont pu produire. Pour autant, est-ce à dire qu'il n'y avait rien en commun entre des auteurs des Lumières de différentes obédiences, vivant dans des lieux différents ?

Je ne me risquerais pas à produire une définition globale du mouvement des Lumières, mais j'ai pu observer ailleurs un élément qui est commun à ses différents courants : le naturalisme, en lien avec l'émergence des institutions et des productions humaines. Aussi inattendu que cela puisse paraître, divers penseurs du XVIIIe siècle se sont efforcés, dans un même élan, de présenter les artifices humains comme naturels – ou d'expliquer comment les êtres humains produisaient eux-mêmes, et pour eux-mêmes, tout leur univers culturel et matériel. On retrouve ici la méthodologie adoptée par Rousseau, Herder et leurs pairs : l'explication de toutes les réalisations intellectuelles, matérielles et sociales de l'humanité sans référence à un principe surnaturel. La plupart des auteurs des Lumières croyaient à la création de l'univers par Dieu et à une forme de providence divine. Comme l'explique Herder :

> Il faut en vérité que la prudence créatrice ait présidé à ces premiers instants de la conformation — cependant, ce n'est pas la tâche de la philosophie que d'expliquer le miracle de ces instants, pas plus qu'elle ne peut rendre compte de sa création. Elle pense l'homme dans les premiers états de sa libre activité, dans le premier sentiment complet de sa saine existence, et n'explique ainsi ces moments que de façon humaine (Herder 2010, 127).

Rousseau ne dit pas autre chose :

> La religion nous ordonne de croire que Dieu lui-même ayant tiré les hommes de l'état de nature immédiatement après la création, ils sont inégaux parce qu'il a voulu qu'ils le fussent ; mais il ne nous défend pas de former des conjectures tirées de la seule nature de l'homme et des êtres qui l'environnent, sur ce qu'aurait pu devenir le genre humain s'il fût resté abandonné à lui-même (Rousseau 1964, 133).

La volonté d'expliquer l'émergence de tous les phénomènes humains comme naturellement développés par les êtres humains est un trait dominant de la pensée des Lumières, au-delà des questions d'appartenance et de foi religieuses. Même pour des philosophes croyants, le divin pouvait et devait être dissocié des questionnements philosophiques. Cette conviction est partagée par les penseurs de Lumières, qu'ils soient étiquetés « radicaux », « modérés » ou « dévots ».

Les traités des Lumières sur les origines – origines de la société, des relations politiques, des systèmes économiques, des langues et même de l'esprit humain – impliquent une reconnaissance de l'historicité et de l'enracinement dans le langage de toutes les formes de vie humaine (Lifschitz 2012). Or ce sont précisément ces concepts-là que Berlin attribuait aux contre-Lumières, censés saper la croyance des Lumières dans la puissance universelle de la raison. En réponse à cela, il peut être intéressant de souligner que dans les années 1750 et 1760, la pensée philosophique dominante ne penchait pas pour l'autorité absolue de la raison ou pour le pouvoir indéniable de la logique. Une conception simpliste de l'universalité était contredite par l'idée que le langage était un instrument de la pensée humaine et non un simple outil de communication. Si les hommes pensaient au moyen du langage, la multiplicité des langues sapait, dès lors, l'idée d'une objectivité absolue de la pensée humaine. La reconnaissance croissante de l'artificialité du langage humain, et la compréhension que la condition humaine s'enracine dans l'histoire, ont conduit à une façon de penser la « rationalité » et la « pensée logique » très différente de celle que décrivent Berlin et Meinecke – ou des historiens plus récents comme Jonathan Israel[9]. Montesquieu, Diderot, Voltaire, Hume, Lessing et Herder partageaient cette conscience fine de la fragilité de la raison et de l'enracinement historique de l'existence humaine. La confiance résolue dans l'autorité de la raison et de la logique était, une fois de plus, beaucoup plus caractéristique d'auteurs du XVIIe siècle comme Descartes et Spinoza.

Cet état d'esprit, cependant, n'a pas débouché sur un relativisme extrême, il n'a pas fait renoncer au débat rationnel critique. Au contraire, la plupart des auteurs du milieu du XVIIIe siècle estimaient qu'une conscience plus fine des limites de la raison nous permettrait d'en faire un usage plus sûr et plus efficace. Ceux qui ont écrit sur l'évolution de la société et du langage ont accepté l'universalité des *capacités* humaines – pas l'universalité des valeurs et des jugements spécifiques. Ces capacités humaines étaient de plus en plus examinées à travers un prisme anthropologique, ce qui allait à l'encontre de la stricte distinction cartésienne entre le corps et l'esprit. L'universalité des capacités innées pour la production artistique ou l'expression linguistique impliquaient l'historicité de la condition humaine, pas l'uniformité des valeurs ou des critères de jugement particuliers. Chaque société était unique dans ses traits culturels et politiques propres – précisément parce que toutes les sociétés évoluaient mues par le même penchant humain instinctif pour un développement personnel conditionné par l'environnement.

Voici typiquement un domaine de recherche intellectuelle propre à contredire l'idée encore largement répandue que la pensée des Lumières se fondait sur l'apothéose de la raison et sur une conception simpliste de l'universalisme. Comme nous avons pu le voir, lorsqu'on interroge en profondeur de telles affirmations, on voit émerger un point de vue beaucoup plus nuancé sur la pensée du XVIIIe siècle : une philosophie centrée sur une auto-création naturaliste de la culture et des institutions humaines sous toutes leurs formes. Historicité et enracinement linguistique étaient des armes de poids dans l'arsenal intellectuel de presque tous les penseurs des Lumières, plutôt que dans celui des contre-Lumières. Et ce combat ne s'est pas fait au détriment de l'universalisme : au contraire, il était étroitement lié à l'universalité des capacités humaines, qu'il ne faut pas confondre avec une uniformité de valeurs ou avec ce que Berlin identifie comme « one set of universal and unalterable principles » (Berlin 2001 [1979], 3) valable en tout lieu et à toute époque.

---

[9] Voir en particulier sa série Radical Enlightenment, publiée par Oxford University Press : Israel (2001 ; 2006 ; 2011 ; 2019).

Il n'en reste pas moins que les auteurs des Lumières furent, bien sûr, sujets aux préjugés, et parfois à un aveuglement complaisant sur la question des cultures indigènes d'outremer (ou même des minorités européennes). Une vision du monde [*Weltanschauung*] plus nuancée, historicisée et enracinée dans la langue ne préserve pas toujours des sirènes du chauvinisme culturel, comme de nombreux intellectuels du XVIIIe siècle (et au-delà) ont pu le montrer, mais cela peut aider. Comme en témoignent les écrits de Diderot, Raynal et Herder, entre autres, cette conviction que toutes les cultures étaient fabriquées par l'homme leur a permis de s'opposer à l'étroitesse d'esprit de leurs contemporains[10]. De telles idées méritent d'être prises en considération sérieusement et non rejetées en bloc au nom de conceptions rigides des Lumières.

(traduit de l'anglais par Valérie Julia)

Références bibliographiques

Berlin, Isaiah. *Karl Marx: His Life and Environment*. London : T. Butterworth, 1939.
—. « Ernst Cassirer, *The Philosophy of the Enlightenment* ». Recension. *English Historical Review* 68 (1953) : 617–619.
—. Éd. *The Age of Enlightenment: The 18th Century Philosophers*. New York : Mentor Books, 1956.
—. « Foreword ». Friedrich Meinecke. *Historism: The Rise of a New Historical Outlook*. Trad. J. E. Anderson, révisé par H. D. Schmidt. London : Routledge & Kegan Paul, 1972, ix–xvi.
—. « Some Opponents of the Enlightenment ». *The Isaiah Berlin Virtual Library*. Éd. Henry Hardy ([1975]). http://berlin.wolf.ox.ac.uk/lists/nachlass/opponents.pdf (08 May 2020).
—. *Against the Current: Essays in the History of Ideas*. Éd. Henry Hardy. Princeton, NJ : Princeton University Press, 2001 [1979].
—. à Stephen Toulmin, 9 mai 1958, transcription à partir d'un enregistrement Dictabelt de Berlin (British Library. Réf. C1226/63, copie F4211). The Trustees of the Isaiah Berlin Literary Trust, 2016.
—. à Hans Kohn, 11 octobre 1962 (Oxford, Bodleian Library, MS. Berlin 262, fol. 56–57). The Trustees of the Isaiah Berlin Literary Trust, 2016.
Brockliss, Laurence et Ritchie Robertson. Éds. *Isaiah Berlin and the Enlightenment*. Oxford : Oxford University Press, 2016.
Cassirer, Ernst. *La philosophie des Lumières*. Trad. Pierre Quillet. Paris : Presses Pocket « Agora », 1990 [1966].
—. *Aufsätze und kleine Schriften (1927–1931)*. Éd. Tobias Berben, Vol. XVII de *Gesammelte Werke – Hamburger Ausgabe*. Éd. Birgit Recki. Hambourg : Meiner, 2004.
Ferrone, Vincenzo. *The Enlightenment: History of an Idea*. Trad. Elisabetta Tarantino. Princeton, NJ : Princeton University Press, 2015.

---

[10] Voir, par exemple, l'analyse de ces auteurs dans Muthu (2003) et Lüsebrink (2006).

Gay, Peter. *The Enlightenment: An Interpretation*. 2 vol. New York: Knopf, 1966–1969.
Herder, Johann G. *Traité sur l'origine des langues*. Trad. Lionel Duvoy. Paris: Allia, 2010.
Hont, Istvan. *Jealousy of Trade: International Competition and the Nation-State in Historical Perspective*. Cambridge, MA: Harvard University Press, 2005.
Horkheimer, Max et Theodor W. Adorno. *Dialectique de la Raison: Fragments philosophiques*. Trad. Éliane Kaufholz. Paris: Gallimard, 1983 [1974].
Israel, Jonathan I. *Radical Enlightenment: Philosophy and the Making of Modernity 1650–1750*. New York: Oxford University Press, 2001.
—. *Enlightenment Contested: Philosophy, Modernity, and the Emancipation of Man, 1670–1752*. New York: Oxford University Press, 2006.
—. *Democratic Enlightenment: Philosophy, Revolution, and Human Rights 1750–1790*. New York: Oxford University Press, 2011.
—. *The Enlightenment that Failed: Ideas, Revolution, and Democratic Defeat, 1748–1830*. New York: Oxford University Press, 2019.
Lestition, Steven. «Countering, Transposing, or Negating the Enlightenment? A Response to Robert Norton». *Journal of the History of Ideas* 68.4 (2007): 659–681.
Lifschitz, Avi. *Language and Enlightenment: The Berlin Debates of the Eighteenth Century*. Oxford: Oxford University Press, 2012.
—. «Between Friedrich Meinecke and Ernst Cassirer: Isaiah Berlin's Bifurcated Enlightenment». *Isaiah Berlin and the Enlightenment*. Éds Laurence Brockliss et Ritchie Robertson. Oxford: Oxford University Press, 2016, 51–66.
Lüsebrink, Hans-Jürgen. Éd. *Das Europa der Aufklärung und die aussereuropäische koloniale Welt*. Göttingen: Wallstein, 2006.
Mali, Joseph et Robert Wokler. Éds. *Isaiah Berlin's Counter-Enlightenment*. Philadelphia: American Philosophical Society, 2003.
—. «The Invention of the Counter-Enlightenment: The Case for the Defense». *Knowledge and Religion in Early Modern Europe: Studies in Honor of Michael Heyd*. Éds Asaph Ben-Tov, Yaacov Deutsch et Tamar Herzig. Leiden: Brill, 2013.
Meinecke, Friedrich. «Ernst Cassirer, *Die Philosophie der Aufklärung*». Recension. *Historische Zeitschrift* 149 (1934): 582–586.
—. «Vorbermerkung». *Die Entstehung des Historismus*. Munich, Vienne: De Gruyter Oldenbourg, 2016 [1959].
Muthu, Sankar. *Enlightenment against Empire*. Princeton, NJ: Princeton University Press, 2003.
Norton, Robert E. «The Myth of the Counter-Enlightenment». *Journal of the History of Ideas* 68.4 (2007): 635–658.
—. «Isaiah Berlin's "Expressionism" ou "Ha! Du bist das Blökende!"». *Journal of the History of Ideas* 69.2 (2008): 229–247.
Pocock, J. G. A. *Barbarism and Religion*. 6 vol. Cambridge: Cambridge University Press, 1999–2015.
Pocock, J. *Barbarism and Religion*. Vol. I: *The Enlightenments of Edward Gibbon, 1737–1764*. Cambridge: Cambridge University Press, 1999.
—. «Historiography and Enlightenment: A View of Their History». *Modern Intellectual History* 5.1 (2008): 83–96.
Porter, Roy et Mikuláš Teich. Éds. *The Enlightenment in National Context*. Cambridge: Cambridge University Press, 1981.
Reill, Peter H. *The German Enlightenment and the Rise of Historicism*. Berkeley: University of California Press, 1975.

—. *Vitalizing Nature in the Enlightenment*. Berkeley: University of California Press, 2005.
Robertson, John. *The Case for the Enlightenment: Scotland and Naples 1680–1760*. Cambridge: Cambridge University Press, 2005.
—. *The Enlightenment: A Very Short Introduction*. Oxford: Oxford University Press, 2015.
Rousseau, Jean-Jacques. *Discours sur l'origine et les fondements de l'inégalité parmi les hommes. Œuvres complètes*. Vol. III. Éd. Bernard Gagnebin et Marcel Raymond, 109–237. Paris: Gallimard, 1964, 109–237.
Schmidt, James. «Inventing the Enlightenment: Anti-Jacobins, British Hegelians, and the Oxford English Dictionary». *Journal of the History of Ideas* 64.3 (2003): 421–443.
Sorkin, David. *The Religious Enlightenment*. Princeton, NJ: Princeton University Press, 2008.
Sternhell, Zeev. *Les anti-Lumières: du XVIIIe siècle à la Guerre froide*. Paris: Fayard, 2006.
Venturi, Franco. *Settecento riformatore*. 5 vol. Turin: Einaudi, 1969–1990.

Sarga Moussa
Suez 1869 : un cosmopolitisme eurocentré ?
Le témoignage de quelques voyageurs français

Résumé : Cet article propose l'hypothèse selon laquelle l'ouverture du canal de Suez, célébré par nombre de témoins, en 1869, comme le « mariage de l'Orient et de l'Occident », selon la formule de l'historien de l'art Charles Blanc, fut en réalité la mise en scène d'un cosmopolitisme eurocentré. Le rêve du creusement de l'isthme de Suez remonte à l'antiquité pharaonique. Mais c'est Bonaparte qui, dans l'histoire moderne, lui redonna un nouvel élan, relayé par le projet « civilisateur » des saint-simoniens, dont le jeune Ferdinand de Lesseps fut lui-même proche. On s'intéressera au discours d'une utopie réconciliatrice chez un certain nombre de voyageurs français invités par le khédive Ismaïl (Blanc, Taglioni, la Bédollière, Pharaon…) – discours reposant sur une profonde asymétrie, puisqu'il conduisit, dans les faits, à la ruine de l'État égyptien, donc à son affaiblissement, qui en fit une proie facile pour l'occupant anglais, en 1882. On rappelle également les « absents » de l'histoire – les *fellahs* (les paysans égyptiens qui, les premiers, creusèrent le canal dans des conditions très difficiles), bien peu présents dans les récits des voyageurs français, mais aussi les Arabes (au mieux réduits textuellement à une scénographie pittoresque, au pire symptômes des préjugés ethnocentriques caractéristiques du « discours orientaliste » dénoncé par E. Said), enfin les invités orientaux eux-mêmes aux fêtes de Suez, lesquels se comptaient par centaines, si ce n'est par milliers, mais dont il reste à retrouver les témoignages, au-delà de leurs représentations plus ou moins instrumentalisées, ainsi la figure d'Abd el-Kader, dans un journal comme *L'Isthme de Suez. Journal de l'union des deux mers*. On termine en évoquant un contre-discours en creux, celui de Théophile Gautier, qui ne mentionne pas une seule fois (silence assourdissant !) le nom de Lesseps dans les feuilletons de son séjour en Égypte, en 1869.

Mots-clés : canal de Suez ; Bonaparte ; saint-simoniens ; voyageurs ; orientalisme ; utopie ; cosmopolitisme

En 1869, le canal de Suez était ouvert, à la suite d'une dizaine d'années d'un chantier qui constitua, comme le dit le catalogue d'une exposition de l'Institut du

Monde Arabe consacrée à ce sujet, une véritable « épopée » (Gauthier et Mollard 2018). Cette histoire a été longtemps racontée comme le triomphe d'un monde enfin réconcilié (l'annonce, déjà, d'une illusoire « fin de l'Histoire » ?), sous l'égide d'un commerce mondial à travers lequel les peuples s'enrichiraient mutuellement, voire fantasmée comme le « mariage » de l'Orient et de l'Occident – une métaphore qu'on trouve, par exemple, dans le récit de voyage de l'historien de l'art Charles Blanc, qui figure parmi les nombreux invités du khédive Ismaïl pour les fêtes d'inauguration du canal de Suez [1] – j'y reviendrai. Certes, plus personne n'est assez naïf, aujourd'hui, pour penser l'histoire des relations franco-égyptienne, surtout à la fin du XIXe siècle, c'est-à-dire à l'époque des impérialismes coloniaux (Said 1980), comme une idylle, mais on trouve parfois, dans les ouvrages les plus récents, les échos tardifs de cet imaginaire idéalisant du mélange culturel qu'aurait généré Suez, par exemple lorsqu'il est question d'« une forme particulière de cosmpolitisme [...] *dont persiste la nostalgie* », comme l'écrivent les commissaires de l'exposition de l'IMA déjà citée, non sans reconnaître avec honnêteté, dans la même phrase, l'existence « des injustices et des inégalités » associées au même événement [2]. Je voudrais ici, dans la lignée du dossier sur « Les imaginaires du canal de Suez » paru dans *Sociétés et Représentations* (Moussa et Sabry 2019), m'interroger sur les asymétries et les non-dits associés à l'imaginaire cosmopolitique des voyageurs invités aux fêtes du canal de Suez. On commencera par rappeler le souvenir de l'expédition de Bonaparte, médiatisé par l'expérience saint-simonienne des années 1830 en Égypte. On examinera ensuite le discours d'une utopie réconciliatrice, avant de pointer les absents de l'Histoire et d'évoquer brièvement, en forme de contre-point, une voix discordante, celle de Théophile Gautier, invité aux fêtes de 1869, mais qui ne dit pas un mot de Ferdinand de Lesseps, pourtant célébré dans tous les discours officiels comme le grand architecte du canal de Suez.

1 De Napoléon à Lesseps

On sait que l'histoire du canal remonte à l'Antiquité, puisque le pharaon Sésostris III (Moyen Empire, XIXe siècle avant J.-C.), avait déjà eu le projet de relier la mer Rouge au Nil et avait même fait creuser pour cela un canal, qui s'ensabla néanmoins avec le temps. En arrivant en Égypte en 1798, Bonaparte reprit cette idée

---

[1] Charles Blanc estime à « mille environ » le total des invités, précisant qu'il ne s'agit que des Européens (1876, 341). Ce chiffre est repris par Jean-Marie Carré (1990 II [1956], 307).
[2] Gauthier et Mollard, « Un canal quatre fois millénaire » (2018, 17) ; je souligne.

en lui donnant plus d'ampleur encore, comprenant l'importance stratégique que pourrait jouer un canal reliant cette fois-ci la mer Méditerranée à la mer Rouge, ce qui permettrait de contrôler la route des Indes, donc de faire directement concurrence au grand rival anglais. Une commission, présidée par l'ingénieur Jean-Marie Le Père, fut chargée d'étudier la faisabilité de ce projet. Dans un Mémoire publié dans la *Description de l'Égypte* (1822 [1809]), Le Père concluait qu'un canal pourrait bel et bien être creusé, mais qu'il faudrait y installer des écluses, car, pensait-il à tort, il y avait une différence de niveau entre la Méditerranée et la mer Rouge. C'est cette erreur de calcul qui conduisit Bonaparte à abandonner le projet, dont il était entendu, pour lui, qu'il n'aurait pu être mené à bien que sous l'égide européenne. Comme l'écrivait Le Père : « Les peuples mahométans qui habitent des pays plus voisins à la fois de l'Inde et des bords de la Méditerranée, opprimés par des gouvernements barbares et étrangers à toute idée de perfectionnement et de civilisation, ont langui dans l'indolence, qui en est l'effet ordinaire (Le Père 1822 [1809], 48) ». Le discours d'une Égypte *endormie* par des siècles d'occupation ottomane mais heureusement *réveillée* par la secousse post-révolutionnaire de l'expédition de Bonaparte, on le sait, constitue aujourd'hui encore le cadre de pensée d'une historiographie souvent très eurocentriste [3].

Je pars de l'hypothèse que la « légende de Bonaparte », dont on sait qu'elle marqua un certain nombre d'écrivains, en particulier sous Louis-Philippe (Hugo, Stendhal, Balzac...) [4], continue de hanter les esprits à l'époque de la construction du canal de Suez. J'en veux pour preuve cette page écrite par Ferdinand de Lesseps et figurant au tome V de l'ensemble de documents qu'il rassembla sur le tard sous le titre de *Lettres, journal et documents pour servir à l'histoire du canal de Suez* : « Le 15 [août 1865], la Saint-Napoléon a été fêtée à Ismaïlia par l'arrivée du convoi de Port-Saïd et par l'ouverture de l'écluse qui a offert un spectacle magnifique » (Lesseps 1881, 179). La Saint-Napoléon, décrétée par l'empereur lui-même en 1806 pour fêter le rétablissement de la religion catholique en France par la signature du Concordat (1801), coïncidait en même temps, non par hasard, avec le jour de la naissance de Napoléon. Considérée comme fête nationale sous le Second Empire également, elle ancrait dans la mémoire collective le souvenir du héros et de ses conquêtes, donc une mythologie de la grandeur que la France de Napoléon III cherchait, elle aussi, à entretenir, y compris dans le cadre du percement de l'isthme de Suez, comme en témoigne Lesseps dans la suite de la même page précédemment citée :

---

3 Voir ici même la contribution de Leyla Dakhli.
4 Descotes (1967). Sur le mythe de Napoléon, voir par ailleurs les nombreux travaux de l'historien Jean Tulard.

> J'avais, dès le matin, télégraphié ce qui suit à l'Empereur :
> « Sa Majesté fêtée dans l'Isthme par première cargaison de houille transitant directement de Méditerranée à mer Rouge. – Signé : LESSEPS »
> Cette dépêche était partie de Suez pour Paris, le 15, à 8 heures du matin.
> Le même jour arrivait à Suez, à 5 heures du soir, la réponse de l'Empereur, ainsi conçue :
> « Napoléon,
> À M. de Lesseps.
> Je vous félicite du succès obtenu et vous remercie de me donner cette bonne nouvelle pour ma fête » (Lesseps 1881, 179–180).

On aura remarqué la signature de l'Empereur, dans ce télégramme : le nom de « Napoléon » permet la superposition avec celui de l'oncle, Lesseps inscrivant du même coup sa propre entreprise sous le signe d'une histoire doublement impériale, mais renvoyant surtout au prestige de Napoléon Ier, lequel avait en quelque sorte anticipé, par son projet de canal de Suez, l'idée d'une rencontre, voire d'une fusion entre l'Orient et l'Occident.

On sait que les saint-simoniens, partis en Égypte sous la houlette d'Émile Barrault, puis du « Père » Enfantin qui les y rejoignit un peu plus tard, en 1833, envisagèrent eux aussi le creusement de l'isthme de Suez[5]. C'est même le premier projet que ce mouvement à la fois utopiste et matérialiste proposa à Mohammad Ali, qui s'y opposa, craignant que son pays ne perde son autonomie. Mais le vice-roi francophile et modernisateur n'était pas opposé à l'idéologie *progressiste* des saint-simoniens, tout au contraire, et il approuva, dans un second temps, la construction d'un barrage sur le Nil, à l'endroit où le Delta se sépare en deux branches. Barrault, dans *Occident et Orient* (1835), relate cet épisode, qui commença dans un grand enthousiasme – mais une terrible épidémie de peste mit fin à ce projet, et du même coup au séjour de la plupart des saint-simoniens en Égypte.

À la différence de l'expédition de Bonaparte, celle des saint-simoniens fut pacifique. Néanmoins, la figure du grand homme, qui avait réussi à revenir auréolé de son séjour oriental, alors même que son entreprise militaire avait été un échec, hantait les compagnons d'Enfantin. Barrault en témoigne à plusieurs reprises, dans son essai déjà cité, où il fait de Bonaparte une sorte de précurseur de leur propre volonté de concorde universelle :

> Comme plus tard il prépara la fusion des populations européennes, alors Napoléon prépara la communion de l'Orient et de l'Occident. C'est pourquoi ici [en Égypte] le peuple a conservé avec une admiration sans rancune le souvenir de ses éclatantes victoires […].
> C'est lui qui au bout de ses baïonnettes apporta ici, en présent, la science européenne dont aujourd'hui les lumières se propagent ; c'est lui qui songea à remuer, à rajeunir cette vieille

---

[5] Sur cette entreprise, voir Régnier (1989).

terre par un large mouvement de travail; c'est encore lui qui rappela à l'Europe qu'elle avait par Soueys une route plus abrégée vers l'Inde. [...]
Ailleurs il a fait peut-être beaucoup d'ingrats; ici il reçoit un culte de reconnaissance. Si l'Égypte avait des saints, Napoléon en serait un; et peut-être, pour ces populations enthousiastes, est-il davantage (Barrault 1835, 449-450).

On reviendra tout à l'heure sur la phraséologie de l'union de l'Orient et de l'Occident, que bien des voyageurs reprendront en 1869. Insistons ici sur l'importance, pour les saint-simoniens, du souvenir de Napoléon, construit par Barrault comme le fondateur moderne de l'idée de Suez, c'est-à-dire comme un pont entre deux grandes parties du monde qui, ainsi que le disait Lamartine au même moment dans son *Voyage en Orient*, étaient entraînées dans un « inévitable rapprochement » (Lamartine 2000 [1835], 457).

Il est amusant de constater qu'on retrouve, dans un chapitre de l'ouvrage de Barrault consacré à la construction avortée d'un barrage sur le Nil, le récit d'une fête, celle, précisément, de Napoléon (le 15 août 1834), où des Égyptiens et des Français, incarnant « une même famille », constituent un « présage sublime de la communion de l'Orient et de l'Occident » (Barrault 1835, 455). Parmi les participants à cette fête figure Soliman Pacha, l'ex-colonel Sève, ancien officier de Bonaparte resté en Égypte après le départ de celui-ci, et qui, converti à l'islam, était devenu le chef de l'armée du vice-roi. Il porte d'ailleurs une série de toasts, dont le premier « À Napoléon, [...], non à l'empereur, mais au grand homme! » (Barrault 1835, 456), allusion à l'expédition d'Égypte à laquelle Barrault fera lui-même écho, un peu plus loin, dans son récit, de la façon suivante:

> Si l'on n'avait pas autant abusé des Pyramides et des quarante siècles, peut-être aurait-il pu nous sembler que du haut de leur cime, car elles étaient sous nos yeux, Napoléon contemplait, non sans joie, cette fête improvisée, témoignage du développement de ses grandes pensées (Barrault 1835, 460).

Autrement dit, les saint-simoniens se conçoivent bel et bien, à l'instar du vice-roi Mohammad Ali, comme les « exécuteurs testamentaires » de Bonaparte[6]. Construisant un barrage sur le Nil, *ersatz* du creusement de l'isthme de Suez, ils ne veulent pas seulement contribuer à la modernisation de l'Égypte, ils fantasment leur entreprise comme un acte fondateur de l'union entre Orient et Occident, dans une logique de réconciliation qui veut rompre avec la pensée d'une conflictualité ancestrale longtemps prévalente. On notera cependant que l'enjeu de toute cette entreprise est bel et bien, dans les termes mêmes de Barrault, la « régénération »

---

6 Soliman Pacha porte lui-même un toast « À Méhémet Ali, l'exécuteur testamentaire de Napoléon en Égypte! » (Barrault 1835, 456).

(Barrault 1835, 455) de l'Égypte : c'est d'abord elle qu'il faut sauver, et non la France, qui apparaît, ici, dans son rôle « civilisateur » bien connu.

Notons enfin qu'on trouve aussi, parmi les participants à cette fête de Napoléon sur le Nil, Ferdinand de Lesseps en personne, alors « consul de France au Caire » (Barrault 1835, 452), et manifestement proche, à l'époque, des saint-simoniens, dont leur chef, le polytechnicien Prosper Enfantin, contribuera lui-même, sous le Second Empire, à rectifier l'erreur de l'ingénieur Le Père en démontrant l'égalité de niveau entre la mer Rouge et la Méditerranée, redonnant ainsi toute sa crédibilité scientifique au projet de canal. De Bonaparte à Lesseps, en passant par le séjour des saint-simoniens en Égypte, dans les années 1830, germe l'idée du creusement de l'isthme de Suez comme une sorte d'utopie réconciliatrice, dont on va examiner maintenant les éléments de discours à travers le témoignage d'un certain nombre de voyageurs invités pour les fêtes de 1869.

2 Une utopie réconciliatrice

Celui qui a le plus développé le thème de l'union des deux mers est sans doute l'historien de l'art Charles Blanc, dans un récit de voyage publié quelques années après l'ouverture du canal. Ce texte, intitulé *Voyage de la Haute Égypte* (1876), raconte tout à la fois la remontée du Nil qu'accomplirent un certain nombre d'invités, jusqu'à Louxor, Karnak et la Vallée des Rois, ce qui leur permit de visiter les grands sites pharaoniques, avec un guide rédigé pour l'occasion par l'égyptologue Mariette, et un chapitre final consacré spécifiquement aux fêtes d'ouverture du canal de Suez, autour de mi-novembre 1869. Le transport des voyageurs sur les villes du canal, depuis Le Caire, semble avoir posé des problèmes logistiques aux autorités égyptiennes. On peut d'ailleurs le comprendre, étant donné le nombre considérable d'invités. Une partie d'entre eux dut aller de la capitale à Alexandrie, en train, et de là prendre un bateau qui, en 18 heures, les amena à Port-Saïd en longeant la Méditerranée. Charles Blanc, de son côté, eut la chance d'échapper à ce trajet considérable en prenant, notamment avec un groupe d'artistes (Fromentin, Berchère, Tournemine), le train d'Alexandrie à Ismaïlia, car le chemin de fer entre Le Caire et les villes du canal de Suez n'était pas encore achevé. Voici en quels termes il parle de l'événement :

> Il fallait vivre dans notre temps pour qu'un homme, après avoir conçu le gigantesque projet de percer l'isthme de Suez, vît ce projet se réaliser pleinement, pût assister au *mariage de deux mers* séparées durant tant de siècles, et naviguer lui-même sur des lacs étonnés de se voir traverser par des navires partis des ports de l'Europe pour aller aux Indes (Blanc 1876, 329 ; je souligne).

Dans ce « mariage » maritime symbolique, qui est aussi celui de l'Orient et de l'Occident, l'Égypte, fût-elle incarnée par Ismaïl, occupe implicitement la position de la femme, puisque le projet de Suez est désigné comme celui d'un « homme », en l'occurrence Lesseps. On peut observer tout de suite une certaine asymétrie, à l'intérieur de ce couple : non seulement le khédive, qui est pourtant le partenaire égyptien sans lequel rien n'aurait pu être mené à terme, est oublié, mais, dans la formulation même des conséquences de l'existence du canal sur le commerce mondial, une seule direction est prise en compte, celle des navires « partis de l'Europe pour aller aux Indes ». Au fond, de la même façon que le mariage comme institution, sous le Second Empire, fait de la femme une mineure en droit, ce « mariage de deux mers », sans être un viol, traduit néanmoins un fantasme viril qui place l'Europe, représentée ici par celui qu'on surnommait « le Grand Français », en position dominante, voire conquérante.

Cette asymétrie sera quelque peu atténuée lorsque Blanc rapportera de manière enthousiaste l'*acmé* de la cérémonie d'ouverture, le 17 novembre 1869, à savoir le moment où des navires apparaîtront des deux côtés du canal pour se rencontrer dans le port d'Ismaïlia, marquant ainsi l'accomplissement de « l'union des deux mers » (Blanc 1876, 350). Mais là encore, les considérations qui suivent font de cette apparente communion un éloge qui renvoie en réalité au concepteur français du canal :

> Je ne sais ce qui s'est passé en ce moment dans le cœur de M. de Lesseps. Mais nous étions tous très-émus et, pour mon compte, j'éprouvais un sentiment de fierté à voir comment le génie de l'homme avait su remanier notre planète, retoucher l'œuvre de la création, donner des ordres à l'Océan et s'en faire obéir (Blanc 1876, 351).

On voit que se met en place, à Suez, une mythologie moderne où Ferdinand de Lesseps apparaît comme un substitut du Dieu créateur. Le « génie de l'homme », ici, est moins une réalité anthropologique, à vocation universaliste, que le génie d'*un* homme, qui n'hésitera pas à s'auto-célébrer, dans des termes qui laissent songeur quant à la puissance de son narcissisme. Voyons comment il parle lui-même de l'arrivée de l'*Aigle*, le yacht d'Eugénie sur lequel il se trouve, et qui est le premier navire à entrer dans le canal de Suez, le 17 novembre 1869 :

> [...] les acclamations éclatent, les vivats à l'impératrice se mêlent au nom salué de M. Ferdinand de Lesseps ; l'Impératrice, elle-même, stimule cet élan ; elle signale en quelque sorte aux spectateurs M. de Lesseps comme *le premier sur qui doit se porter leur enthousiasme*, et c'est dans un mouvement indescriptible de ravissement mêlé d'attendrissement que toute cette foule émue regarde passer ce beau navire, portant la bonne nouvelle de l'union accomplie de l'Occident et de l'Orient (Lesseps 1881, 339 ; je souligne).

Parler de soi à la troisième personne, comme le fait ici Lesseps, est une fausse mise à distance. C'est une manière rhétoriquement habile de se faire doublement adouber, d'abord par les spectateurs, mais aussi par l'impératrice elle-même. Du coup, on comprend entre les lignes qu'Eugénie et Lesseps forment un nouveau « couple », le temps de la fête, autrement dit que Lesseps remplace symboliquement Napoléon III, resté en France. Cette cérémonie est une intronisation qui ne dit pas son nom. Ce qui n'empêche pas Lesseps de parler de « l'union [...] de l'Orient et de l'Occident » (Lesseps 1881, 339), reprenant ainsi la phraséologie saint-simonienne dont on a déjà vu des exemples chez Barrault.

Il s'agit là d'une véritable isotopie, qu'on retrouve, avec des variantes, chez nombre de voyageurs à Suez en 1869. Ainsi Charles Taglioni, attaché à la légation de Prusse à Paris, invité par le khédive Ismaïl, parle-t-il du canal comme du « trait d'union entre l'Occident et l'Orient » (Taglioni 1870, 236). Dans son récit de voyage, il cite intégralement le discours de Mgr. Bauër, représentant de l'Église catholique lors des fêtes d'inauguration de Suez, et par ailleurs confesseur de l'impératrice Eugénie. Dans ce discours, souvent cité et largement reproduit dans la presse contemporaine, le prélat parle de « ce seuil, qui fait de l'Orient et de l'Occident un seul et même monde » (Taglioni 1870, 217) ; il en appelle à leur « mutuelle fraternité » et incite ces deux espaces personnifiés, qui renvoient d'abord, pour lui, à l'islam et au christianisme, à « se rapprocher et s'étreindre [7] » (Taglioni 1870, 218).

À ce thème de l'union entre l'Orient et l'Occident est associé celui du cosmopolitisme, entendu en général, dans ce contexte, comme la présence d'une assemblée de populations d'origines ethniques, culturelles et religieuses différentes. On touche ici à une difficulté conceptuelle qui se traduit souvent, dans les discours de l'époque, par une ambiguïté axiologique. En effet, comment peut-on à la fois reconnaître la diversité d'une « assistance auguste et cosmopolite » (Taglioni 1870, 217), comme l'écrit Mgr Bauër, et plaider en même temps pour un canal qui ouvrirait la voie à la « véritable civilisation » (Taglioni 1870, 221), dont on comprend rapidement qu'elle vient de la France ? Le cosmopolitisme dont il est ici question est en réalité le rêve d'un Orient transformé par l'Occident. À preuve cette évocation du khédive, qualifié de « régénérateur » (Taglioni 1870, 222), et qui est remercié pour avoir accepté la présence d'églises et d'autels chrétiens à Suez, à côté de la tribune où se trouvent les représentants musulmans, mais en des termes révélateurs d'un profond eurocentrisme :

> Pour la première fois depuis douze siècles, la foi chrétienne peut élever, en face du croissant, à ciel ouvert, sa voix pour prier et pour bénir. [...] ; merci, d'un cœur ému, au nom du

---

[7] Sur ce discours, voir Lançon (2019, 121–135).

christianisme; merci au nom de la France, au nom de l'Europe; merci au nom de toute l'humanité, dont les destinées font un grand pas en ce moment, grâce à Votre Altesse, qui veut le bien, et à Dieu qui le bénit (Taglioni 1870, 230).

Et, pour faire bonne mesure, Mgr Bauër compare Ferdinand de Lesseps à Christophe Colomb[8], ce qui en dit long sur la dimension impérialiste et prosélyte sous-jacente à l'entreprise de Suez, au moins pour certains invités, et sur le rôle que l'Église catholique joua comme appui du pouvoir politique et économique, en l'occurrence celui du Second Empire.

On retrouve le même type de double discours chez un voyageur contemporain invité aux fêtes de Suez, Émile de la Bédollière, écrivain, traducteur, journaliste au *National* à partir de 1869. « Ce qui a fait le charme de ce jour de féerie », écrit-il à propos du 17 novembre, « ç'a été l'entrain, l'animation, la cordialité fraternelle qui régnaient entre tant d'hommes de races diverses » (Bédollière 1870, 31–32); mais dès lors qu'il visite la capitale égyptienne, quelques jours plus tard, il dénonce pêle-mêle les « horribles clameurs » accompagnant les cortèges de noces ou d'enterrements et les « misérables fanatiques » fêtant la rupture du jeûne musulman, ce qui le conduit à fuir « le brouhaha du Caire » (Bédollière 1870, 63–64).

Même sentiment d'un grand tumulte désagréable, cette fois-ci associé à la présence des cheikhs arabes lors des fêtes de Suez, chez Florian Pharaon, ancien interprète de l'armée française en Algérie et correspondant du journal *La France*, favorable à Napoléon III :

> Les campements arabes sont épars sur les bords du canal et sur les rives du lac. Les chevaux, entravés, hennissant au devant des tentes, et les dromadaires bruyants, accroupis, frappent l'air de leurs cris plaintifs. Les chefs des tentes, étendus sur des tapis aux couleurs vives, écoutent, calmes et silencieux, la musique tapageuse des orchestres ambulants du désert : – un ensemble parfaitement discordant de clarinettes criardes dominant le vacarme des tambourins. Le bruit règne en maître dans cette cité de toile ; l'oreille, assourdie par cette débauche de sons de toute nature, finit enfin par s'accoutumer à ce tumulte. Il y a ici tous les échantillons de la race sémitique ; tous les peuples soumis à l'islamisme ont envoyé des représentants : le Persan frôle l'homme du Maroc et celui de Zanzibar ; l'habitant de l'Arabie a dressé sa tente bariolée à côté du cône rayé de l'Indien. Ajoutez à cette agglomération les campements préparés par le Khédive pour recevoir les invités de l'Europe et de l'Amérique, et vous aurez une idée exacte de ce qu'a pu être la tour de Babel (Pharaon 1872, 45–46).

---

8 « Proclamons enfin que jusqu'à l'extrême déclin des âges, de même que le nouveau monde découvert au quinzième siècle dira à jamais, à l'oreille de toute postérité, le nom de l'homme de génie qui s'appela Christophe Colomb, de même ce canal des deux mondes redira à jamais le nom d'un homme qui vécut au dix-neuvième siècle, ce nom que je suis heureux de jeter sur cette plage aux quatre vents du ciel, le nom de Ferdinand de Lesseps » (Taglioni 1870, 225).

La conclusion de cette énumération dit bien ce que signifie, pour Florian Pharaon, cette juxtaposition de peuples divers : une multiplication de langues et de « races » produisant un sentiment de disharmonie – l'entrée dans un monde babélien. (Notons au passage que la musique arabe, associée aux cris des animaux, participe elle-même, intrinsèquement en quelque sorte, de cette cacophonie suezienne, illustrant ainsi doublement le « discours orientaliste » dénoncé par Said [9].)

Cependant, la mosaïque ethnique des fêtes de Suez n'a pas toujours produit un effet désagréable sur les voyageurs français. Charles Blanc, par exemple, se livre à un morceau de bravoure descriptive qui fait de ce monde en réduction une expérience positive du divers [10] – mais il transforme finalement l'énumération des invités orientaux en un *tableau* destiné à séduire le lecteur par son exotisme orientalisant (« Il en était venu de Tanger, de Méquinez, d'Alger, de Bengazi, de Senaar, de toutes les contrées où l'on fabrique des bijoux, des chibouques, des armes, où l'on dit des prières sur les tapis ») (Blanc 1876, 341). Cela dit, dès lors qu'il entre en contact avec certains des invités orientaux, Charles Blanc marque assez vite une distance critique. Ainsi, lorsqu'un cheikh lui offre le spectacle de derviches tourneurs, il décrit ceux-ci comme des moines qui « se trémoussaient de gauche à droite et de droite à gauche, de manière à se procurer, par ces mouvements rythmés, une sorte d'extase que favorise une musique religieuse et monotone » (Blanc 1876, 348 ; je conserve l'orthographe de l'époque) : le ton voltairien renvoie à une tradition anticléricale bien vivante en France, mais il sert surtout, ici, à discréditer une expérience religieuse orientale, en l'occurrence un rituel appartenant à la mystique soufie, ce qu'ignorent d'ailleurs nombre de voyageurs français, qu'ils soient ou non sensibles aux rituels de cette forme d'islam hétérodoxe (voir Moussa 2014).

L'expérience cosmopolitique que procurent les fêtes du canal de Suez, expérience entendue comme la mise en contact massive, dans un espace-temps bien déterminé, de populations orientales et occidentales d'habitude séparées les unes des autres, reste majoritairement perçue par les voyageurs français selon des grilles de lecture fortement eurocentriques.

---

[9] E. Said écrivait d'ailleurs : « Dans l'idée du canal de Suez, nous voyons la conclusion logique de la pensée orientaliste » (1980, 110).
[10] J'ai commenté cela dans Moussa (2019b, 75–93).

3 Les absents de l'Histoire

L'eurocentrisme des voyageurs français se manifeste aussi dans la façon dont ils passent sous silence, ou sous-évaluent, un certain nombre d'acteurs des fêtes de 1869. Les grands absents de ces cérémonies sont les *fellahs*, les paysans égyptiens qui payèrent de leur vie, par milliers, le creusement du canal, pendant les premières années du chantier, sous Saïd Pacha, entre 1859 et 1863, chantier qui fut mené, à cette époque, entièrement avec une main d'œuvre égyptienne, à peine rémunérée, sous équipée, sujette aux maladies, et souvent amenée de force, à la suite de marches épuisantes dans le désert, dans le cadre de la corvée à laquelle elle était soumise – avant que les fellahs ne soient remplacés à la fois par des ouvriers étrangers mieux payés et secondés par des machines, dont les fameuses dragues amenées d'Europe [11].

Certes, Charles Taglioni, dans *Deux mois en Égypte* (1870), rappelle que « vingt mille fellahs étaient remplacés mensuellement par un nombre égal de nouveaux travailleurs » pendant les premières années du chantier de Suez (Taglioni 1870, 248). Mais rien n'est dit sur leurs conditions de vie, et c'est finalement la littérature contemporaine de fiction qui, timidement, parle du rôle des paysans égyptiens dans le creusement de l'isthme, sans d'ailleurs mettre en cause le bien-fondé de l'entreprise – on pense notamment au *Fellah* (1869) d'Edmond About, où il apparaît que le père du héros est mort pendant le creusement de l'isthme, mais que son fils en attribue finalement la responsabilité uniquement au système égyptien de la corvée, et qu'il croit aux bienfaits du canal pour son pays (voir Moussa 2019a, 55–72). Quant à Mgr Bauër, dont Taglioni reproduit le discours tenu à Suez, il mentionne certes les fellahs, mais c'est pour les récupérer immédiatement comme des « pionniers conscients ou inconscients de la Providence », qui ont eu « la gloire de donner un coup de pioche pour ouvrir la route magnifique où passeront désormais à jamais la paix et la justice, la lumière et la vérité, c'est-à-dire, au sens le plus élevé, la véritable civilisation » (Taglioni 1870, 221).

Il est frappant de constater que les paysans égyptiens sont véritablement les absents de la fête. Lorsqu'ils sont aperçus en tant qu'êtres réels, c'est-à-dire dans leurs villages, ou travaillant aux champs, c'est justement dans un autre contexte, c'est-à-dire hors des villes du canal. Émile de la Bédollière en voit lorsqu'il prend le train de retour, du Caire à Alexandrie, dans le Delta. Les quelques mots méprisants qu'il leur accorde témoignent à la fois de son ignorance et, sans doute, d'un mépris de classe qui s'ajoute au préjugé « orientaliste » : « Il [le fellah] mène une

---

11 Sur cette question, voir Farouk (2019, 137–149).

existence purement animale, pratique machinalement sa religion, n'ambitionne rien, ne pense à rien » (Bédollière 1870, 78).

Les Arabes, c'est-à-dire essentiellement les cheikhs des tribus nomades invités à participer aux fêtes de Suez par des spectacles équestres (Taglioni 1870, 263), sont un peu plus présents, mais, au-delà du pittoresque de circonstance, le préjugé ethnique et culturel, ainsi que l'attitude méprisante qui va de pair, règnent en maître. Lesseps, par exemple, cherche à montrer l'adhésion des populations indigènes à son projet, mais il en profite pour stigmatiser « les sons plus bruyants qu'harmonieux de tous les instruments de musique que les Arabes possèdent pour témoigner leur allégresse » (Lesseps 1881, 339). Charles Blanc, qui se montre pourtant sensible aux charmes de la diversité culturelle, s'effarouche de celle-ci dès lors qu'il y est directement confronté, comme lorsqu'il est invité à « un dîner arabe, où il [lui] fallut, faute de fourchettes et de couteaux, dépecer les viandes crues avec [ses] doigts » (Blanc 1876, 348), ainsi qu'il l'explique, sûr de faire sourire son lecteur français par la confrontation de deux modèles de savoir-vivre dont il n'est pas nécessaire de préciser lequel est supérieur à l'autre. Florian Pharaon, de son côté, s'en donne à cœur joie dans la mise en scène humoristique des chocs culturels auxquels peuvent donner lieu la confrontation de deux mondes différents :

> Le Khédive avait fait venir à ce bal [dans son palais d'Ismaïlia] tous les *Cheik-el-Belad*, honorables fonctionnaires que je ne saurais mieux assimiler qu'à nos braves maires de villages. Quatre d'entre eux, appartenant aux tribus nomades, dans leur promenade admirative à travers les salons, se fourvoient dans le *sanctum sanctorum* destiné aux femmes.
> La vue du boudoir les enchante, et ils se parfument abondamment avec les essences déposées sur les consoles ; l'un d'eux prend en main une boîte de poudre de riz, en manie la houppe, s'informe auprès de la femme de chambre et se saupoudre imperturbablement la face ; ses trois compagnons l'imitent ; puis tous quatre font leur entrée dans les salons. L'on devine l'effet produit [12] (Pharaon 1872, 47–48).

On a ici une illustration parfaite de ce que Homi Bhabha appelle *mimicry*, ce processus d'imitation dévaluée que le discours impérialiste impute à l'« Autre » (l'Oriental, le colonisé, le subalterne...) (Bhabha 1994). C'est là, au fond, une situation de *double bind* dont ces Bédouins de Suez se trouvent prisonniers. Car pour devenir « civilisés », il faut bien qu'ils tentent d'imiter les mœurs euro-

---

[12] Voir également la façon dont Roberto Morra di Lavriano, militaire, homme politique puis diplomate italien, rend compte de la présence d'invités arabes lors de cette « fête cosmopolite très pittoresque » que représente le bal offert par le khédive à Ismaïlia : « Ils [les cheikhs] paraissaient fort incommodés d'avoir dû mettre des chaussettes pour la circonstance : dans tous les coins, côtoyant les élégantes, on pouvait les voir, avec ce calme qu'ils ont, comme inconscients de ce qui les entourait, se palper les pieds comme à l'ordinaire » (Morra di Lavriano 1997, 123).

péennes. Mais, précisément parce qu'ils sont des « sauvages » (même fascinés par l'Europe), cette imitation restera à jamais imparfaite. Le mythe bédouin, reposant sur un imaginaire de la liberté que nombre de voyageurs français ont projeté sur les Arabes nomades en allant parfois jusqu'à s'identifier à eux, en particulier à l'époque romantique (voir Moussa 2016), se dégrade peu à peu, dans la seconde moitié du XIXe siècle, au point d'inverser son sens et d'en revenir, fût-ce sous une forme humoristique, comme ici, à la critique traditionnelle de la « sauvagerie [13] ».

La dernière catégorie d'« oubliés », et non des moindres, est celle des invités orientaux. Curieusement, on sait très peu de choses sur eux, alors qu'ils étaient au moins des centaines, voire des milliers selon certains témoignages. Ainsi la présence du sultan de Zanzibar est-elle annoncée par une lettre qu'il adresse à Lesseps et qui est reproduite dans un numéro de *L'Isthme de Suez*, le journal créé pour promouvoir les travaux du chantier et les intérêts de la Compagnie universelle du canal maritime de Suez [14]. A-t-il laissé des traces de son séjour ? Seule une enquête approfondie, avec des spécialistes de différentes langues orientales, pourrait répondre à ce type de question portant sur la présence africaine, mais aussi ottomane, indienne, etc., lors des fêtes de 1869. On en est donc réduit, pour le moment, à interroger les documents issus d'invités européens à Suez. Or ceux-ci restent très lacunaires et signalent au mieux, comme le fait le *Voyage* de Charles Blanc, que « le vice-roi [*sic*, pour le khédive] avait convié à ses fêtes tous les grands personnages de l'Islam » (Blanc 1876, 341). Qui sont-ils ? Blanc ne le dit pas, et ne cherche visiblement pas à le savoir. Cette présence des invités orientaux est du reste assez vite réduite à une foule indifférenciée, si ce n'est par sa couleur de peau (« c'était une macédoine de populations jaunes, noires ou cuivrées... » ; Blanc 1876, 349), du moins à une suite de noms de lieux exotiques – Tanger, Méquinez, Alger, Bengazi, Senaar [15].

Le seul personnage de marque qui soit nommé par certains voyageurs est Abd el-Kader, le célèbre émir algérien qui avait organisé la résistance à la colonisation française de l'Algérie, avant de se rendre, en 1847, puis d'être emprisonné plusieurs années en France, et d'être envoyé en exil à Damas, où il joua un rôle favorable à la France, notamment pendant les massacres anti-chrétiens, en 1860.

---

13 Voir également É. de la Bédollière, dont la représentation des Arabes nomades qu'il aperçoit à Sakkara, à l'occasion d'une excursion à l'issue des fêtes de Suez, est aussi négative que celle des fellahs : « La horde de Bédouins qui s'est établie là pour rançonner les voyageurs et s'est ruée sur nous comme une proie, se retire les mains pleines de *batschisch* [= *bakchich*, le pourboire] » (1870, 74).
14 Voir la lettre du sultan de Zanzibar traduite en français, datée du 29 juin 1869, et reproduite dans le numéro 316 de *L'Isthme de Suez*.
15 Voir ci-dessus et Blanc (1876, 341).

Abd El-Kader fut donc spécialement honoré en figurant, seul invité « Oriental », dans la tribune d'honneur à Port-Saïd[16]. Le tout jeune égyptologue genevois Édouard Naville, qui joua le rôle d'assistant auprès de l'égyptologue prussien Lepsius, grâce à qui il fut lui aussi invité aux fêtes de Suez, rend compte de cette présence particulière dans une lettre adressée à ses proches:

> Mais l'homme qui m'a le plus intéressé à voir, c'est Abd el-Kader, qui est encore jeune et remarquablement beau. Il se tenait du reste assez à part, étant l'hôte du sultan, et non pas du vice-roi (Berchem 1989, 110).

Charles Blanc, lui aussi, est visiblement fasciné par ce personnage, qui fait une *apparition* aussi théâtrale que fugitive, au milieu des invités du bal offert par le khédive dans son palais d'Ismaïlia: « Abd el-Kader parut. Ses grands yeux noirs, étincelants, étaient voilé de douceur. Un souper fut servi à quinze cents personnes » (Blanc 1876, 351).

Le ralliement à la France de l'ancien résistant algérien ne s'oublie pas. Abd el-Kader est donc l'exception qui confirme la règle. Il est honoré non seulement par la place qui lui est attribuée, proche des souverains européens, mais aussi par le fait qu'il soit le seul invité arabe de marque dont le nom figure dans les récits de voyageurs français. Par comparaison, on a de nombreuses mentions des personnalités occidentales dont le navire suit celui de la princesse Eugénie – l'empereur austro-hongrois François-Joseph, le prince royal de Prusse Frédéric-Guillaume, les princes des Pays-Bas et de Hanovre, sans parler des ambassadeurs de la plupart des pays européens invités au banquet d'Ismaïlia offert par le khédive, ou encore des différentes listes d'invités (que ce soit ceux d'Ismaïl, ceux de Lesseps, ou encore ceux du conseil d'administration de la Compagnie de Suez), listes de noms, notons-le au passage, exclusivement français, et que Jean-Marie Carré a reconstituées, en se basant à la fois sur le témoignage de voyageurs contemporains et sur des journaux de l'époque (Carré 1990 II [1956], 359–367, Appendice I).

Nommer, c'est faire exister. Mais cela ne suffit pas toujours pour poser les bases d'une mémoire historique partagée. En ce sens, le « cosmopolitisme » des fêtes de Suez, une expression qu'on trouve sous la plume de nombre de voyageurs français, est profondément incomplet, car il se limite le plus souvent à une vision superficielle – au mieux exotisante, au pire raciste, le plus souvent « orientaliste » au sens saïdien du terme –, et qui fait en tout cas l'impasse sur la part proprement orientale de l'événement « Suez », aux dépens de ce qui était célébré, de manière trompeuse, comme le triomphe universel du progrès, de la paix et du commerce unissant les peuples.

---

[16] Sur les liens d'Abd el-Kader avec Lesseps, qui avait envisagé de lui offrir un domaine aux bords du canal de Suez, voir Faruk Bilici (2019, 155–165).

4 Une voix discordante

Pour terminer, on évoquera brièvement la figure de l'écrivain Théophile Gautier, qui fut invité par le khédive Ismaïl aux fêtes d'ouverture de Suez, mais qui ne put accomplir le voyage de la Haute-Égypte, s'étant luxé une épaule dans le bateau qu'il avait pris pour traverser la Méditerranée. Il publia à son retour un début de récit de voyage de ce séjour, sous la forme de six feuilletons parus dans le *Journal Officiel* en 1870 (voir Gautier 2016). Curieusement, malgré un court texte resté manuscrit et intitulé « L'isthme de Suez », Gautier ne dit rien des cérémonies proprement dites, auxquelles il assista pourtant, on le sait par sa correspondance. Rien, donc, de l'émotion (certains pleurent, comme le vice-amiral Pâris[17]) qui étreint l'ensemble des spectateurs lorsqu'ils voient arriver à Ismaïlia le yacht de l'impératrice, laquelle, d'après Fromentin, étant elle-même particulièrement émue, en oublia de serrer la main de Lesseps[18]. Tout aussi étrange : sur l'ensemble de ce récit de voyage, fût-il court et inachevé, Gautier ne prononce pas une seule fois le nom de Ferdinand de Lesseps, dont on a vu qu'il est considéré par certains invités comme une sorte de Dieu vivant du progrès industriel et technologique. Il est toujours délicat d'interpréter des silences. Mais celui-ci est particulièrement assourdissant. Mon hypothèse est que Gautier ne croyait pas au discours idéalisant de l'« union des deux mers », ou plus exactement qu'il avait pressenti, comme Edward Said le dira explicitement et avec force une centaine d'années après lui, que « Ferdinand de Lesseps avait fait fondre l'identité géographique de l'Orient en entraînant (presque littéralement) l'Orient dans l'Occident » (Said 1980, 111). De fait, on sait que le canal de Suez fut une catastrophe financière pour l'État égyptien, qui s'endetta, finit par vendre ses parts de la Société dite universelle à l'Angleterre, laquelle n'eut pas de peine à occuper militairement l'Égypte, à partir de 1882 (voir Piquet 2009). Le « cosmopolitisme » que mettent en avant nombre de voyageurs français, en 1869, est en réalité fortement eurocentré : il annonce un monde où l'Orient lui-même s'engage dans un processsus de modernisation, donc d'européanisation, une évolution dont Gautier, amoureux de la *différence*, est le témoin affligé.

---

17 Le fait est rapporté par Ferdinand de Lesseps (1881, 333–334).
18 « L'impératrice sur sa haute dunette agite son mouchoir. Elle a près d'elle M. de Lesseps, elle oublie de lui serrer la main devant ce grand public, venu de tous les points de l'Europe, et dont l'émotion est extrême » (Fromentin 1984, 1091).

Références bibliographiques

Barrault, Émile. *Occident et Orient. Études politiques, morales et religieuses pendant 1833–1834 de l'ère chrétienne, 1249–1250 de l'Hégyre*. Paris : Desessart et Pougin, 1835.

Bédollière, Émile de la. *De Paris à Suez. Souvenirs d'un voyage en Égypte*. Paris : Librairie Georges Barba, 1870.

Berchem, Denis van. *L'Égyptologue genevois Édouard Naville*. Genève : Georg et Journal de Genève, 1989.

Bhabha, Homi K. *The Location of Culture*. London : Routledge, 1994.

Bilici, Faruk. *Le Canal de Suez et l'empire ottoman*. Paris : CNRS Éditions, 2019.

Blanc, Charles. *Voyage de la Haute Égypte. Observations sur les art égyptien et arabe*. Paris : Renouard, 1876.

Carré, Jean-Marie. *Voyageurs et écrivains français en Égypte*, Vol. 2. Le Caire : IFAO, 1990 [1956] [1932–1933].

Descotes, Maurice. *La Légende de Napoléon et les écrivains français du XIXe siècle*. Paris : Lettres modernes, 1967.

Farouk, May. «La corvée lors du creusement de l'isthme. Guerre des discours et représentation romanesque». *Les imaginaires du canal de Suez*. Éd. Sarga Moussa et Randa Sabry. *Sociétés et Représentations* 48 (2019) : 137–149.

Fromentin, Eugène. «Carnets du voyage en Égypte». « *Carnet I* ». *Œuvres complètes*. Éd. Guy Sagnes. Paris : Gallimard (« Bibliothèque de la Pléiade »), 1984 [1869], 1049–1111.

Gauthier, Gilles et Claude Mollard. Éds. *L'Épopée du canal de Suez*. Paris : Institut du Monde Arabe/Musée d'Histoire de Marseille/Gallimard, 2018.

Gautier, Théophile. *Voyage en Égypte*. Éd. Sarga Moussa, Vol. IV, 6 de *Œuvres complètes*. Paris : Champion, 2016 [1870].

L'Isthme de Suez. Journal de l'union des deux mers, 316. Lettre du sultan de Zanzibar, 1869.

Lamartine, Alphonse de. *Voyage en Orient*, Éd. Sarga Moussa. Paris : Champion, 2000 [1835].

Lançon, Daniel. «Tentatives de réinvention d'une géographie sacrée de l'isthme lors de la création du canal de Suez (1855–1870)». *Les imaginaires du canal de Suez*. Éd. Sarga Moussa et Randa Sabry. *Sociétés et Représentations* 48 (2019) : 127–141.

Le Père, Jean-Marie. «Mémoire sur la communication de la mer des Indes à la Méditerranée par la mer Rouge et l'isthme de Soueys». *Description de l'Égypte*. Vol. XI : *État moderne*. Éd. Edme-François Jomard. Paris : Panckoucke, 1822 [1809], 37–369.

Lesseps, Ferdinand de. *Lettres, journal et documents pour servir à l'histoire du canal de Suez*, Vol. V. Paris : Didier, 1881.

Morra di Lavriano, Roberto. *Journal de voyage en Égypte. Inauguration du canal de Suez*. Éd. Alberto Silotti et Alain Vidal-Naquet. Trad. Nicole Sels. Paris : Gründ, 1997.

Moussa, Sarga. «Voix d'islam, résonances viatiques. Perception de la prière musulmane chez quelques voyageurs au XIXe». *Viatica* 1 (2014). http://revues-msh.uca.fr/viatica/index.php?id=423 (1er mai 2020).

—. *Le Mythe bédouin chez les voyageurs français aux XVIIIe et XIXe siècles*. Paris : Presses de l'Université Paris Sorbonne, 2016.

—. «Enjeux et difficultés d'un mariage interculturel à Suez : *Le Fellah* (1869) d'Edmond About». *Dialogues interculturels à l'époque coloniale et postcoloniale. Représentations littéraires et culturelles. Orient, Maghreb et Afrique occidentale (de 1830 à nos jours)*. Éds Hans-Jürgen Lüsebrink et Sarga Moussa. Paris : Kimé, 2019a, 55–72.

—. «Revisiter le mythe de Suez. Écrivains et voyageurs français en Égypte autour de 1869». *Voix d'Orient. Mélanges offerts à Daniel Lançon.* Éd. Ridha Boulaâbi. Paris: Geuthner, 2019b, 75–93.

— et Randa Sabry. Éds. *Les imaginaires du canal de Suez. Représentations littéraires et culturelles*, Vol. 48 de *Sociétés et Représentations*, 2019.

Pharaon, Florian. *Le Caire et la Haute Égypte*. Paris: Dentu, 1872.

Piquet, Caroline. *Histoire du canal de Suez*. Paris: Perrin, 2009.

Régnier, Philippe. *Les Saint-Simoniens en Égypte, 1833–1851*. Le Caire: Amin F. Abdelnour/ Banque de l'Union Européenne, 1989.

Said, Edward. *L'Orientalisme. L'Orient créé par l'Occident.* Trad Catherine Malamoud. Paris: Seuil, 1980.

Taglioni, Charles. *Deux mois en Égypte. Journal d'un invité du khédive*. Paris: Amyot, 1870.

―

Part II: **Global Perspectives**
Deuxième partie : **Mise en perspectives mondiale**

Christopher M. Hutton
Linguistics and the intellectual challenge of diversity

The case of India

Abstract: The status of modern linguistics within the modern disciplinary order is unclear, as it is neither a recognizable natural science, nor primarily a hermeneutic, interpretative discipline. In seeking to understand the intellectual history of colonial linguistics and its impact on polities such as India, this ambiguous status is a complicating factor, in particular when we confront questions of universalism, cultural difference, and identity politics. The key concept in this history is 'Aryan'. The intellectual confidence with which nineteenth century comparativism sought to map the world's languages, races, and cultures has largely disappeared, under assault from a range of ideological and intellectual opponents. In particular, the racial model of Indian civilization, reflected in Herbert Risley's reading of a bas-relief at Sanchi, has been completely discredited. Yet colonial linguistics, which had arguably a much greater and more long-lasting impact on India, remains largely unchallenged, with the exception of critics associated with Hindu fundamentalism. For these critics, the distinctions drawn within colonial linguistics led to a schism within Indian society, by conceptualizing a historical divide between invading Aryans and indigenous Dravidians. A set of difficult questions arise from this. On the one hand, the rejection of western science is today linked to Hindu fundamentalism, and is driven by a xenophobic form of cultural relativism; on the other, linguistics is not a science in any universal sense, and its role in creating divisions in Indian society has arguably been a highly destructive one.

Keywords: linguistics; race theory; comparativism; Aryanism; universalism; romantic particularism; Sanchi bas-relief; Hindu fundamentalism; Western science

Introduction

In institutional terms, one might argue, we remain in the late nineteenth century. The nineteenth century gave us the modern professionalized disciplines with which the globalized university functions today, in particular the academic divi-

Christopher M. Hutton, University of Hong Kong

Open Access. © 2021 Christopher M. Hutton, This work is licensed under a Creative Commons Attribution-NonCommercial-No-Derivatives 4.0 License.
https://doi.org/10.1515/9783110691504-006

sion of labour between science and humanities, and the insistence on the need for the appropriate methodology for the particular intellectual task or object of study. While the modern natural sciences have been subject to a range of attacks, as has modern institutionalized medicine, from postmodernists in particular, their dominance in the modern university is today largely unchallenged. The humanities by contrast are facing a range of fundamental challenges in increasingly managerial (or *neoliberal*) university systems, suffering a loss of certainty in matters of methodology and academic standards, and at the same time struggling to meet the demand for social impact and policy relevance.

The discipline of linguistics has operated as a universalistic framework for confronting the nature of human linguistic difference. It is universalistic in that it represents itself as a method for describing and analysing the structure of any known language; within that, the discipline has moved between universalism and relativism, but its relativism has always been contained within the scientistic framework as regards methodology. In this it has been aided by the powerful universalistic representational system of alphabetic writing and its off-shoots, such as the International Phonetic Alphabet (see Jones 1789; Kelly 1981). The historiography of linguistics identifies two founding texts, namely Bopp (1816) and Saussure (1972 [1916]). The first represented the attempt to grasp languages as historically embedded objects, the task of the scholar being to identify the interrelationships between languages and track their changes at as high a level of precision as possible. The second gave primacy to the synchronic *langue* as an autonomous, ahistorical system, each incommensurable with other systems. The century between Bopp and Saussure saw the rise of professionalized natural science, which put pressure on the biological terms used in linguistics, transforming them gradually into metaphors. Saussure's *Cours de linguistique générale* gave the study of language special status, in that it denied that there was an empirical object of study given in advance:

> D'autres sciences opèrent sur des objets donnés d'avance et qu'on peut considérer ensuite à différents points de vue; dans notre domaine, rien de semblable. […]. Bien loin que l'objet précède le point de vue, on dirait que c'est le point de vue qui crée l'objet (1972 [1916], 23).

This is a very strange statement if it is read as coming from the founder of a scientific discipline. Linguistics belongs at best to the anxious centre ground between natural sciences and humanities, along with psychology and economics. It is neither a recognizable natural science, nor an avowedly hermeneutic discipline.

The focus of this discussion is India, since today in Indian cultural politics the question of linguistics, in particular the legacy of colonial scholarship, remains a highly contentious one. Aryanism, a key product of colonial scholarship, was articulated through a range of disciplinary modes, with the analysis of texts, ancient monuments and artefacts, contemporary or near-contemporary linguistic evidence, contemporary cultural beliefs and material practices, and racial analysis (anthropometry). In a complicated and uneven circularity, conclusions from one mode were used to support or undermine those from another, running alongside arguments about the evidential priority of one mode over another. Today, debates around Aryanism in contemporary India raise questions of universal values and cultural relativism, the status of Western scholarship together with its methodological and intellectual presuppositions, and the link between anti-colonial polemics and fundamentalist identity politics.

Enlightened universalism versus Romantic particularism

The tensions between universalism and particularism as a modern dilemma are, arguably, first identifiable in the works of Johann Gottfried Herder. Herder struggled to do justice to particularity, to the principle that "one epoch should not be judged by the standard of another" (Evrigenis and Pellerin 2004, xxvi), in an authentically modern reflexivity:

> No one in the world feels the *weakness of general characterization* more than I. One paints *an entire* people, age, part of the earth – *whom* has one painted? One captures successive peoples and times in an *eternal alternation*, like waves of the sea – whom has one painted? Whom has the describing word depicted? In the end, one summarizes them in Nothing, as a *general word*, when everyone perhaps thinks and feels what he will – flawed *means of description*! How one can be *misunderstood*! (Evrigenis and Pellerin 2004, 23).[1]

To take this view, on the one hand, whilst seeing human history as governed by divine providence, seems characteristically modern in its attempt to recognize difference, whilst maintaining a moral framework for judgment. The division of the world into peoples or *Völker* is for Herder in some sense natural, or at least more natural than the division into states, yet humanity is one. Herder was suspicious

---

1 [Niemand in der Welt fühlt die Schwäche des allgemeinen Charakterisirens mehr als ich. Man mahlet ein ganzes Volk, Zeitalter, Erdstrich – wen hat man gemahlt? Man fasset auf einander folgende Völker und Zeitläufte, in einer ewigen Abwechslung, wie Wogen des Meeres zuſammen – wen hat man gemahlt? wen hat das schildernde Wort getroffen? – Endlich man fasst sie doch in Nichts, als ein allgemeines Wort zusammen, wo jeder vielleicht denkt und fühlt, was er will – unvollkommenes Mittel der Schilderung! wie kann man missverſtanden werden! –] (Herder 1774, 44).

of what we today might call the reification of culture: "Nothing is more ill-defined than this word and nothing is more misleading than the application of this word to whole peoples and epochs."[2]

The Napoleonic invasions on the German territories resonate to this day, having the effect of polarizing the internal tensions found within Herder's writings into a French-German duality, into two ideal types or stereotypes. A militant Republican universalism with a civilizing mission broke into a confederation of feudal states, accelerating a process of imagining the German nation as single and undivided (Horn 2010). One response to this was Johann Wolfgang von Goethe's in his *Hermann und Dorothea* (1797), where the assertions of possession and ownership are reactive. Fichte's *Reden an die deutsche Nation* (1808), based on lectures held in Berlin during the winter of 1807–1808, while Napoleon's army was occupying the city, represents the first anti-colonial assertion of linguistic and cultural autonomy, in that it was directed at a specifically and self-consciously modernizing form of conquest.

The German case thus became the prototype of the dilemma of the colonized, namely the psychological and political consequences of the imposition of modern rights and freedoms by military force and occupation, coupled with the usurpation of pre-existing institutions, and manifest shortcomings in the fulfilment of modernity's promises. One could also see this modernity as having first colonized the feudal state of France, through a process of violent levelling and centralization, sweeping away the internal institutional order and embedding a distrust of regional linguistic and customary forms. Modernity, revolution, and empire are thus intertwined, as the cases of the German states, Haiti (invaded by Napoleonic forces in 1802) and Egypt and Syria (campaign in the Ottoman territories, 1798–1801) make clear (Messling 2019).

In effect the internal tensions and contradictions of Herder's work were separated into two ideal types (Enlightenment versus Romanticism, universalism versus relativism, and similar binaries). Universalism has been tainted by its association with colonialism and imperialism, while particularism has been expressed in the form of radical nationalism and fascism. The result is that there are widely divergent readings of Herder's place in the lineage of European ideas (Zammito et al. 2010).

---

2 [Nichts ist unbestimmter als dieses Wort und nichts ist trüglicher als die Anwendung desselben auf ganze Völker und Zeiten] (Herder 1784, I: 2).

Comparativism and Aryanism

One way to understand the position of the humanities today is that extreme reflexivity has replaced the methodological confidence of the late nineteenth century philological disciplines and comparativism in particular. Comparativism has deep intellectual roots in the Western tradition (de Mauro and Formigari 1990). It is based on the assumption that humanity moves from unity to diversity, and that time erases or blurs the boundaries between original types. The classic universalist position is that humanity was in its origin one pair, in the figures of Adam and Eve, and the fall from that original state into historical time displaced that unity both in space (the expulsion from Eden) and in unity (the story of Cain and Abel). The flood and the subsequent resettlement of the earth by the sons of Noah suggest a natural ordering of the newly emergent diversity: "By these were the isles of the Gentiles divided in their lands; every one after his tongue, after their families, in their nations" (Genesis 10: 5). Yet in Genesis 11: 1 we read: "And the whole earth was of one language, and of one speech". The confusion at Babel represents a further point of origin, with diversity associated with punishment, displacement, and disunity.

The relationship of human diversity to time and space (place) is a complex and contested chapter of intellectual history. If time is decay, then diversity is a fall from universality; but if time passing sees the unfolding of authentic essences, then in diversity is found emergent self-realization. If the passage of time corresponds to human progress, then human diversity is marked by difference along the continuum of development, as in the relation of children of different ages to the adult (Schiller 1789, 11). If that diversity is contingent rather than biological, then humankind may be reunited at some future point within a shared enlightened world order. Secular understandings of history may have a teleology (Hegel, Marx) or an end (Fukayama), just as religious ones (Christianity). Globalisation is seen by some as a threat to a world ecology of difference, erasing boundaries between human types and eradicating local understandings and practices. Yet history may have no direction at all, as in modern systems theory (Saussure, Luhmann).

Max Müller found in comparativism a way of both recognizing the diversity of human languages and cultures, but also accommodating this within a universal frame. He found in contemporary scholarship the danger of "extreme specialisation" which threatened the work of synthesis required to grasp the grander narrative: "all special knowledge, to keep it from stagnation, must have an outlet into the general knowledge of the world" (1881 [1874], 4). The *comparative method* represented for Müller the completion of the intellectual journey that had begun with

Sir William Jones and Henry Thomas Colebrooke. Now, with philological rigour, with the "throroughness, minuteness, and critical accuracy" (1881 [1874], 9) of traditional classical studies, it was possible to make more authoritative assertions than previously. In this way it had been demonstrated that "in language, and in all that is implied by language, India and Europe are one" (1881 [1874], 9).

The sense that the diversities of the world's languages and peoples could be brought together within a single, multi-disciplinary enterprise fuelled an expansive vision of intellectual progress. The study of the languages and cultures of the East had taught the Europeans "that there are other worlds beside our own, that there are other religions, and that the history of philosophy from Thales to Hegel is not the whole history of human thought" (1881 [1874], 11). At the most basic level, the repetition of any fact or phenomenon was "the first step" in that "wonderful process of generalisation" which was the foundation of "all intellectual knowledge and of all intellectual languages" (1881 [1874], 12). The basic recognition of identity underlay the comparative method, "the highest kind of knowledge in every science" (1881 [1874], 12).

Müller's work is characterized by three tendencies in conflict: firstly, the celebration of a kind of methodological objectivity, what might be termed a pure philology, a scholarly position from which the world's diversity could be mapped out in its core relationships and chronologies created of myths, migrations, and texts. Linguistics was a more objective and reliable guide to prehistory than its rivals. The science of comparativism suggested an objective, bird's eye view of human history, where the method penetrated beneath the visible surface to undo, in the abstract, the effects of time and change. Secondly, Müller celebrated Aryanism as the ideal brotherhood of East and West, a sentiment reflected in the inscription in the former Indian Institute at Oxford University which proclaimed that the building was for the use of "Āryas (Indians and Englishmen)" (see Leopold 1974, 584fn.). Finally, there was Müller's commitment to Christianity.

In contrast to Christianity, Aryanism took a partial or particularist view, focussing not on the original homeland of humanity and the Adamic language, but on the homeland of the Aryans and the original Aryan tongue. Christianity is universalist, but it emerged from, in Müller's terms, the Semitic world. At this level there exists a direct contradiction between Aryanism and Christianity, not just for Müller, but for the increasingly nationalistic or particularistic forms of Protestant Christianity. This was ultimately expressed in a set of radical attempts to separate Jesus and Christianity from Judaism (see Heschel 2008). Müller had failed to be appointed to the Boden Chair of Sanskrit at the University of Oxford on account of a perception that he was a less than orthodox Christian (Chaudhuri 1974, 223). Müller however denied that he was hostile to missionaries (1881 [1874], 12): "I have lately incurred very severe obloquy for my supposed hostility to missionary enterprise. All I can say is, I wish that there were ten missionaries for every one we have now." Commenting on a study by the Dean of St Paul's, Richard William Church, *The Sacred Poetry of Early Religions*, which had concluded that the Psalms were superior to the Vedic hymns (Church 1874), Müller responded that this was no doubt true, "from the point of view he has chosen", but the principle value of the Vedic hymns lay "in the fact that they are so different from the Psalms, or, if you like, that they are so inferior to the Psalms" (1881 [1874], 38). Yet they had another quality (1881 [1874]: 38): "They are Aryan, the Psalms, Semitic; they belong to a primitive and rude state of society, the Psalms, at least most of them, are contemporaneous with or even later than the heydays of the Jewish monarchy." What was valuable was not their sophistication or polish of the Veda, but, contrary to expectations, its raw vitality. It was worth excavating this text because:

> it stands alone by itself, and reveals to us the earliest gems of religious thought, such as they really were; it is because its poetry is what you may call savage, uncouth, rude, horrible – it is for that very reason that it was worthwhile to dig and dig till the old buried city was recovered, showing us what man was, what we were, before we had reached the level of David, the level of Homer, the level of Zoroaster, showing us the every cradle of our thoughts, our words, our deeds (1881 [1874], 39).

Müller ended with an ecstatic reading of an extract from a Vedic hymn, one that celebrated unity in worship, declaiming "verses which thousands of years ago may have been addressed to a similar meeting of Aryan fellow-men" (1881 [1874], 39–40).

Beneath the universalism lies an ugly proto-fascistic relativism, an affective identification with Aryans from the distant past. This stands in stark contrast to the claimed objectivity of method that comparativism represented, as well as to the spiritual universalism of Christianity.

The Sanchi bas-relief

In 1854, the archeologist Major Alexander Cunningham of the Bengal Engineers published a study of the Buddhist stupas or topes of Central India, including the Sanchi complex. This complex is located in the state of Madhya Pradesh, northeast of Bhopal, and in its origins dates from the 3rd century BCE, following a commission by the emperor Ashoka. In the colonial context, the existence of the complex had first been reported by General Henry Taylor (1784–1876) in 1818 and it was subsequently described by Captain Edward Fell (Fell 1819; Guha-Thakurta 2013). A *tope* is "a solid hemispherical building" playing the role of "a religious edifice dedicated emphatically to the Buddha" (Cunningham 1852, 109). Cunningham described one bas-relief scene as follows:

> Adoration of Trees. – Three trees, that to the left with an altar. Two females and a child kneeling between the trees. To the front, two royal personages with hands joined in adoration, and two females with offerings. In the foreground two monkeys, one with a cup (1854, 231).

This panel is on the northern gateway, west pillar, east face (Dhavalikar 2003, 60–61). The underlying framework animating Cunningham's investigations was a form of primitive Aryanism, involving belief in a "more ancient Buddhism, which prevailed not only in India, but in all the countries populated by the Aryan race" (1854, vi–vii). Hence the Buddhist worship of trees, found in the Sanchi monuments, was "the counterpart of the Druidical and adopted English reverence for the Oak" (1854, v). Cunningham's contemporary and rival Frederick Maisey described the compartment as showing "two men, four women, and a child, in Indian dress, and two large apes offering worship to a tree and altar, between two other trees" (1892, 31). Maisey also produced a sketch of the panel (see Fig. 1). Like Cunningham, Maisey assumed an original Aryan people located in Central Asia which divided initially into "the Iranian or Persian, and Indian branches" (1892, 99).

The architectural historian James Fergusson likewise saw in the image a representation of tree worship, but found it "remarkable because the two principal devotees are monkeys" (Fergusson 1868, 117). He rejected the idea that the monuments were an expression of Aryanism. Fergusson evoked a lost shared mythol-

Fig. 1: Maisey's sketch of the Sanchi bas-relief (Maisey 1892, plate ix).

ogy from "an early stage of human civilization" in which serpent and tree worship played an important role (1868, 1). In the case of trees:

> With all their poetry, and all their usefulness, we can hardly feel astonished that the primitive races of mankind should have considered trees as the choicest gift of the gods to men, and should have believed that then spirits still delighted to dwell among their branches, or spoke oracles through the rustling of their leaves (1868, 1–2).

The question was how to understand the racial underpinnings of Buddhism, and of the Sanchi complex in particular, given the assumption that no Aryan race, "while existing in anything like purity, was ever converted to Buddhism, or could permanently adopt its doctrines". Fergusson's tentative conclusion from a racial reading is that:

> the people who are associated with Buddha in both Topes [Sanchi and Amravati] are the mixed race of Bengal, – a people with a certain infusion of Aryan blood in their veins, but which had become so impure from mixture with that of the aboriginal tribes who existed in Bengal before the Aryan immigration, that the distinctive features of their higher civilization were almost entirely lost (1868, 225).

A much inferior indigenous population (termed *Dasyus*) was conquered by the numerically tiny but greatly superior Aryans, who then were weakened by subsequent "less pure or Turanian races" (1899: 37), leading to the eclipse of pure Vedic religion. For Fergusson, the materiality of built monuments was inferior to the creation of texts: "all that written in India that is worth reading was written by Aryans; all that was built was built by the Turanians, who wrote practically nothing" (1899, 38). In commentary the reverend Samuel Beal politely questioned whether the trees were "objects of worship" in the sense that Fergusson seems to have understood: "the Tree in the eyes of the Buddhist was a 'sacred tree', but he did not worship *it*" (1870, 6). Beal gave a straight Buddhist reading of the panel as depicting "the legend of the monkeys, who took the pâtra [alms bowl] of Buddha and filled it with honey, and then brought it to Buddha" (1870, 18).

Herbert Risley's analysis

One of the most detailed analyses of this bas-relief is that by Herbert Risley (1851–1911), the colonial official and ethnographer in charge of the 1901 Indian census:

> Under trees with conventional foliage and fruits, three women, attired in tight clothing without skirts, kneel in prayer before a small shrine or altar. In the foreground, the leader of a procession of monkeys bears in both hands a bowl of liquid and stoops to offer it to the

shrine. His solemn countenance and the grotesquely adoring gestures of his comrades seem intended to express reverence and humility. In the background four stately figures – two men and two women – of tall stature and regular features, clothed in flowing robes and wearing most elaborate turbans, look on with apparent approval at this remarkable act of worship (Risley 1891, i).

Previous "antiquarian speculation" had either ignored this image or "sought to associate it with some pious legend of the life of Buddha" (1891, i). By contrast Risley found in the image (1891, 1) "the sculptured expression of the race sentiment of the Aryans towards the Dravidians, which runs through the whole course of Indian tradition and survives in barely abated strength at the present day". This was reminiscent of the narrative in the Ramayana and the army of apes that "assisted Rama in the invasion of Ceylon":

It shows us the higher race on friendly terms with the lower, but keenly conscious if the essential difference of type and not taking part in the ceremony at which they appear as patronizing spectators (1891, 1).

The sculpture reflected a racial belief which "far from being a figment of the intolerant pride of the Brahman, rests upon a foundation of fact which scientific method confirm, that it has shaped the intricate groupings of the Caste system, and has preserved the Aryan type in comparative purity throughout Northern India" (1891, i–ii).

The discussion first appeared in an article entitled "The race basis of Indian political movements" (1890), and the image later appeared on the cover of Risley's *The People of India*, where the discussion was repeated (1908, 4–5). Ripley's analysis of the *bas relief* was preliminary to his discussion of the background to the census of Bengal. Risley pointed to the dynamics of change in contemporary India, with the primitive races being Brahmanized, i.e. absorbed into Hinduism by the applications of fictions of ancestry, and at the same time Hinduism itself becoming less clearly defined: "the opening of communications, the increase in the facilities for travel, and the spread of education, are tending to obliterate the land-marks of the Hindu faith, to slacken the bonds of caste, and to provide occupations unknown to the ancient polity" (1891, iii). While these processes had been going to a degree for many centuries, one could still make a "fair guess at a man's caste from his personal appearance" (1891, xix). The study of physical types would allow the observer to "detach considerable masses of non-Aryans from the general body of Hindus" and to identify the as far as possible the original stock such as "Dravidian, Lohitic, Tibetan, and the like" (1891, xix). In Europe where "the crossing of races constantly obscures their true affinities", the use of statistical analysis had shed light on "the distribution of different race stocks in the population". In Bengal, where the situation was much clearer, since the mount of crossing was comparatively small, an analysis would "enable us to determine the divergence of each of these aggregates from known Aryan or non-Aryan types" (1891, xx). This would "be regarded with approval by the leaders of Hindu community in all parts of Bengal, among whom both the orthodox and the advances lay considerable stress upon the purity of their descent", as well as to scientists in Europe (1891, xx).

Risley (1891, xx-xxii) cited a long extract from J. C. Nesfield's *Brief View of the Caste System of the North-Western Provinces and Oudh* (1885), where caste was presented as deriving from "community of function". Nesfield argued that the division of the contemporary population of India into Aryan and aboriginal was false, and his theory of caste necessarily implied "the unity of the Indian race" (1885, 3). While accepting the narrative of invasion by a race of "white-complexioned foreigners" into the Indus valley four thousand years ago, the theory "nevertheless maintains that the blood imported by this foreign race became gradually absorbed into the indigenous, the less yielding to the greater, so that all traces of the conquering race eventually disappeared" (1885, 4). The Aryan invaders had been absorbed and "there was no real difference of blood" (1885, 4). The "physiological resemblance" that existed across all strata of Indian society was "an irrefragable proof that no clearly defined racial distinction has survived". This evidence was superior to linguistic evidence "on which so many fanciful theories of ethnology haven been lately founded":

> Language is no test of race; and the question of caste is not one of race at all, but of culture. Nothing has tended to complicate the subject of caste so much as this intrusion of a philological theory, which within its own province is one of the most interesting discoveries of modern times, into a field of inquiry with which it has no connection (Nesfield 1885, 4).

Risley however rejected Nesfield's assertion that there were no racial differences to be observed among contemporary Indians, and argued that anthropometric methods could potentially show "marked differences of type" (1891, xxiii). Anthropometry was a science which sought by measurement of key physical attributes 'to ascertain and classify the chief types of mankind, and eventually by analyzing their points of agreement and difference to work back to the probable origin of the various race-stocks now traceable' (1891, xxvi). India, with its rules against exogamy whereby it was "forbidden by an inexorable social law to marry outside of the group to which they themselves belong" and there was "pride of blood and the idea of social purity" (1891, xxvii). In Europe, by contrast, anthropometry was faced with "the constant intermixture of races which tends to obscure and confuse the data arrived at by measurement" (1891, xxvii). In India, while there were "levelling and centralizing forces", nonetheless the "race element remains, for the most part, untouched" and so for an informed observer "the personal appearance of most Hindus gives a fairly accurate clue to their caste" (1891, xxx).

Risley's use of this image to support his views on the racial basis of caste was rejected by the official in charge of the Punjab census, Harikishan Kaul. The panel was "not intended to exhibit anything like social distinction or superiority" and as a Buddhist sculpture would have had no relationship to the Ramayana (Kaul 1912: 400). Kaul took issue with the reading of the clothing as "tight", and insisted that the double figure of the monkey was "intended to signify motion":

> The monkey is offering a bowl of honey according to the famous Budhistic story. The date of the carving [...] is about 100 B.C. and in all Budhistic sculptures of that period, it was customary not to show Budha himself, but to depict the *Bodhi* tree or *manda* or some other *Chinha* (mark) as the sacred object which would be worshipped as an emblem of Budha (1912, 400).

The figures kneeling at the front were not much larger than those standing, but the standing figures were depicted as close to the sculptor's position:

> The variation in size thus obviously indicates distance, and in determining the sizes, the sculptor appears to have placed himself farthest away from the *manda*, which is the most important point in the picture. It is wonderful, indeed, how a simple religious picture, having nothing whatever to do with race, can, with the best of intentions, come to be adopted as an unquestionable basis of a theory of the origin of caste (1912, 400).

Risley's narrative of race was problematic, not least because terms like *race*, *tribe*, and *caste* were extremely vague when applied to the Punjab or indeed India in general: "There is apparently no equivalent for race in the India vernaculars" (Kaul 1912, 400). The principles of common descent and endogamy which Risley applied to caste were in contradiction: "people descended from a common ancestor, however distant, cannot intermarry according to the first principles of caste" (1912, 401). *Caste* was a foreign term "applied to a complicated Indian institution" (1912, 401). Reviewing the "burning question" of whether "the basis of caste is racial or functional", Kaul expressed doubt that the Aryans had been a race: "The oldest authority on the subject are the Vedas, and as far as I can see, the term Arya is used there not in a racial sense" (1912, 404). While there might have been "an Aryan and a Dravidian race", but the term *Arya* was not used in this sense, but rather as "a distinction of merit" (1912, 404).

Risley's reading of the bas-relief is an obvious target for postcolonial critique. Dirks (2001, 213) comments: "So for Risley, the judgment of science confirmed the attitude of the Brahman; so for Risley race history, and perhaps as importantly race sentiment, were the keys to understanding caste". Smith (2003, 54) is even more dismissive: "Through ignorance of the basic conventions of Buddhist art,

Risley sees only a primitive ritual devoid of point carried out by a subhuman no better than a monkey. He sees the demi-god *yakṣas* as Aryans and the monkey as a Dravidian!"

The uncontroversial view today is that the Buddhist reading is correct, following the consensus of the colonial scholarship. In Sir John Marshall's *A Guide to Sanchi*, the panel was described as follows:

> *The offering of a bowl of honey to the Blessed One by a monkey*. Buddha here is represented by his *pipal* tree and throne, to which devotees are doing obeisance. The figure of the monkey is twice repeated, first with the bowl and then with empty hands after the gift has been made. The incident is portrayed in much the same way on the reliefs of Gandhāra (1918, 58).

This was elaborated in Debala Mitra's *Sanchi* as follows (2001 [1973], 38): "The spontaneous offering of honey to Buddha by a monkey is regarded as one of the eight important events of Buddha's life. This incident is said to have taken place at Vaiśālī". The Buddha had gone there "in order to relieve the Buddha of a frightful pestilence" (Mitra 1971, 5).

Aryans and Dravidians

Whereas the racial or ethnic reading of the Sanchi bas-relief, with its obsession with the hierarchy of human types, is now seen as an obvious relic of a particular form of race-obsessed colonial scholarship, the edifice erected by the colonial linguistics remains largely intact. In particular, the Indo-European or Aryan language family which was articulated in the wake of the famous essay by Sir William Jones (1798) remains academic orthodoxy. Yet the impact of the categories set up by colonial linguists was much greater and more long-lasting than any racial reading of Buddhist iconography. As Trautmann writes:

> Jones applies the figure of the Tree of Nations directly to language as a model of language history, and by his doing so language history becomes a remedy and substitute for the lost memory of the history of nations. Language, like the DNA in our selves, contains, unknown to its speakers, the hidden history of the human race (2006, 20).

Trautmann describes the discovery of the Dravidian language family in terms of the comparative method:

> The method of the word list constitutes in its seeming simplicity the first, surgical move of historical linguistics: the cutting away of the later, borrowed, and complex accretions to reveal the native core of language, so that the operation of comparison can be performed on the authentic body of the language (2006, 34).

The effect of this is to reveal the underlying pure types concealed by time, and by borrowing and mixing:

> This allows the historical relations among languages to be figured as the eradiating branches of a tree, since the borrowings or mixtures that would make the branches grow into one another have been discarded by analysis. It is well to keep in mind the conception of language that undergirds the genealogies of languages in historical linguistics (2006, 34).

The initial observations were made by Francis Whyte Ellis (1816), though the postulated language family became better known through Bishop Robert Caldwell's *A Comparative Grammar of the Dravidian or South Indian Languages* (1856). Ellis wrote that "neither the Tamil, nor the Telugu, nor any of their cognate dialects are derivations from the Sanscrit" (Ellis, in Campbell 1816, 7). While Sanskrit may have contributed to their "polish", they "form a distinct family of languages, with which the Sanscrit has, in latter times especially, intermixed, but with which it has no radical connexion" (Ellis, in Campbell 1816, 7). Once the accretions from Sanskrit were stripped away, what remained was "the pure native language of the land" which was an autonomous and self-sustaining system in its own right, in that it was "capable of expressing every mental and bodily operation, every possible relation and existent thing; for, with the exception of some religious and technical terms, no word of Sanscrit derivation is *necessary* to the Telugu" (Ellis, in Campbell 1816, 19).

The model here is of vernacular liberation, with Sanskrit playing an analogous role to Latin in relation to the European languages. In terming the Dravidian languages *the pure native* languages, the model created a hierarchy of authenticity which reflects the politics both of the Reformation and linguistic nationalism. In its hostility to Sanskrit it inverts the language hierarchy, in a move directly paralleling Protestant hostility to the Chinese writing system. In the nineteenth century, the Chinese characters came under concentrated attack from Protestant missionaries and modernizers for their artificiality and alienation from the natural linguistic medium, namely speech. What had been seen as a universal, lucid, and rational system for representing meaning was now noxious, obscurantist, and elitist, and a symptom of China's enfeeblement and decline (Dyer 1835; Hutton 2007).

Trautmann's view is that the identification of the Dravidian language family was a genuine discovery, since linguistics operates with an objective method, namely comparativism. Whatever one makes of this claim, the Aryan-Dravidian reading of Indian linguistic diversity is no less political than Risley's racial reading of the bas-relief at Sanchi. The methodology employed by Ellis reflects a vernacularist ideology which distinguishes between the organic and the artificial elements of a language system. Its corollary, the Aryan-Dravidian model of Indian history, is highly contested, setting up as it did a binary opposition between invader and invaded, conqueror and indigenous:

> It has been the serious belief of many scholars, both Eastern and Western, that before the Vedic Aryans had entered into India, it had been inhabited by a race of people called the Dravidian whose culture totally differed from that of the invaders. It is also believed that the Vedic Aryans were so powerful as to occupy the whole of India and supplant the Dravidian culture by their own Vedic and Sanskrit culture. (Shamsashtri 1930, 36)

To simplify, there are today two main strands of opposition to this mainstream invasion model (see Tharpar 1996). The first emphasizes the unity of India and its continuity since ancient times (Talageri 1993; Frawley 2005). The second takes the Aryan invasion to be the foundation of inequality in India today, speaking in terms of Hindu imperialism. The ancient Aryan invasion is therefore as akin to a colonial incursion, so that the British Aryans were just a continuation of previous forms of Aryan domination (Theertha 1941; Biswas 1995).

One militant strand that rejects Aryan invasion theory is associated with *Hindutva* ideology. In their book, *Breaking India* (2011), Rajiv Malhotra and Aravindan Neelakandan argue that Dravidian identity politics and the analogy between oppression of the Dalits and other indigenous rights movements reflect malign foreign influence, both historically, through the institutions of colonialism and its scholarship, and in contemporary world, where Islamic radicalism, Marxism, and missionizing by evangelical Christianity all threaten the unity of India. Malhotra and Neelakandan's work is a reflection of an anti-colonial and anti-globalisation position. Malhotra is a critic of Western universalism, seeking in his work *Being Different* to return the gaze of the West by scrutinizing it from an Indian, "Dharmic", point of view. A particular target of this work is Hegel:

Hegel's theory of history has led to liberal Western supremacy, which hides behind the notion of providing the 'universals'. These European Enlightenment presuppositions became incorporated in the confluence of academic philosophy, philology, social theories and 'scientific' methodologies – all of which were driven by various imperial and colonial values alongside Christian theology (2011, 325).

As Malhotra explained:

> We know of many universal claims made by Westerners in the past. To give just a few examples: The conquistadors claimed a universal gaze bestowed on them by God with regard to their view of Native Americans. The Europeans claimed to be the keepers of "a shared humanity" in their justification of black slavery, Native American genocide, and Indian colonization. The fascism that emanated from G. W. F. Hegel (and culminated in Hitler's Auschwitz) resulted from his "universalism" and was justified as being in the best interest of the "World Spirit." We have been there before! (2013, 371).

Malhotra's conclusion is that a truly neutral position is not possible, a view he would share with Western proponents of the situated nature of knowledge. Yet we cannot condemn Risley's colonial racism as pseudo-scientific unless we believe in an at least partially context-free scientific epistemology.

Conclusion

The rejection of the universalistic claims of Western science is fundamental to Hindutva-inspired ideology, a position it shares with postmodern critiques of science in the West. For its critics, science is embedded in its cultural and ideological context, and its universalism is merely blindness to its own conditions of production. The scientific revolution gave rise to the false universal of the distinction between nature and culture (Latour 1991), which in turn led to the intractable division within modernity between natural science and other political and interpretative disciplines.

In a series of polemical works, Meera Nanda has pointed to the parallels and interactions between postmodernism and Hindu fundamentalism. She argues that there is a necessity "to take back science, reason and the values of the Enlightenment from the anti-modernist critics", so as to critique "the deeply anti-secular and irrational worldview propagated by Hindutva in the name of 'vedic science'" (2003, 2). In *Prophets Facing Backwards* (2004) Nanda argues that the postmodern critique of modern science has opened the door for alternative forms of knowledge and these are presented as progressive, reflecting the worldview of hitherto silenced voices. The same arguments are employed by Hindu fundamentalists, creating an unholy synergy between would-be progressive voices in the West and Hindutva intolerance and pseudo-science (see also Nanda 2009, 2016). New Age holism, postcolonial theory, hostility to Enlightenment universalism, radical ecology, Foucaultian discourse analysis, Feyerabend's anarchistic theory of knowledge (1975), and postmodernism make up a complex intellectual patchwork within which outsider judgments about contemporary Indian intellectual debates became highly problematic.

One further complication is the status of linguistics within western science. If we take Saussure's position seriously, that the point of view creates the object, then linguistics cannot serve as an objective comparative science, as a guide to history and prehistory, and as a map of difference. The methodology employed by William Jones, Francis Ellis, and Max Müller was suffused with ideological assumptions about what a language was and its relationship to categories of human identity. From this point of view, nativist objections to the impact of Western linguistic scholarship on Indian society are justified, even if the xenophobic political agenda behind these claims is ideologically suspect – from a universalist, liberal point of view. There was no original Dravidian India, nor was there anything like an Aryan invasion, because Aryanism is a construct of the Western identity theorizing implicit in the comparative method. Yet, while Risley's racial narrative of the bas-relief at Sanchi is consigned to the dustbin of history, Aryan and Dravidian linguistics lives on.

There is no easy intellectual position within this complex of problems. The notion of *minor universalism* inhabits this discomfort zone, perhaps gesturing towards the "enlightened relativism" that Sikka (2011) identifies in Herder.

References

Beal, Samuel. *Some Remarks on the Great Tope at Sânchi*. Royal Asiatic Society of Great Britain and Ireland: London, 1870.
Biswas, Saugat Kumar. *Autochthon of India and the Aryan invasion*. New Delhi: Genuine Publications, 1995.
Bopp, Franz. *Über das Conjugationssystem der Sanskritsprache in Vergleichung mit jenem der griechischen, lateinischen, persischen und germanischen Sprache*. Frankfurt am Main: in der Andreäischen Buchhandlung, 1816.
Caldwell, Robert. *A Comparative Grammar of the Dravidian or South-Indian Family of Languages*. London: Harrison, 1856.
Cunningham, Alexander. "Opening of the Topes or Buddhist monuments of Central Asia". *The Journal of the Royal Asiatic Society of Great Britain and Ireland* 13 (1852): 108–114.
Dhavalikar, Madhukar Keshav. *Monumental Legacy: Sanchi*. New Delhi: Oxford University Press, 2003.
Dirks, Nicholas. *Castes of Mind: Colonialism and the Making of Modern India*. Princeton: Princeton University Press, 2001.
Dyer, Samuel. "An alphabetic language for the Chinese". *The Chinese Repository* 4 (1835): 167–176.
Ellis, Francis. "Note to Introduction". *A Grammar of the Telugu Language*. Ed. Duncan Campbell. Madras: College of the Fort St. George, 1816, 1–32.
Evrigenis, Ioannis and Daniel Pellerin. Eds. and transl. *Johann Gottfried Herder. Another Philosophy of History and Selected Political Writings*. Indianapolis: Hackett, 2014.
Fell, Edward. *Description of an Ancient and Remarkable Monument near Bhilsa*. Hasingabad, 1819.
Fergusson, James. *Tree and Serpent Worship: Illustrations of Mythology and Art in India*. London: Allen, 1868.
—. *History of Indian and Eastern Architecture*, vol. 1. New York: Dodd, Mead, 1899.
Feyerabend, Paul. *Against Method: Outline of an Anarchistic Theory of Knowledge*. London: New Left Books, 1975.
Fichte, Johann Gottlieb. *Reden an die deutsche Nation*. Berlin: In der Realschulbuchhandlung, 1808.
Frawley, David. *The Myth of the Aryan Invasion of India*. Delhi: Voice of India, 2005.

Goethe, Johann Wolfgang von. *Herrmann und Dorothea*. Berlin: Vieweg, 1797.
Guha-Thakurta, Tabati. "The production and reproduction of a monument: the many lives of the Sanchi Stupa". *South Asian Studies* 29 (2013): 77–109.
Herder, Johann Gottfried von. *Auch eine Philosophie der Geschichte zur Bildung der Menschheit*. Riga: Hartknoch, 1774.
—. *Ideen zur Philosophie der Geschichte der Menschheit*, vol. 1. Riga: Hartknoch, 1784.
Heschel, Susannah. *The Aryan Jesus: Christian Theologians and the Bible in Nazi Germany*. Princeton, NJ: Princeton University Press, 2008.
Horn, Peter. "The invention of Germany". *Acta Academica* 42 (2010): 50–62.
Hutton, Christopher. "Writing and speech in Western views of the Chinese language". *Critical Zone* 2 (2007): 83–106.
—. "Lost in the hall of mirrors: The linguistics of Aryan as a knowledge domain in colonial and postcolonial India". *Language, Culture and Society* 1 (2019): 8–30.
Jones, Sir William. "Dissertation on the orthography of Asiatick words in Roman letters". *The Works of Sir William Jones*. London: Robinson and Evans, 1789, 175–228.
—. "On the Hindus, the third anniversary discourse, delivered 2d February, 1786". *Asiatick Researches* 2 (1798): 365–381.
Kaul, Harikishan. *Census of India, 1911: The Punjab*, vol. 14. Lahore: Civil and Military Gazette Press, 1912.
Kelly, John. "The 1847 alphabet: an episode of phonotypy". *Towards a History of Phonetics*. Eds R. E. Asher and Eugene J. A. Henderson. Edinburgh University Press, 1981, 248–26.
Latour, Bruno. *Nous n'avons jamais été modernes : Essai d'anthropologie symétrique*. Paris: La Découverte, 1991.
Leopold, Joan. "British applications of the Aryan theory of race to India". *The English Historical Review* 89 (1974): 578–603.
Maisey, Fredrick. *Sanchi and its Remains*. London: Kegan, Paul, French, Trübner, 1892.
Malhotra, Rajiv. *Being Different: An Indian Challenge to Western Universalism*. New Delhi: HarperCollins, 2011.
—. "Author's response: the question of dharmic coherence". *International Journal of Hindu Studies* 16 (2013): 369–408.
— and Aravindan Neelakandan. *Breaking India: Western Interventions in Dravidian and Dalit Faultlines*. Delhi: Amaryllis, 2011.
Marshall, John. *A Guide to Sanchi*. Calcutta: Superintendent Government Printing, 1918.
Mauro, Tullio de and Lia Formigari. Eds. *Leibniz, Humboldt, and the Origins of Comparativism*. Proceedings of the international conference, Rome, 25–28 September 1986. Amsterdam: John Benjamins, 1990.
Messling, Markus. *Universalität nach dem Universalismus. Über frankophone Literaturen der Gegenwart*. Berlin: Matthes & Seitz, 2019.
Mitra, Debala. *Buddhist Monuments*. Calcutta: Sahitya Samsad, 1971.
Müller, F. Max. *Selected Essays on Language, Mythology and Religion*, vol. 2. London: Longmans, Green, 1881 [1874].
Nanda, Meera. *Postmodernism and Religious Fundamentalism: A Scientific Rebuttal To Hindu Science*. New Delhi: Navayana, 2003.
—. *Prophets Facing Backward: Postmodern Critiques of Science and the Hindu Nationalism in India*. New Brunswick: Rutgers University Press, 2004.
—. *The God Market: How Globalization is making India more Hindu*. New Delhi: Random House, 2009.

—. *Science in Saffron: Skeptical Essays on History of Science*. New Delhi: Three Essays Collective, 2016.
Nesfield, John Collinson. *Brief View of the Caste System of the North-Western Provinces and Oudh*. Allahabad: North-Western Provinces and Oudh Government Press, 1885.
Risley, Herbert H. "The race basis of Indian political movements". *The Contemporary Review* 57 (1890): 742–759.
—. *The Tribes and Castes of Bengal*, vol. 1. Calcutta: Bengal Secretariat Press, 1901.
—. *The People of India*. Calcutta: Thacker, Spink, 1908.
Saussure, Ferdinand de. *Cours de linguistique Générale*. Eds. Charles Bally and Albert Séchehaye. Paris: Payot, 1972 [1916].
Schiller, Friedrich. *Was heißt und zu welchem Ende studiert man Universalgeschichte? Antrittsvorlesung in Jena, 26. Mai 1789*. Jena: Akademische Buchhandlung, 1789.
Sikka, Sonia. *Herder on Humanity and Cultural Difference: Enlightened Relativism*. Cambridge: Cambridge University Press, 2011.
Smith, David. "Orientalism and Hinduism". *The Blackwell Companion to Hinduism*. Ed. Gavin Flood. Oxford: Blackwell, 2003, 45–63.
Talageri, Shrikant. *The Aryan Invasion Theory: A Reappraisal*. New Delhi: Aditya Prakashan, 1993.
Thapar, Romila. "The theory of Aryan race and India: history and politics". *Social Scientist* 24 (1996): 3–29.
Theertha, Dharma, Swami. *The Menace of Hindu Imperialism*. Lahore: Har Bhagwan, 1941.
Trautmann, Thomas. *Languages and Nations: the Dravidian proof in colonial Madras*. Berkeley: University of California Press, 2006.
Zammito, John, Karl Menges, and Ernest Menze. "Johann Gottfried Herder revisited: the revolution in scholarship in the last quarter century". *Journal of the History of Ideas* 71 (2010): 661–684.

Sergio Ugalde Quintana
Littérature, culture nationale et guerre

Alfonso Reyes et les politiques de l'humanisme
au Mexique (1939–1945) [1]

Résumé : Cet article propose une lecture politique du livre d'Alfonso Reyes, *La crítica en la edad ateniense* (1941). Écrit en pleine Seconde Guerre mondiale, ce livre, qui a reçu le premier Prix national de littérature au Mexique, propose une actualisation de la culture grecque classique et suggère, en même temps, un projet de modélisation éthique pour le citoyen en temps de crise et de guerre. Avec ce livre, Reyes a répondu à une série de préoccupations concernant le rôle de la littérature et de l'intellectuel dans la formation de la *polis* nationale et mondiale de l'époque.

Mots-clés : universalisme ; humanisme ; hellénisme ; premier Prix National de Littérature au Mexique ; Institut International de Coopération Intellectuelle ; Alfonso Reyes

1 Le prix

En décembre 1945, dans le cadre de la création des Prix Nationaux des Sciences et des Arts, le gouvernement mexicain décerne le premier Prix National de Littérature [*Premio Nacional de Literatura*]. La création de cette récompense fait partie d'un processus intégral de consolidation des institutions de l'état national postrévolutionnaire. À l'issue d'une longue période de conflit entre 1910 et 1919, le Mexique commence à expérimenter, à partir des années trente, une étape de stabilité relative qui se manifeste par la fondation d'institutions et l'impulsion de réformes sociales, éducatives et économiques. Durant la période de 1934 à 1940, sous la présidence du général Lázaro Cárdenas, le pays connaît un des moments de plus grande attente sociale : grâce à une réforme agraire, des terres sont distribuées aux paysans ; l'éducation est déclarée socialiste ; l'industrie pétrolière est nationalisée ; de nombreuses instances de défense des droits sociaux et culturels

---

[1] Traduit de l'espagnol par Hrindanaxi G. Villagómez et Sergio Ugalde Quintana. Une version étendue de cet article sera publiée dans Ugalde Quintana et Ottmar Ette (à paraître).

Sergio Ugalde Quintana, El Colegio de México

sont créées (Pérez Monfort 2019). Dans le même esprit, sous la présidence suivante, celle de Manuel Ávila Camacho, de 1940 à 1946, certaines des principales institutions culturelles du pays sont créées : en 1940, El Colegio de México a été inauguré ; en 1943, El Colegio Nacional ; en 1946, l'Instituto Nacional de Bellas Artes. Enfin, durant cette période toute une structure d'état est fondée à partir de nouveaux organismes et institutions. La création en 1945 du Prix National de Littérature, sous l'égide des structures gouvernementales, fait partie de ce vaste processus. Dans l'exposé des motifs présenté à la Chambre des députés en septembre 1944 pour l'approbation de la loi instituant les Prix Nationaux des Sciences et des Arts, il est dit :

> Le gouvernement actuel de la République s'est fondamentalement préoccupé de développer les manifestations de la culture supérieure dans le pays […]. Il a aidé, dans la mesure de ses moyens, les écrivains et les artistes mexicains, bien que cela ait été à plusieurs reprises sous une forme dispersée […]. Toutefois, pour le plein développement de la culture supérieure du pays, il est nécessaire que le gouvernement donne une impulsion déterminée, qui, tout en accordant un prix en argent à ceux qui le méritent pour leurs activités dans le domaine de la culture, entraîne également la plus haute distinction que la nation puisse accorder à ceux qui mettent tout en œuvre pour lui donner du prestige et l'ennoblir devant eux-mêmes et devant les autres pays du monde (Díaz Arciniega 1991, 19).

Ainsi, avec la création de ces Prix, une articulation institutionnelle entre l'État national post-révolutionnaire et la communauté artistique et scientifique du pays a commencé. Octavio Paz, en faisant référence à ce lien, a appelé l'État « l'ogre philanthropique » (1974, 38–44). Si l'on considère la valeur sociale, culturelle, politique et symbolique qui a reçu à l'origine le Prix National de Littérature, les questionnements deviennent inévitables. Qui serait le lauréat de ce nouveau rite institutionnel ? Quels avaient été les critères de sélection du vainqueur ? Quelle œuvre littéraire avait été reconnue à cet acte ?

En regardant de près le rapport du jury crée spécialement pour cette remise de prix, plusieurs possibilités pour sélectionner un vainqueur apparaissent : entre 1940 et 1945, période concernée par la convocation, avait été publiés des romans, des poèmes, des recueils de contes pouvant satisfaire aux conditions de base du prix : il s'agissait d'œuvres « stylistiquement et formellement appropriées » et « représentatives de n'importe quel aspect du Mexique ». Dans ces années-là, plusieurs jeunes écrivains avaient écrit et publié certaines des œuvres fondamentales du XXe siècle mexicain : José Revueltas a publié son roman *El luto humano* [*Le deuil humain*] ; Octavio Paz et Efraín Huerta ont publié, respectivement, les recueils de poèmes *A la orilla del mundo* [*Au bord du monde*] et *Los hombres del alba* [*Les hommes de l'aube*] ; Francisco Tario, a publié le recueil de contes : *Aquí abajo* [*Ici, en bas*]. D'autres écrivains, ayant déjà une trajectoire reconnue, avaient publié des œuvres emblématiques : Carlos Pellicer a fait connaître *Recinto y otras imágenes* [*Recinto et autres images*] ; Xavier Villaurrutia, *Décima Muerte* ; Agustín Yañez, *Pasión y convalescencia* [*Passion et convalescence*] ; Mariano Azuela, *Nueva burguesía* [*Nouvelle Bourgeoisie*] ; Francisco Rojas González, *La negra Angustias* [*La négresse Angustias*] ; Ermilo Abreu Gómez, *Canek* ; Gregorio López et Fuentes, *Una carta a Dios* [*Une lettre adressée à Dieu*]. Comme on peut le constater, le scénario était pluriel et diversifié. La décision du jury n'a donc pas été facile à prendre. Précisément en raison des difficultés liées au choix d'une pièce sur une scène aussi diverse, le jury, qui était composé de José Vasconcelos, Julio Torri, Enrique González Martínez, Alejandro Quijano et José López Portillo y Weber, s'était prescrit une condition fondamentale : « étant donné qu'il ne s'agissait pas d'un concours de littérature régionale, nous étions convenus que le caractère autochtone n'était pas fondamental, puisque la culture mexicaine a le droit de faire entendre sa voix par rapport aux questions d'intérêt général humain et sur les problèmes universels » (Vasconcelos et al. 1945, 1). Ainsi, le jury formule catégoriquement un critère d'évaluation qui oppose le caractère « autochtone » à l'« universel ». Cette dichotomie fait résonner des concepts déjà mis en avant lors de précédentes polémiques littéraires dans le domaine littéraire mexicain.

Des années auparavant, en 1925, deux factions littéraires se sont vivement opposées : d'un côté, les représentants de la littérature de la révolution–romanciers et narrateurs – de l'autre, les poètes et essayistes représentants de l'avant-garde artistique. Le point central de discorde était la conception de la culture nationale de chaque groupe. D'un côté, ceux qui prônent une culture révolutionnaire ; de l'autre, ceux qui soutiennent une culture cosmopolite. Les premiers se proclament « virils », les seconds sont qualifiés d'« efféminés ». Le différend a été traité dans les pages de certains des journaux à plus fort tirage du pays. Des articles des deux côtés allaient et venaient dans les rédactions de *El Universal*, *Excélsior*, *El Demócrata*, *Revista de la Revistas*, *El Universal Ilustrado*, *La Antorcha*, etc. (Díaz Arciniega 1989). Ce même débat s'est ravivé plus vigoureusement quelques années plus tard, en 1932, lorsque des écrivains nationalistes (autochtones) se sont heurtés aux cosmopolites (universels). À cette occasion, la controverse a été provoquée par un article qui remettait en question la validité de l'avant-garde artistique au Mexique. Une fois de plus, les termes utilisés ont polarisé les positions. Du moins, c'est ainsi que l'on a pu lire la confrontation. Pour de nombreux historiens de la littérature, deux groupes se confrontaient : d'une part, l'avant-garde cosmopolite, avec des œuvres littéraires universelles, et d'autre part, les écrivains révolutionnaires nationalistes, avec des œuvres autochtones (Sheridan 1999). Mise à distance, la confrontation semble manichéenne. Nous pourrions parler actuellement d'« autochtonismes internationalistes » ou de « cosmopolitismes vernaculaires » (Bhabha 2013 ; Sisikind 2016). Cependant, en 1945, l'horizon d'énonciation pour l'attribution du premier Prix National de Littérature laisse encore entrevoir un antagonisme entre l'autochtone et l'universel. Le jury d'alors fait le choix d'une figure et une œuvre très peu « régionalistes » en apparence mais qui montrent beaucoup d'« universel ». L'auteur récompensé, par qui s'amorçait dès lors un rituel significatif dans la *polis* littéraire mexicaine, est Alfonso Reyes. L'œuvre primée, *La crítica en la edad ateniense* (1941) [*La critique à l'âge athénien*], porte sur la Grèce classique.

2 L'homme de lettres

Au milieu des années quarante, Alfonso Reyes (1889–1959) incarne la figure de l'homme de lettres par excellence au Mexique et en Amérique latine. Son parcours littéraire, diplomatique et philologique est reconnu à divers endroits. L'écrivain vit à l'étranger pendant un peu plus d'un quart de siècle. En août 1913, âgé de 24 ans, il doit quitter le pays ; son père (ancien ministre de Guerre et candidat à la présidence de la république) est assassiné au début de l'année en essayant de prendre d'assaut le palais national (Niemayer 1966). Reyes ne rentrerait pas au Mexique avant 1939. Il survit aux cinq premières années de son exil en Espagne grâce à ses activités philologiques et journalistiques ; il intègre ensuite le service diplomatique et assure les fonctions d'ambassadeur du Mexique à Madrid, à Paris, à Buenos Aires et, finalement, à Rio de Janeiro (Garciadiego 2009). À chacun de ces postes, il établit des liens intellectuels solides et des dialogues littéraires intenses. En Espagne, il est proche d'Ortega y Gasset, Juan Ramón Jiménez et Ramón Menéndez Pidal ; en France, de Paul Valéry et Adrienne Monnier ; en Argentine, de Jorge Luis Borges et de Victoria Ocampo. À la fin des années trente, Alfonso Reyes était devenu la figure de l'écrivain, homme de lettres et humaniste par excellence du monde hispano-américain.

Fort de ce capital symbolique, Reyes rentre au Mexique en février 1939. Son rôle est fondamental pour fonder quelques-unes des institutions éducatives et de recherche du pays. Il crée et dirige La Casa de España, une institution qui, peu de temps après, a acquis le nom El Colegio de México – un centre de recherches en sciences humaines et sociales –, il collabore à la formation du Fondo de Cultura Económica – une des plus importantes sociétés éditoriales du monde hispanique – et fonde El Colegio Nacional, institution qui, tout comme le Collège de France, accueille des personnalités majeures des domaines des sciences et des arts du pays. À cette figure aux multiples facettes mêlant poète, narrateur, essayiste, philologue et diplomate, est décerné le premier Prix National de Littérature en 1945. Quelle œuvre était alors primée ?

3 La critique à l'âge athénien

Une fois installé au Mexique, éloigné des obligations diplomatiques et consacré à son œuvre la plupart du temps, Alfonso Reyes écrit une série d'ouvrages où il étudie le phénomène de la littérature. Les résultats de toutes ses préoccupations culminent avec le volume *El Deslinde. Prolegómenos a la teoría literaria* de 1944 (Rangel Guerrra 1989). Le Prix National de Littérature, cependant, ne lui est pas décerné pour ce traité, mais pour un livre né tandis qu'il écrivait *El Deslinde*. Une des questions qui tourmente Reyes lors de la rédaction de sa théorie littéraire est la suivante : quand avait débuté la critique littéraire en Occident ? Cette inquiétude l'amène à reprendre une de ses passions de jeunesse : la lecture des œuvres de la Grèce classique[2]. C'est ainsi qu'entre septembre 1940 et janvier 1941, Alfonso Reyes écrit le livre : *La critique à l'âge athénien*. Dans les mois suivants, entre janvier et avril de cette dernière année, Reyes a lu son travail dans le cadre d'un cours à la Faculté de Philosophie et Lettres de l'UNAM. Le projet avait également un certain caractère pédagogique. Le principe qui structure cette étude est très clair ; Reyes souhaitait retracer la naissance et le développement de l'idée de critique littéraire au IVe siècle athénien. Ce principe organise tout le matériel du livre de presque 350 pages. Reyes commence par questionner les origines parmi les présocratiques, il continue avec Socrate, Aristophane, Platon, Isocrate, Aristote et termine par Théophraste et Ménandre. Durant ce parcours, il s'interroge sur les sources primaires, lit des études critiques, interroge les textes et en conclut que parmi les grecs, la critique littéraire a toujours suivi les valeurs religieuses, sociales et politiques. La critique esthétique ne s'est jamais construite comme une valeur en soi. D'où la conclusion formulée dans les dernières lignes de son livre :

> Le peuple qui a doté l'humanité des œuvres poétiques les plus admirables, ressentait à peine le besoin de leur appliquer [...] le critère esthétique. Au moment de juger, il s'est livré au critère de la religion, de la morale, de la politique, et même du formalisme perceptif (Reyes 1941, 364).

L'accueil du livre est ambivalent. En général, les opinions sont divisées en deux groupes : d'un côté, ceux qui saluent la publication d'un travail scientifique et philologique solide ; de l'autre, ceux qui regrettent l'absence de problématiques « mexicaines » dans cet ouvrage. Les philologues se démarquent dans le premier domaine. Certains soutiennent l'hypothèse de départ du livre. Werner Jaeger, le

---

[2] Sur l'importance de l'univers grec dans la formation initiale d'Alfonso Reyes, on peut consulter les travaux de Susana Quintanilla (2002 ; 2008), Robert T. Conn (2002) et Sergio Ugalde Quintana (2019).

philologue allemand, auteur de l'ouvrage *Paideia* (1933) et fondateur des études classiques à l'Université de Harvard, exprime dans une lettre personnelle à Reyes, datée du 28 mars 1942, son soutien de l'idée qu'il manque une critique esthétique à Athènes au IVe siècle.

> I think it very fortunate that you have set forth with so much clarity and decision the fact that literary criticism in our sense is absent from the earlier and classical periods of Greek culture and the criticism which is uttered in those centuries with regard to what we would call literary subjects springs from other motives than a purely aesthetic appreciation [...]. It is in my opinion the greatest merit of your book that it does not discard the classical period for this reason as is often done by those interested in the problem of literary criticism in its pure form, but pursues carefully the gradual development of the critical element in Greek life and literature in all its aspects. In this way you have succeeded in showing clearly how along with the moral, political and religious criticism in the classical period the critique of the aesthetic qualities of literary works gradually emerges. [...] In your "anachronistic" chapter at the end of the book you have expressed the natural reaction of the modern mind with regard to the absence of pure literary judgment from the earliest and classical periods of Greece. It is indeed not easy to see how we could return in our days to the Greek subordination of the aesthetic factor to what they thought to be the really essential moral and political factors in the poetical creations which we love. On the other hand it is about time to realize and consider earnestly the facts which you have set forth with so much vigor and in a forcible language with regard to their importance for our historical understanding of the true nature and structure of the classical Greek spirit. The result of your book with which I agree and what I have tried to say about the same problem from the opposite point of view, that of *Paideia*, seems to reopen the discussion of our relationship to the classical and Hellenistic forms of Greek culture (Ugalde 2009, 100–101).

Ce passage de la lettre de Jaeger souligne non seulement les mérites du livre d'Alfonso Reyes, avec lesquels le philologue allemand est d'accord, mais aussi le problème central de la philologie classique au début du 20e siècle : à savoir, quelle était la relation de l'époque actuelle avec les formes de la culture grecque classique ? En d'autres termes, comment les intellectuels du XXe siècle peuvent-ils gérer le patrimoine culturel de l'Antiquité ? Cependant, tous les spécialistes ne partageaient pas les conclusions d'Alfonso Reyes. Certains ont mis en doute ses prémisses. Ce fut le cas d'Ingemar Düring, le classiciste suédois, qui a déclaré que l'écrivain mexicain aurait pu nuancer ses affirmations. Pour Düring, une critique esthétique a effectivement existé dans la Grèce classique.

> Si nous avions préservé une plus grande partie de la littérature hellénistique, nous connaîtrions mieux la critique esthétique de cette période. En fait, on trouve dans Polybius des opinions qui nous font supposer qu'une théorie esthétique a également existé. On peut en dire autant des Néoptolèmes de Parion, que nous connaissons par l'Art poétique d'Horace. Cependant, Filodemos est le premier auteur que nous connaissons assez bien pour pouvoir affirmer qu'il argumente à partir d'une théorie esthétique élaborée. Et l'admirable opuscule

> *Du Sublime*, un fragment du milieu du premier siècle après J.-C., est presque le seul ouvrage de l'Antiquité qui repose sur une certaine conception esthétique. Dans ces conditions, Reyes adopte à juste titre 'un critère de tolérance'. [Dans les 143 premières pages], son but [...] a été de montrer 'comment le phénomène de la critique littéraire est né et a évolué'. Il sera difficile de soutenir qu'il a pleinement atteint son objectif. Son aperçu ressemble davantage au volumineux livre de Gomperez sur les penseurs grecs qu'à une analyse stricte de l'évolution de la critique littéraire (Düring 1955, 26–27).

Les philosophes et philologues mexicains, en général, soutiennent la position de Jaeger ou celle de Düring. Par exemple, José Gaos, proche des opinions de Jaeger, a déclaré : « Avec ce travail, Alfonso Reyes a entamé un nouveau parcours de son œuvre et de sa vie : celui de la réflexion, non plus occasionnelle et marginale, mais thématique et systématique sur son métier » (Gaos 1955, 500). Pour sa part, Carlos Montemayor, plus proche des conceptions de Düring, a déclaré : « Reyes a négligé ce qui était le plus important chez Aristophane : la critique littéraire directe basée sur l'écrivain lui-même. Pourquoi ne l'a-t-il pas abordé ? Peut-être parce que la lecture critique des Hellénistes de son temps pesait plus lourdement sur lui que la lecture directe et naturelle du texte grec lui-même » (Montemayor 1989, 154)[3].

Dans le second domaine, parmi ceux qui regrettent le manque de problématiques mexicaines, figurent surtout de jeunes écrivains (narrateurs, poètes, romanciers) qui demandent un plus grand engagement éthique des intellectuels face aux conjonctures historiques de l'époque. Pour beaucoup d'entre eux, les préoccupations grecques d'Alfonso Reyes représentent une façon de prendre la

---

[3] L'une des questions les plus controversées, par rapport au type d'hellénisme pratiqué par Alfonso Reyes, est sa connaissance limitée de la langue grecque. De nombreux spécialistes refusent de le considérer comme un helléniste en raison de cette méconnaissance. Antonio Alatorre, qui l'a accompagné pendant plusieurs années au Colegio de México, a déclaré : « Don Alfonso connaissait le grec comme je connaissais le russe : il lisait les lettres et comprenait certains mots isolés, mais c'était tout [...]. Et d'ailleurs, il a toujours avoué que sa traduction d'Homère était une traduction des traductions françaises et anglaises » (Alatorre 1974, 22). Antonio García Robles, dans le même sens, a également regretté que le plus grand introducteur de la Grèce classique au Mexique n'ait pas les outils de base du langage de l'Antiquité (Montemayor 1989, 12). Reyes lui-même l'a bien précisé lorsque, dans sa traduction de l'*Iliade*, il a déclaré : « Je ne lis pas la langue d'Homère ; je la déchiffre à peine » (Reyes 1968 [1951], 91). Bien sûr, ce fait nous amène à nous interroger sur le sens de ses incursions dans le monde antique. Il était clair que Reyes n'agissait pas en tant que philologue dans le monde classique de la Grèce. Lui qui avait pratiqué cette discipline au Centro de Estudios Históricos de Madrid, aux côtés de Ramón Menéndez Pidal et d'Américo Castro, savait parfaitement quelles étaient les exigences minimales pour travailler en tant que spécialiste d'une tradition littéraire. Reyes, à mon avis, a toujours abordé l'antiquité classique comme un essayiste, comme un intellectuel qui propose des solutions, en s'aventurant dans le monde antique, pour le présent. Reyes a trouvé dans ce monde antique des éléments pour mieux comprendre son présent.

fuite ou d'échapper aux conflits de son temps. Pour José Revueltas, par exemple, le panorama littéraire du Mexique vers 1943 peut être divisé en plusieurs groupes : les hellénistes, les occidentalisés, les révolutionnaires et les marxistes. Parmi les premiers, bien sûr, se trouvait Alfonso Reyes :

> Les Hellénistes aspirent à se placer « au-dessus du désordre », à la tête duquel se trouve Don Alfonso Reyes en tant que leader et prototype (« Souvenez-vous », a dit Don Alfonso Reyes à un ami de province, dans une lettre que le destinataire a eu l'indiscrétion de me lire, « souvenez-vous que les penseurs grecs étaient payés par la municipalité ; ne vous plaignez pas. Nous allons dire notre petite vérité, malgré tout ». La citation n'est pas textuelle mais reflète très précisément la pensée de Reyes) Ces hellénistes ont même pu comprendre les problèmes du Mexique ; mais ils veulent qu'on les laisse tranquilles, qu'on leur permette – avec cinq ou six cents pesos de salaire – de forger les plus hautes méditations. Ils ne risquent que de dire peu et lâchement et mal, sans faire de mal à personne, sans blesser, surtout, celui qui donne les six cents pesos (Revueltas 1943, 3).

Face à ces deux univers de réception, j'aimerais étayer une troisième possibilité de lecture. Il me semble que *La critique à l'âge athénien* n'est pas un travail philologique au sens le plus strict, mais un essai d'interprétation qui met en *actualité*, au sens de Walter Benjamin, ou rend *contemporain*, selon les termes de Giorgio Agamben (2011, 17–30) un héritage culturel, pour formuler une série d'inquiétudes sur la formation de la *Polis* et sur le rôle de l'intellectuel dans un moment de crise profonde, comme l'a été la Seconde Guerre mondiale, vécue depuis un pays en marge du conflit armé. Les pages suivantes se situent dans cette troisième voie d'interprétation qui implique une lecture politique de ce travail sur la Grèce [4].

---

[4] En faisant une lecture politique du texte de Reyes, je n'ai pas l'intention de révéler la position ou la préférence idéologique de l'auteur, mais plutôt d'enquêter sur le partage du sensible que le texte de Reyes lui-même propose dans la configuration artistique de son écriture (Rancière 2000). En ce sens, Ignacio Sánchez Prado (2008) et Robert T. Conn (2002) ont publié des ouvrages fondamentaux pour entreprendre cette lecture politique de quelques essais d'Alfonso Reyes. Un antécédent à cette perspective d'analyse se trouve dans les travaux de Rafael Gutiérrez Girardot qui, en 1990, a déclaré : « [dans ses travaux sur la Grèce] Reyes n'a pas voulu se distinguer comme philologue [...]. Reyes voulait susciter, présenter des exemples d'humanité et surtout répondre aux besoins essentiels qui avaient été imposés à l'intelligence américaine par l'entrée tardive de l'Amérique dans l'histoire de l'Occident. [...] Le faible poids de la tradition, c'est-à-dire de la philologie classique, a permis à Reyes de créer une image de la Grèce qui, en plus d'être exemplaire, était proche de celle que Nietzsche avait esquissée dans *L'origine de la tragédie dans l'esprit de la musique* (1872). C'est une Grèce esthétique qui, comme l'exigeait Nietzsche, s'est concentrée sur l'ensemble et non, comme le faisait la philologie classique, sur les détails. Mais cette Grèce esthétique n'a pas cessé d'être exemplairement politique » (Gutiérrez 1990, 107–108).

4 Modélisations citoyennes en temps de guerre

Même si en apparence l'ouvrage de Reyes ne concerne en rien la situation politique de l'époque, le volume contient de nombreux indices qui révèlent une profonde préoccupation se rapportant aux évènements d'alors. En principe, le désir de questionner la notion et l'origine de « la critique » montre déjà une inquiétude par rapport à l'actualité. Dans un essai de la fin de l'année 1939, Alfonso Reyes signale : « Le mal de notre époque […] réside dans une certaine distorsion du sens critique, dans une certaine érosion des résistances aux tromperies » (Reyes 1960, 250). Face à un scénario contemporain où prolifèrent les discours mensongers, irrationnels et belliqueux, Reyes propose dans son livre de 1941 une sorte de prophylaxie du langage : « la netteté de la forme », due aux activités critiques, mène « à l'épuration de la pensée » (Reyes 1941, 200). L'urgence dans la recherche d'une hygiène du discours n'est pas la seule préoccupation sur l'actualité. En écrivant le livre, Reyes sublime ses angoisses, son malaise et ses craintes.

Dès le premier paragraphe, l'essayiste déploie des figures et des termes qui renvoient à un univers combatif. L'écrivain souhaite former l'histoire de la critique mais pendant son trajet, en reconstruisant la culture de l'Athènes classique, il recrée des images du guerrier, de l'armée, du combattant ; il décrit des scénarios de violence, de destruction, de guerre ; tout cet univers se veut d'être conjuré de citations qui prêchent la concorde et la paix. Aristophane, dit Reyes, charge contre les puissants, mais surtout contre « le monstre épouvantable de la guerre » (Reyes 1941, 147) ; Isocrate prône l'union de la « famille grecque ravagée par les guerres intestines » (Reyes 1941, 190) ; Socrate, le soldat, découvre sa mission philosophique au milieu d'une bataille (Reyes 1941, 94–95). Tout cela n'est pas gratuit. En réalité, Reyes est vraiment inquiet du déroulement du conflit européen. En s'interrogeant sur l'origine et la fonction de la critique, il questionne également le rôle des intellectuels dans un moment de conflit. Ces inquiétudes apparaissent dans les annotations de son journal. Le 10 mai 1940, il écrit : « L'Allemagne envahit la Hollande, le Luxembourg, la Belgique et bombarde Londres […]. Angoissé par les évènements mondiaux » (Reyes 2018, 174–175). Le 14 juin, il témoigne : « Les nazis à Paris, deuil du genre humain » (Reyes 2018, 181). Quelques jours plus tard, il énonce : « Enfermé, enivré de travail, mais très angoissé… Les États-Unis – et même le Mexique – vont bientôt devoir se militariser pour une nouvelle guerre » (Reyes 2018, 181). Le 13 octobre, en pleine rédaction de *La critique à l'âge athénien*, il commente : « Mauvaise nuit, je pense à […] la situation du pays et la situation du monde. Je ne me fais aucune illusion sur rien. Je continue d'écrire sur mes grecs » (Reyes 2018, 201). Des nouvelles sur la guerre ont dû parvenir à ses oreilles directement et de façon personnelle. À partir de 1939, des milliers de réfugiés européens fuyant la guerre commencent à arriver au Mexique. Des républicains espagnols vaincus par Franco ; des communistes allemands persécutés par Hitler ; des antifascistes italiens exilés par Mussolini ; des militants français expulsés par Vichy ; tous sont accueillis au Mexique, d'abord par le gouvernement de Cárdenas puis par celui de Ávila Camacho. Reyes rencontre directement beaucoup d'entre eux, surtout parmi les groupes intellectuels. Si l'on tient compte de cet univers de migrations, d'exils et de déracinements, la lecture de certains fragments de *La critique à l'âge athénien* est révélatrice :

> La guerre de Troie est un échec. [...] Nous savons seulement que les héros grecs entreprennent un retour lamentable, une odyssée laborieuse, pour finalement retrouver leurs foyers détruits et leurs terres réduites à l'anarchie [...]. Pour les gens dont les cultes et les coutumes sont désintégrés par les émigrations et les guerres, le progrès consiste à rendre la cohabitation entre les hommes plus paisible et possible ; c'est-à-dire, à augmenter la confiance dans les pactes sociaux et assurer leur continuité. L'État est un produit artificiel. Il faut l'aider à percer avec un propos conscient [...]. La critique, tout comme d'autres activités de l'esprit, se soumettra à cette consigne qui est une aspiration générale (Reyes 1941, 33).

Dans cette dernière phrase, Reyes met directement en relation le travail des critiques athéniens avec leur rôle dans la construction de l'état. Les intellectuels du XXe siècle se doivent d'assurer cette même fonction : « *La critique à l'âge athénien* révèle une ambition institutionnelle. Les critiques de ce temps-là [...] sont déterminés à construire et sauvegarder la *Polis*, a l'instar de toute la pensée grecque de l'époque » (Reyes 1941, 32). « Construire et sauvegarder la *Polis* », deux actions que Reyes semble alors accomplir à la tête de El Colegio de México, en charge du Fondo de Cultura Económica ou dans ses cours au Colegio Nacional.

Cependant, un fragment de *La critique à l'âge athénien* est particulièrement révélateur. Pratiquement à la fin de l'ouvrage, Reyes inclut un chapitre intitulé « Un athénien quelconque ». Il y dresse le portrait imaginaire d'un habitant présumé d'Athènes au IVe siècle. Reyes imagine la vie quotidienne de ce personnage : son foyer décent et modeste, sans parures ni luxe ; sa vie familiale simple ; sa magnanimité envers les aides et sa patience envers les voisins ; il dialogue avec ses enfants, puisque « le dialogue est la discipline de la connaissance » ; gère ses finances en toute discrétion ; respecte les institutions ; il n'est ni indiscret ni hautain.

> Sa vie de famille est simple et conforme à l'ancienne coutume : avec sa femme, il est libéral et un peu distant ; avec ses enfants, ponctuel et soigneux ; avec ses serviteurs, magnanime ; avec ses voisins, patient. [...]. Chacun sait qu'il vit sans difficultés et sans abondance ; qu'il gère ses finances avec discrétion ; qu'il ne prête qu'en sûreté ; qu'il n'avance jamais d'intérêts avant les mensualités [...]. Il respecte les institutions [...]. Il essaie de ne pas trop attirer l'attention sur lui dans la rue ou dans les réunions [...]. Il ne tombe pas dans la sottise du

peuple, qui s'arrête pour regarder passer le bœuf, la chèvre, l'âne, comme s'il ne les avait jamais vus auparavant. Il ne s'immisce pas dans les écoles et les gymnases pour prendre le temps des garçons et des enseignants avec ses conversations gênantes. Il ne se mêle pas des querelles des étrangers [...]. Il ne prétend pas savoir ce qu'il ne sait pas (Reyes 1941, 350-355).

Chacun des éléments que souligne Reyes dans sa description tisse une trame éthique : les comportements austères du personnage qui cherche l'équilibre des émotions ; il favorise la résolution des conflits ; il est réservé et prudent ; vit avec pondération et équilibre. La pratique du juste milieu (le livre est composé de 555 paragraphes numérotés) est considérée comme une vertu. Dans cette histoire, Reyes présente la figure d'un homme comme modèle de comportement. Dans un essai ultérieur à ce livre, en traitant des discours irrationnels et du nazisme, Reyes déclare que nous ne pouvons opposer la raison à l'irrationalisme, mais la pratique de la vertu comme modèle de comportement :

> La raison doit reconnaître les forces irrationnelles qui affectent si profondément la pensée et le comportement des hommes [...] pour lutter contre ces forces, nous devons comprendre leur dynamique, et nous devons nous rappeler que nous ne les combattons pas avec des arguments (parce que cela serait inutile) [...] mais en appliquant patiemment cette méthode ou frein social qu'Aristote appelait *éthisme* : exercice conscient et réitération d'une vertu pour l'acquérir enfin, un remède pragmatique (Reyes 1968 [1952], 358).

C'est pour cela que l'élaboration fictionnelle d'un habitant de la polis grecque à la fin de son ouvrage sur la critique athénienne peut être lue comme la formalisation artistique d'un projet de modélisation éthique à l'intention du citoyen.

Il est clair que cette modélisation concerne directement l'espace et la polis mexicaine, mais pas seulement. D'une certaine façon, son livre formalise également les inquiétudes d'un groupe d'intellectuels européens et américains qui, auparavant, pendant et après la Seconde Guerre Mondiale, ont tenté de concrétiser un projet de formation de l'être humain face au scénario d'une profonde crise armée. Dans le contexte des activités et des inquiétudes de ce groupe, le projet d'Alfonso Reyes d'un humanisme universaliste qui s'assume comme héritier de la Grèce classique peut être compris avec plus d'exactitude.

5 Les politiques de l'humanisme

Mark Greif (2015), dans un ouvrage récent sur le concept de l'homme dans la fiction nord-américaine, assure que la première moitié du XXe siècle en Occident se caractérise par une crise du concept de l'« humain ». De nombreuses recherches sur l'humanité et l'humanisme se reflètent dans les ouvrages de philosophes, psychologues, historiens et écrivains. Cette prolifération de recherches sur l'« homme » fait partie du résultat d'une crise déclenchée par l'ambiance conflictuelle qui avait imprégné les premières décennies du siècle. Devant la subversion des valeurs politiques, économiques, sociales et culturelles, la réaction immédiate est de s'interroger sur le sens et la signification de l'« homme ». C'est ainsi que surgissent diverses propositions de modélisation de l'être humain : celle du fascisme, celle du nazisme, celle du stalinisme, celle du libéralisme. Quasiment tous les mouvements politiques évoquent la formation d'un « homme nouveau » (Greif 2015, 3–99).

Parmi les nombreux groupes d'intellectuels de cette époque, préoccupés par l'idée de formation de l'être humain, je ne m'arrêterai que sur un seul. Il concerne directement le projet d'humanisme grec et universaliste d'Alfonso Reyes. Je fais référence à l'ensemble d'écrivains et d'intellectuels qui, à partir de 1932, s'organise au sein de l'Institut International de Coopération Intellectuelle – prédécesseur direct de l'UNESCO et dépendant à ce moment-là de la Société des Nations. Paul Valéry et Henri Focillon sont les deux figures clé aux débuts de l'organisme. Tous deux entreprennent de convoquer les intelligences mondiales afin de faciliter les échanges intellectuels. L'objectif est de réunir « les hommes les plus capables d'éclairer la conscience universelle et de s'éclairer mutuellement à une heure particulièrement grave de la vie du monde » (Valéry et Focillon 1933, 13). Le mexicain Alfonso Reyes est témoin de plusieurs moments. En 1932, il répond à l'appel de Valéry pour fonder la Société des esprits (Ugalde 2017). En 1936, il participe au 6e congrès de l'Institut International de Coopération Intellectuelle mené à Buenos Aires (Colombi 2011). En 1941, il préside les activités de cette institution à La Havane (Pita 2014). En 1943, il fait office de président du Bureau à New York, alors que l'institut était déjà exilé.

Toutes les rencontres, colloques et conversations de cet organisme expriment le désir de rétablir le sens de l'humain et de tracer les activités de la littérature et des intellectuels dans la construction d'un nouvel humanisme. Il suffit de revoir les titres de ces évènements pour se rendre compte des dimensions pédagogiques de cet effort, notamment le colloque réalisé à Budapest en juillet 1935 qui porte le titre suggestif de « Vers un nouvel humanisme ». Plusieurs notions de ce terme dialoguent lors de ce congrès : celle des philologues classiques qui prétendent renforcer l'enseignement des langues classiques ; celle de Paul Valéry qui fait une série d'annotations sur l'humanisme pur ; celle de Thomas Mann qui, face au scénario de la montée du nazisme, demande un humanisme militant avec une incidence politique directe (Mann 1936). Quelques mois après la rencontre à Budapest, l'Institut organise un autre colloque à Buenos Aires. Le thème proposé : les relations intellectuelles entre l'Europe et l'Amérique. Deux représentants de chacun des continents sont chargés d'ouvrir le colloque. Pour l'Europe, George

Duhamel fait le discours d'inauguration ; pour l'Amérique, ce sera Alfonso Reyes. L'écrivain mexicain y lit un essai clé dans son œuvre littéraire : *Notas sobre la inteligencia americana* (Reyes 1936). Ce texte répond aux inquiétudes humanistes exposées dans l'IICI.

Reyes soutient dans ce texte que les intellectuels dans l'Amérique hispanique ont toujours dû mener leurs activités sur la place publique. C'est pour cette raison que l'intelligence américaine ne peut penser les intellectuels purs – une allusion claire à Valéry et à Julien Benda –, mais les intellectuels engagés avec leur époque et leur société. Les intellectuels hispano-américains avaient dû associer leurs préoccupations sur le savoir avec la construction des sociétés nationales. Ils représentent la plume et la place publique, l'écriture et la politique. Cette condition désavantageuse à d'autres moments, semble être idéale lors du scénario conflictuel vécu à l'époque. En plus de leur caractère public, les intellectuels américains incarnent l'idée de synthèse de tout l'héritage d'Occident (Reyes 1936, 14–18). Quelques années plus tard, Reyes élabore *La critique à l'âge athénien* sous ces deux principes. Il y concrétise l'idée d'une intelligence qui organise la synthèse d'un héritage culturel depuis la place publique.

Dans ce contexte, l'ouvrage d'Alfonso Reyes répond alors à un double horizon politique et discursif : d'un côté, il satisfait aux besoins de l'état postrévolutionnaire mexicain, en proposant des formes de modélisation citoyenne à un moment de consolidation institutionnelle ; d'un autre côté, il répond aux inquiétudes exposées par les intellectuels regroupés au sein de l'IICI, en atténuant les angoisses face à la guerre et en proposant le sauvetage – le processus d'actualiser – d'un héritage culturel. Pour l'état Mexicain et pour l'IICI, il est nécessaire de montrer des façons d'être, d'agir et de dire qui soient propices à la consolidation d'une nouvelle polis, locale et globale. Reyes sait que son œuvre littéraire et essayiste se situe à la croisée de ces modèles de comportement. Lors du discours de remise du premier Prix National de Littérature, il assure : « le problème de la cohabitation de l'homme avec l'homme, le problème humain par excellence sur terre, soit le problème politique, en plus d'exiger des procédures d'application courte et immédiate, ne connaît qu'un seul remède à long terme [...] qui, en résumé, est appelé culture » (Reyes 1945). Une culture qui, évidemment pour Reyes, équivaut à la Grèce classique. Peu après, dans une interview, Alfonso Reyes a souligné le sens politique et formateur d'offrir une vision de l'humanisme classique : « Je crois que le sens du véritable humanisme consiste à réintégrer la théorie et la technique dans la politique. C'est-à-dire, dans l'idéal humain de la meilleure et de la plus juste coexistence de l'homme avec l'homme [...]. Les doctrines des humanistes doivent être ressuscitées afin de les ramener en harmonie avec les fins de l'humanité » (Reyes 1946). Cette modélisation à partir de l'idéal grec implique bien entendu de nombreuses exclusions ; les plus évidentes : celle de genre et celle des cultures non occidentales. Les femmes et les populations autochtones mexicaines sont une présence très conflictuelle dans l'œuvre littéraire de l'humaniste Alfonso Reyes.

Quelques jours à peine avant la remise du prix à Alfonso Reyes, en cette même année 1945, les activités de l'IICI portent leurs fruits et l'UNESCO est fondée. L'objectif de cette institution est de contribuer à la paix et à la sécurité mondiale à travers l'éducation, la science et la culture. Le président du Mexique, Manuel Ávila Camacho, lors de la remise du premier Prix National de Littérature, fait un discours qui met subtilement en relation les efforts de l'état mexicain pour consolider la *polis* littéraire du pays avec la création récente de l'UNESCO. De manière indirecte, le président du Mexique situe les efforts et l'œuvre d'Alfonso Reyes dans un horizon global:

> Il est extrêmement révélateur qu'aussitôt le fracas de la lutte armée ayant pris fin, quarante-trois pays se soient unis pour déclarer leur résolution d'affirmer la sécurité collective des nations sur l'indépendance de la pensée, à travers l'éducation, la science et la culture. Étant donné que c'est dans l'esprit de l'être humain que doivent s'ériger primordialement les bastions magnifiques de la paix, ces pays exaltent une volonté de concorde que le Mexique a soutenu sans faiblir, à travers les sacrifices et les tourmentes […] orientée et régie par la justice, la culture sera toujours la défense la plus généreuse et l'argument le plus convaincant d'un peuple dans son dialogue avec le monde civilisé (Ávila Camacho 1945, 2).

De cette manière, avec la remise du premier Prix National de Littérature au Mexique, plusieurs inquiétudes et projets de toute une communauté intellectuelle sont symboliquement rattachés. L'ouvrage d'Alfonso Reyes, *La critique à l'âge athénien*, n'est qu'un symptôme et une réponse aux angoisses, contradictions et recherches que de nombreux écrivains et intellectuels ont tenté de résoudre en ayant recours à un passé et à un héritage de la culture – en l'occurrence la Grèce – comme solution universaliste à un horizon conflictuel dominant.

Références bibliographiques

Agamben, Giorgio. «¿Qué es lo contemporáneo?». *Desnudez*. Trad. Mercedes Ruvituso y Maria Teresa D'Meza. Buenos Aires: Adriana Hidalgo, 2011, 17–29.

Alatorre, Antonio. «Alfonso Reyes: pequeña crónica desmitificante». *Diálogos. Artes/Letras/Ciencias Humanas* 58 (1974): 20–22.

Ávila Camacho, Manuel. «Discurso de entrega del Premio Nacional de Literatura». *El Nacional* 2 (21 décembre 1945).

Bhabha, Homi. *Nuevas minorías, nuevos derechos*. Trad. Mariano Siskind. Buenos Aires: Siglo XXI, 2013.

Colombi, Beatriz. «Alfonso Reyes y las "Notas sobre la inteligencia americana" una lectura en red». *Cuadernos del CILHA* 12.14 (2011): 109–123.

Conn, Robert T. *The Politics of Philology: Alfonso Reyes and the Invention of the Latin America Literary Tradition*. Lewisburg, London : Bucknell University/Associated University, 2002.
Díaz Arciniega, Víctor. *Querella por la cultura revolucionaria (1925)*. México : Fondo de Cultura Económica, 1989.
—. *Premio Nacional de Ciencias y Artes (1945–1990)*. México : Fondo de Cultura Económica, 1991.
Düring, Ingemar. *Alfonso Reyes: helenista*. Madrid : Ínsula, 1955.
Garciadiego, Javier. *Alfonso Reyes, breve biografía*. México : Planeta, 2009.
Gaos, José. «La crítica en la edad ateniense». *Páginas sobre Alfonso Reyes vol. 1, segunda parte*. Éd. Alfonso Rangel Guerra. México : El Colegio Nacional, 1955, 494–503.
Greif, Mark. *The Age of the Crisis of Man. Thought and Fiction in America, 1933–1973*. Princeton, NJ : Princeton University Press, 2015.
Gutiérrez Girardot, Rafael. «La concepción de Hispanoamérica de Alfonso Reyes (1889–1959)». *Revista de Occidente* 106 (1990) : 107–108.
Jaeger, Werner. *Paideia: Die Formung des griechischen Menschen*. Berlin, Leipzig : De Gruyter, 1933.
Mann, Thomas. «Participation». *Entretiens 6. Vers un nouvel humanisme*. Paris : Institut International de Coopération Intellectuelle, Societé des Nations, 1936, 53–55.
Montemayor, Carlos. «El helenismo de Alfonso Reyes». *Vuelta* 154 (1989) : 12–16.
Niemeyer, Eberhardt Victor. *El general Bernardo Reyes*. Monterrey : Gobierno de Nuevo León/Universidad de Nuevo León, 1966.
Paz, Octavio. «El ogro filantrópico». *Vuelta* 21 (1978) : 38–44.
Pérez Montfort, Ricardo. *Lázaro Cárdenas, un mexicano del siglo XX*. México : Debate, 2019.
Pita González, Alejandra. *Educar para la paz. México y la Cooperación Intelectual Internacional 1922–1948*. México : Secretaria de Relaciones Exteriores/Universidad de Colima, 2014.
Quintanilla, Susana. «Dioniso en México o cómo leyeron nuestros clásicos a los clásicos griegos». *Historia Mexicana* 51 (2002) : 619–663.
—. *Nosotros La juventud del Ateneo de México*. México : Tusquets, 2008.
Rancière, Jacques. *Le partage du sensible : Esthétique et politique*. Paris : La Fabrique, 2000.
Rangel Guerra, Alfonso. *Las ideas literarias de Alfonso Reyes*. México : El Colegio de México, 1989.
Reyes, Alfonso. «Exposé introductif de M. Alfonso Reyes. [Peu de temps après, ce texte portera le titre : « Notas sobre la inteligencia americana »]». *Entretiens 7. Europe – Amérique Latine*. Paris : Institut International de Coopération Intellectuelle, 1936, 12–19.
—. *La crítica en la edad ateniense*. México : El Colegio de México, 1941.
—. «Discurso de recepción del Premio Nacional de Literatura», 1945. Archivo Histórico de la Capilla Alfonsina en la Ciudad de México, fol. AR-MAN-03344.
—. «Interviu con Alfonso Reyes para la revista *Así*», 1946. Archivo Histórico de la Capilla Alfonsina en la Ciudad de México, fol. AR-MAN-03435.
—. *Tentativas y orientaciones. Obras completas vol. XI*. México : Fondo de Cultura Económica, 1960.
—. «*La Ilíada* de Homero». *Obras completas vol. XIX*. México : Fondo de Cultura Económica, 1968 [1951].
—. «Las agonías de la razón». *Obras completas vol. XIX*. México : Fondo de Cultura Económica, 1968 [1952].
—. *Diarios V (1939–1945)*. Éd. Javier Garciadiego. México : Fondo de Cultura Económica, 2018.
Revueltas, José. «Réplica sobre la novela: el cascabel al gato». *El Popular* 3 (23 mai 1943).

Sánchez Prado, Ignacio. «Alfonso Reyes y la crítica clásica. Notas para una genealogía». *Revista Anthropos. Huellas del Conocimiento* 221 (2008): 96–107.

Sheridan, Guillermo. *México en 1932: la polémica nacionalista*. México: Fondo de Cultura Económica, 1999.

Sisikind, Mariano. *Deseos cosmopolitas. Modernidad global y literatura mundial en América Latina*. Trad. Lilia Mosconi. Buenos Aires: Fondo de Cultura Económica, 2016.

Ugalde Quintana, Sergio. Éd. *Un amigo en tierras lejanas: correspondencia Alfonso Reyes/Werner Jaeger (1942–1958)*. México: El Colegio de México, 2009.

—. «Das Vermögen der Intellektuellen: Paul Valéry und Alfonso Reyes am *Internationalen Institut für geistige Zusammenarbeit*». *Paul Valéry: Für eine Epistemologie der Potentialität*. Éds Pablo Valdivia Orozco et Andrea Allerkamp. Heidelberg: Winter Universitätsverlag, 2017, 253–268.

—. «Alfonso Reyes lee a Nietzsche: cultura clásica y *ethos* agonista». *Nueva Revista de Filología Hispánica* 67 (2019): 131–153.

— et Ottmar Ette. Éds. *Políticas y estrategias de la crítica II. Ideología, historia y actores de los estudios literarios*. Frankfurt am Main, Madrid: Vervuert Iberoamericana. à paraître.

Valéry, Paul et Henri Focillon. «Introduction». *Correpondance 1. Pour une société des Esprits. Lettres de Hewnri Focillon, Salvador de Madariaga, Gilbert Murray, Miguel Ozorio de Almeida, Alfonso Reyes, Tsaï Yuan Peï*. Paris: Institut International de Coopération Intellectuelle, Societé des Nations, 1933.

Vasconcelos, José et al. «Informe de la comisión administradora del premio Nacional de Literatura, para el año de 1945», 1945. Archivo Histórico de la Capilla Alfonsina en la Ciudad de México, fol. AR-MAN-05450.

Tammy Lai-Ming Ho
Trans-cultural and trans-temporal translations

A new theory of world literature – a brief introduction

Abstract: This paper reads a group of contemporary poems in English and their precursor-poems, written in either Chinese or English, and charts the metamorphoses that occur between the two versions. The newer poems may follow the language patterns and ideas of the 'originals' but transpose and translate the earlier texts into different temporal, cultural, political and social contexts as a means of addressing contemporary concerns. Such multi-layered crossover translations, I argue, epitomize the notion of globalized literature and the ways in which form and content can be recycled across cultures, historical periods and languages. In this sense, the new works simultaneously draw attention to the cultural specificities of the 'originals' and engender new meanings in new target languages or cultures. The paper presents the possibility of considering trans-temporal and trans-cultural translation as one mode of reading, identifying, understanding and teaching World Literature. It also argues that texts that have undergone the treatment of trans-temporal and trans-cultural translation (such as Auden's "Landscape with the Fall of Icarus" and Li Bai's "Changgan Xin"), regardless of their original language, exhibit qualities that other texts that have been translated straightforwardly into different languages may lack and can be viewed as 'exemplary World Literature texts.'

Keywords: translation; Chinese literature; premodern Chinese poetry; adaptation theory; universalism; cross-cultural studies; World Literature

The 'classical' notion of World Literature, one that stems from Johann Wolfgang von Goethe, who first used the term in 1827, centres on legitimacy and is interested in how a literary text expresses "the universal possession of mankind" (qt. in Eckermann, 1827, 212). My argument is that there is no such thing as an easily defined shared humanity. Instead, literary texts can only speak for the specific cultures and contexts that lead to their creation. But the experience or event explored in these texts can be transferred and relocated to – translated into – different cultural and linguistic settings, articulating an experience or event that are specific to these divergent cultures. This article, then, aims to look at World Literature from a 'trans-cultural and trans-temporal translation' perspective. I argue that texts which have undergone this process tend to exhibit characteristics that other texts, straightforwardly translated into other languages, may lack. My research theorises trans-cultural and trans-temporal translation as one mode of reading, identifying, understanding, and teaching World Literature. I argue that texts that are subject to this process, regardless of their original language, can be considered to be 'exemplary' World Literature texts.[1]

The significance of translation across temporal and cultural axes first occurred to me when I was reading several adaptations or *updates* of the Tang poet Li Bai's "Changgan Xing" by several contemporary poets, whose reading of Li Bai's poem was largely filtered through Ezra Pound's version, "The River-Merchant's Wife: A Letter", in *Cathay* (1915). In the new poems, Li Bai's original, written from the perspective of a sixteen-year-old wife waiting for her husband's return, is restaged in contemporary times, against the backdrop of diverse cultural settings. I was also inspired by the English poet W. H. Auden's "Musée des Beaux Arts" (1940 [1938]), an ekphrastic poem in response to Pieter Bruegel the Elder's painting "Landscape with the Fall of Icarus" (1560), and the poem's transposition to the American poet Robert Masterson's "To the State Electric Worker" (2011), which is set in post-Mao China. I will be discussing these works more elaborately later on.

This process of trans-cultural trans-temporal translation is not only seen in shorter texts and narratives. There are examples of similar transpositions in other genres. Lu Xun's *The Diary of a Madman* (1918) reworks Nikolai Gogol's story of the same title (1835), while his *The True Story of Ah Q* (1922) is inspired by Miguel de Cervantes's *Don Quixote* (1605). Gao Xingjian's play *The Bus Stop* (1981) recalls Samuel Beckett's *Waiting for Godot* (1953). Dung Kai-cheung's *Atlas: An Archaeology of an Imaginary City* (2012) is modelled on Italo Calvino's *Invisible Cities* (1972) and Xue Yiwei's *Shenzheners* (2016) is a Chinese version of James Joyce's *Dubliners* (1914), to name some examples.

All the texts discussed in the project have a strong affiliation with Chinese literature, either because the source texts are written in Chinese (e.g. Li Bai's poem) or the new works, inspired by Western literature, are in Chinese (e.g. Gao's *The Bus Stop*, Dung's *Atlas: An Archaeology of an Imaginary City* and Xue's *Shenzheners*). The focus on Chinese draws attention to the role played by China (and Hong Kong and Taiwan) and Chinese texts in the field of World Literature.

With the publication of Pheng Cheah's *What is a World? Postcolonial Literature as World Literature* (2016) and more recently, *World Literature: Institution,*

---

[1] I have previously explored this topic in two articles, "Icaruses" (Ho 2014) and "Contemporary Faces of the River Merchant's Wife" (Ho 2017).

Recognition, Location (2020), edited by Flair Donglai Shi and Gareth Guanming Tan, the field, or topic, of World Literature continues to capture the imagination of students, readers, and scholars alike. The research I am proposing, which centres on translation and cross-cultural interpretations, will contribute an original theory to the field. The objectives of this project are 1) to propose an entirely new theoretical approach to consider World Literature through the lens of trans-cultural and trans-temporal translation, 2) to identify texts that can be considered 'exemplary' World Literature texts, looking at (and at times re-examining) creative works across centuries, national/cultural boundaries and genres, 3) to provide an interdisciplinary intersection between adaptation theories, literary criticism, translation, transcultural studies, comparative studies, cultural critique, and textual and intertextual analysis, and 4) to highlight the important role of China (and Hong Kong and Taiwan) and Chinese-language texts in the field of World Literature.

Case study (1): Li Bai

T. S. Eliot, in 1928, famously called Ezra Pound "the inventor of Chinese poetry for our time" (xvi) in his introduction to Pound's *New Selected Poems and Translations*. Eliot was referring to Pound's renditions of fourteen Chinese poems in *Cathay*. This remark, for some, may seem arrogant and orientalist, a term Edward Said would half a century later coin to critique the West's at times self-serving constructions of the East. That said, many consider *Cathay* to be responsible for first sparking an interest in classical Chinese poetry and also its translation in the West. Eliot Weinberger, for example, in his introduction to *The New Directions of Classical Chinese Poetry*, writes that "*Cathay* had set off a small landslide of Chinese poetry translation" (2003, xxii). In his article entitled "Tribunals of Erudition and Taste: or, Why Translations of Premodern Chinese Poetry Are Having a Moment Right Now," Lucas Klein, no doubt making a reference to Eliot's appraisal of Pound being "the inventor of Chinese poetry for our time", expands on this and writes that Pound's translations are 'inventions for Chinese translation" (2016).

The circumstances of the publication of *Cathay* have been recounted many times. Pound, who knew little Chinese, if any, wrote the English versions of selected poems by the renowned Tang poet Li Bai by consulting transcribed notes made by the late Ernest Fenollosa, who had in turn been helped by Japanese scholars. One of the poems from this slim collection that has received much attention is Pound's version of Li Bai's first poem in "Changgan Xing" (长干行), retitled as "The Merchant River's Wife: A Letter." Despite the availability of other more 'accurate' translations, Pound's work has played an important role in the popularisation of the poem in the West.

Although set centuries ago in a city in eastern China, Li Bai's poem expressing the love and longings of the faithful and determined wife of a travelling trader has continued to resonate in contemporary times. Adaptations of and homages to Li Bai's poem, filtered through Pound's interpretation, can be found in English-language texts set in diverse settings, attesting to the poem's cultural commensurability and Pound's lingering influence in introducing the Chinese poem to a wider readership. In the following, I will investigate three examples of such English-language adaptations.

The female poet Luca L.'s "Letter to Ru Yi, the River-Merchant's Wife" (2013) is a response poem written from the husband's perspective. As such, it reverses the gender roles in the Chinese source text and Pound's version, in which a male poet 'cross-dresses' as a woman by donning the voice of a yearning wife.

> *Letter to Ru Yi, the River-Merchant's Wife*
> by Luca L.
> > *A response to Ezra Pound's "The River-Merchant's Wife: A Letter,"*
> > *in turn based on the first of Li Po's "Two Letters from Chang-Kan"*
>
> In the evening the boats and people leave.
> The river stills. I see the moon in it
> and think of you – like you
> it keeps one face hidden.
> (When you read this you will protest this,
> that much I know of you.)
> We spent two summers together, one in indifference,
> the other approaching love. Even then
> you vanished in moments, becoming dark again;
> sometimes I flashed in anger at your elusiveness.
> When I left you, the insects were humming in the sorghum
> and you were squinting at me through dense bars of sun.
> That morning you tied a charm around my neck,
> wood-coloured and smelling of incense, your gaze
> as fixed and full as on our first playdate,
> the adults plotting the stars behind us. We could not
> see their map, so we focused on the flowers and plums,
> the things we could hold in our hands.
> Now I go upriver and you clean house.
> Sometimes I glimpse that starry map,
> and wonder how it looks
> from your place at the end of the river.
> The string around my neck broke yesterday;
> I've replaced it with a new one.
> I expect I shall be back by June,
> but you can never tell with these currents.
> (L. 2013)

L.'s poem is tender and gives the silenced husband in the original poem an opportunity to also express his love for his spouse. This is reminiscent of A. D. Hope's "His Coy Mistress to Mr Marvell" (1978), a cross-temporal response to Andrew Marvell's *carpe diem* poem "To His Coy Mistress" (1861). Hope's poem, narrated from the perspective of the 'coy mistress,' imagines the unnamed woman in Marvell's work to be sassy and able to see through nonsense. She is not so easily wooed and won over by a poet skilful with words. Hope, a male writer impersonating a female voice, provides an entertaining and feminist rebuttal to Marvell's classic poem.

The gender politics in L's poem is even more complex. Li Bai's poem may have been composed following "a tradition for early Chinese poets to write about the complaints or longings of traveling merchants' wives" (Tang 2012). This form of gender-crossing may also be interpreted as an example of the exclusion of women from educated social and political societies in pre-modern China. According to Paul F. Rouzer in *Articulated Ladies: Gender and the Male Community in Early Chinese Texts* (2001), the world of the male literati rarely admitted women, and even though some women did enter some texts, this was either through "male adoption of gendered behavior (writing *as* a woman in the process of writing *about* her)" (8) like in Li Bai's poem, or by learning to imitate male language and express male concerns. In L.'s poem, we see a female poet from the twenty-first century writing as a merchant addressing his wife and revealing his vulnerability – a reversal that, given the history of the representation of gender and desire in early Chinese texts, is particularly interesting.

While Luca L.'s poem is presumably set at the same time as Li Bai's original, in Alistair Noon's "The Expat's Partner: An Email" (2008) the Tang poem is updated to the contemporary world.

The Expat's Partner: An Email
by Alistair Noon

A hundred miles from swells and tides,
planks flotsam a building site.
Trees practise for spring with first buds,
though snow survives in dumper truck ruts.
Shadows of girders lattice the light.
The beaked pick at dark tufts.

At twenty we snogged in a low-lit squat bar,
cracked glass guitars and dirge vocals a serenade,
one-mark pilsner our aphrodisiac.
We came back for the next decade.

This year you flew to a contract with change,
to a shift no longer in sync with mine.
Jets sobbed above my head.
They banked into sunshine, my feet
almost floated from the ground.

> Across these months we've coordinated calls,
> your dawns my dusks,
> tapped out alphabets along deep-sea cables,
> like voices down halls,
> clinked no bottles on chafed sofas.
>
> Tell me the arrival time, the connecting flight,
> I'll wait with my hands on the trolley brake.
> (Noon 2008)

Noon's poem, subtitled "An email," is a conscious update of Pound's 'letter.' In this wonderfully poetic 'email,' a lover is writing to an absent partner, the 'expat' of the title – again, a reference to a more modern phenomenon: globalisation and the convenience of international travel.

In the first stanza, the persona appears to be describing a late-winter scene from a slightly ambiguous perspective. It is clear, however, that spring is anticipated: "Trees practise for spring with first buds, / though snow survives in dumper truck ruts. / Shadows of girders lattice the light. / The beaked pick at dark tufts" (Noon, lines 3–6). The reader later realises that these early lines also foreshadow the return of the partner – the poet uses the traditional trope of associating spring with returning love. While the trees practise for spring, is the persona also practising for the lover's homecoming?

In the second stanza, the persona recollects moments from their early relationship. We are shown nostalgic flashbacks of a bohemian romance, possibly in Germany: "At twenty we snogged in a low-lit squat bar, / cracked glass guitars and dirge vocals a serenade, / one-mark pilsner our aphrodisiac" (lines 7–9). This young love proves to have legs, however: "We came back for the next decade" (line 10). This line has a nice double meaning: the lovers are not only starting their second decade together, but have they also come back to the locale where their love germinated?

Soon, we see a fully mature relationship, and the formerly bohemian atmosphere has changed to a pragmatic one. The partner is about to become an expat by pursuing a career abroad: "This year you flew to a contract with change, / to a shift no longer in sync with mine" (lines 11–12). To the persona, this new arrangement does not seem to be an easy one. There is a sense of losing touch: "Jets sobbed above my head. / They banked into sunshine, / my feet almost floated from the ground" (lines 13–15). With the absence of the lover, the persona seems to suffer from not only uncertainty but also rootlessness. Or perhaps the speaker is being lifted towards the faraway lover, attracted by the magnetic pull of their affection.

Later, we are shown glimpses from this long-distance relationship, the routine of absence: "Across these months we've coordinated calls, / your dawns my dusks, / tapped out alphabets along deep-sea cables" (lines 16–18). But the communication of the separated is imperfect; they speak to each other "like voices down halls" (line 19). And there is of course the inevitable loneliness and longing. The couple have not shared any real moments of intimacy, have "clinked no bottles on chafed sofas" (line 20).

And yet in the final stanza, there is the possibility of the reunion that was foreshadowed in the opening lines. With the assurance, practicality, and unquestioning devotion of love, the persona finishes the email with the following: "Tell me the arrival time, the connecting flight, / I'll wait with my hands on the trolley brake" (lines 21–22). In Li Bai's poem, the wife agrees to meet her merchant husband two hundred miles from their hometown. The promise of the protagonist in Noon's poem to wait for the returning lover at the airport is less extravagant and speaks to the changed world where mechanical machines fly in the air – unimaginable in Li Bai's days. In both the Chinese original and Noon's adaptation there is confidence in the stability of the relationship and a promise taken for granted in this conclusion. But the reader is never certain whether these feelings are reciprocal or whether the lover will really return. An email, like a letter, remains one-sided unless answered. Is the persona actually making concrete plans to pick up his or her partner? Or are the final lines a plea for the lover's return?

Finally, for this section, I would like to look at a poem that responds to and updates "The Merchant River's Wife" in a more oblique way, even though traces of the source text are still recognizable.

Ghost Husband
by Renée M. Schell

Uncountable miles away your cells undergo
respiration in the air of a land I do not know.

Strange tones, alien vowels ring
in your ears like wood striking bronze.
New words permeate your dreams but I hear only
fragments like "garlic sauce" or "rice paper."
You inhabit another cityscape now: pagodas,
inscrutable black marks on neon signs. Roasted scorpion.
The music of its pretty women tapping their heels
along crowded sidewalks echoes just beyond my hearing.
Can they read in your face what I would read
were I not uncountable miles away?
Mornings I take your bottle of hot sauce, twist off the cap
and shake uncertain drops onto cooked eggs.
Pungent and sour, the scent rises.
I smell what you smell, taste what you taste.
Uncountable miles away you gaze upon a great
wall of stone and bricks, tamped earth and wood.

> I stare out the kitchen window.
> The neighbour's rickety fence blocks my view.
> One day soon you'll leave behind the spicy soup,
> spend some necessary time over the Pacific.
> Your atoms and molecules will reappear before my eyes,
> an apparition out of the western sky after
> our sun sets into the same Saturday morning
> you woke up to when my Friday eyes were closed
> in afternoon dreams uncountable miles away.
> (Schell 2014)

Renée M. Schell's poem, 'gender appropriate' this time, describes the separation of a couple in the present. The husband is away in an Asian city, which to the persona's mind is saturated with "strange tones" and "alien vowels" (Schell, line 3). We know the husband resides in Asia, as the poem provides these clues: "garlic sauce," "rice paper" (line 6), "pagodas" (line 7), "spicy soup" (line 21). The time difference – "our sun sets into the same Saturday morning / you woke up to when my Friday eyes were closed" (line 25–26) – also indicates that the persona lives in an American time zone, "over the Pacific" (line 21), contrasted with the one observed by the husband. "Uncountable miles away" (lines 1, 12, 17, 27), repeated four times in the poem, emphasises the immense distance between husband and wife. The distance is so great and so abstract that the wife uses the term "ghost" to modify her husband, as though he is now on an entirely different plane of existence.[2]

In Li Bai's poem, the wife can imagine only very little of the daily realities of her husband's temporary home – perhaps a suggestion of the restricted experiences of Chinese women at the time, whose lives were often limited to domestic matters. In Schell's poem, the wife tries to comprehend the foreign land currently hosting her husband – "a land I do not know" (line 2) – and she is able to make a number of conjectures regarding the differences in language ("strange tones, alien vowels" (line 3)), food ("Roasted scorpion" (line 8), "spicy soup" (line 2)), and cityscape ("pagodas" (line 7), "inscrutable black marks on neon signs" (line 8)). Added into Schell's poem is a pang of jealousy felt by the wife, expressed not so subtly in "The music of its pretty women tapping their heels" (line 9). Indeed, it is realistic for the waiting wife to wonder if her husband, now "uncountable miles away" (lines 1,12,17,27), might be attracted to those well-dressed and

---

[2] The use of the term "ghost" here may also be a play on words, as a common Cantonese slang for Caucasian foreigners is *gwai* (ghost). *Gwai* can also be used as an adjective. For example, a white man is called *gwai lo* (ghost man) and a white woman is called *gwai por* (ghost woman).

"pretty" women of the East. Instead of promising to meet her husband, as in Li Bai's poem and its updates discussed above, the persona in "Ghost Husband" imagines a reunion to happen only in "afternoon dreams" (line 27) – all in all, a more sober, less romanticised contemporary update on the vagaries of long-distance relationships.

Case study (2): Icarus

To talk about W. H. Auden's poem "Musée des Beaux Arts" (1940 [1938]) I have to first talk about photographs and their conventions, which are both familiar and foreign to us, with their alienated and uncanny appeal. They often seem very formal and stiff compared to the images of today, although it must be said that many of the pictures we take continue to fall into specific genres (the group shot, the goofy V-sign common in Asia, the mirrored-selfie). Perhaps most importantly, today's digital images lack the physicality of photographs of the past. In this sense, modern photography can be seen as a form of Aristotelian mimesis highly facilitated by technology, and the more often an image is reproduced, the more the 'aura' of its original suffers, to quote Walter Benjamin in "The Work of Art in the Age of Mechanical Reproduction" (1968). Indeed, for an image that is ultimately only bytes of information, one might wonder whether an original version can even be said to exist.

Of course, image-obsessed cultures existed even before the advent of photography, when the predominant manifestations of visual mimesis were paintings and sculptures. These two art forms have particularly engaged writers' imaginations, often leading or prompting them to respond to works of visual art in response poems, which then become new artworks in and of themselves. Such poems also offer critical readings and discussions of the original works. They shed light on our understanding of the original artworks and even on the objects or stories being portrayed, although this occurs from several removes. First, there is the real-life object itself, even if in the painting or sculpture this exists only as an imitation of an ideal version of the object; then there is the painting or the sculpture, a new object in itself, which is at a second remove; and finally, the poem is a third remove (and if we are reading a work in translation, that would be a fourth remove). This poetics of ekphrasis, that is, the reproduction of one art form through the medium of another art form, such as a painting, a photograph, or a poem of a sculpture, or, perhaps more commonly, a poem about a painting, is prevalent throughout the history of art and literature. Writers from Homer to more contemporary poets such as John Ashbery have employed the poetics of ekphrasis, their techniques reflecting the unique historical and sociocultural environments in which they wrote.

One of the most well-known examples of an ekphrastic poem is "Musée des Beaux Arts" by the Anglo-American poet W. H. Auden. Its title refers to the Museum of Fine Arts in Brussels, which Auden visited in 1938. The poem is inspired by a painting on a mythological theme he encountered at the gallery, *Landscape with the Fall of Icarus* (1560) by the Flemish Renaissance painter and printmaker Pieter Bruegel the Elder. The painting portrays, as the title suggests, the fall of the Greek mythological figure Icarus. According to the myth, Icarus and his father, Daedalus, also known as the inventor of the labyrinth, were imprisoned. To escape, Daedalus created two pairs of wings by gluing feathers to a wooden frame with wax. He gave one pair to his son, warning Icarus not to fly too close to the sun, as its heat would melt the wax that kept the wings intact. Icarus, however, elated by the ability to fly, forgot his father's warning and flew too near the sun. The wax melted, the feathers were loosened, and Icarus plunged to his death in the sea.

Bruegel's painting portrays the moment of Icarus's tragic fall in spring time, "a splash quite unnoticed," as William Carlos Williams has it in his eponymous poem "Landscape with the Fall of Icarus" (1962 [1960], 4), suggesting that the inanimate objects in the painting – the trees, the ships, the rocks – are indifferent and incapable of empathy. Worse, most of the human figures and animals turn away and do not seem to be aware of Icarus's tragic fate. The vast, glorious sea becomes the primeval womb that swallows Icarus, and everybody seems to be complicit in his death, as his final attempts to stay afloat prove futile. One might be reminded of the poem by the English poet Stevie Smith titled "Not Waving but Drowning" (1978 [1957], 303). Although the poem is not a direct reference to the myth of Icarus or Bruegel's painting, it similarly portrays a drowning man whose audience is oblivious to his fate. In the poem, the man's call for help is unfortunately not heard, and his gestures of distress are mistaken as light-hearted waving. Because the man "always loved larking" (Smith, line 5), in this crucial moment, he is not taken seriously. The bystanders are oblivious to the drowning man's plight, just as the human figures in Bruegel's painting fail, or refuse, to pay attention to Icarus's struggle for life. Some people have argued, however, that Bruegel's painting is more humorous than tragic in intention and tone, as Icarus's legs comically stick out of the water in it, suggesting mockery rather than sympathetic lament. It is as though Icarus is merely waving clownishly with his limbs rather than showing signs of drowning.

Whether Bruegel's portrayal of Icarus's fall is supposed to be read as tragic or comic is left to the viewer to decide, and it is this ambiguity that makes the work interesting and perhaps even adds to its enduring appeal. However, in Auden's poem "Musée des Beaux Arts," the scene in the painting is given a definite interpretation, an interpretation that is heavier and more serious. Indeed, the scene is used to consolidate Auden's condemnation of humanity's uncaring attitude toward the suffering of others. The first stanza, for example, describes scenes of "suffering" (Auden, line 1): "while someone else is eating or opening a window or just walking dully along" (line 4); that is, while someone else is doing the most mundane and mindless of daily activities. Auden's poem is thus first and foremost a reflection on the human condition and on our indifference, or as the Chinese saying has it, "One only sweeps the snow immediately in front of one's front door." But Auden's poem is also a part-commentary on and part-narration of Bruegel's painting, which Auden uses to support his argument. The rather vague "suffering" in the first stanza is concretised in the second stanza with the example of Icarus, whose suffering sparks no stirrings in the ploughman or the people in the "delicate ship" (line 19). Everybody remains calm and splendidly unmoved while a boy has just fallen out of the sky and is about to die.

The American poet Anne Sexton presents a very different take on the Icarus story in her poem "To a Friend Whose Work Has Come to Triumph" (2016 [1960]). Although she does not name Bruegel's painting explicitly, Sexton is likely to know of the painting and/or its description in Auden's poem. Indeed, she offers descriptions that gesture toward certain images in Bruegel's work: "There below are the trees, as awkward as camels; / and here are the shocked starlings pumping past" (Sexton, lines 5–6). Sexton's poem, however, instead of merely narrating the static scene recalled in the painting, also imagines what takes place *before* the fall, such as the wondrous moment when Icarus first feels the elation of flying or his pride while looking directly at the sun, almost claiming it as his own, even as his neck is burning. In Sexton's poem, Icarus's fall is not shameful or pitiable. Instead, Icarus is triumphant, defiant, and without regrets, even though his actions destine him to his own death.

Whereas both Auden's and Sexton's poems are clear homages to Bruegel's painting, a poet can also respond to an artwork more indirectly. My next example is "To the State Electrical Worker" (2011), a poem by the contemporary American poet Robert Masterson. In it, Masterson transforms the story and the setting of Bruegel's painting to a different location, a different time, and a different social, cultural, and political context.

To the State Electrical Worker
by Robert Masterson

…killed while working on a giant steel pylon supporting the massive power lines spanning the Wei He River north of Xi'an, Shaanxi Province, the People's Republic of China, in the fall of 1985

I still now as I did then wonder
what it must have looked like to you incandescent,
eyeballs ribboned with blue fire
and below you spreading all horizon,
the city slowly pulsed, hot and dusty for this late in the year,
everyone says so.

Who knows, who will ever know what caused your fatal spark,
the brilliant arc that clenched you tight, convulsed in one long spasm when
everything inside you jammed up with electricity rampant and when
you began to smolder, I wondered then as I still do now
if you even noticed you were on fire.
The river bridge was jammed both ways,
typical post-revolutionary rush hour
and a quarter of a million people stopped their bicycles
and put one leg on the pavement so they could safely stare up goggle-eyed
and open-mouthed at something different,
at a man two hundred feet in the air who twitched
and blackened and was never coming down.

The wrongness of this all is huge,
and still now as then I consider what it must seem
to you there among the wires thrumming harsh, the river silver
and thin along the wide sandy bottom,
just diesel smoke from idle engines like mist in a scroll painting
one thousand years old, this same river and this same city,
now hanging in a temple in
the mountains far to the west.
(Masterson 2011)

Masterson's "To the State Electrical Worker" is an evocative and powerful exploration of tragedy and our callous response to it. The poem recalls Auden's "Musée des Beaux Arts," but while Auden's work is about how people can be oblivious to events and suffering around them, Masterson's poem shows how the plight of others is often treated as little more than public spectacle.

As the title of Masterson's poem makes clear, the piece is dedicated to a particular but unnamed Chinese electrical worker, who is the contemporary Icarus, so to speak. The title flows into the prologue, and it is here that we learn about the worker's shocking death. Written in a factual style, the introduction informs us that the man was "killed while working on a giant steel pylon supporting the massive power lines spanning the Wei He River." Already, in this statement, we see the themes of the poem emerging. At first glance, the event described in the prologue, while both dramatic and tragic, would seem to be a relatively minor one in the history of China. Indeed, the use of phrases such as "giant steel pylon" and "massive power lines" effectively signal the insignificance of the individual when compared to the nation's industrial might.

Yet despite the modest background of the man, his electrocution has captured the attention of the poet and his persona. It is unclear whether the speaker in the poem was present at the scene or is simply re-creating an event he has read about. He nevertheless continues to obsess over the accident, the line "I still now as I did then wonder" (Masterson, line 1) – and its variations – suggesting a temporal distance between the worker's death and the writing of the poem. After the intervening time, he is still unable to come to a conclusion about what triggered the event and muses: "Who knows, who will ever know what caused your fatal spark" (line 7).

The speaker imagines "the brilliant arc that clenched you tight, convulsed in one long spasm when / everything inside you jammed up with electricity rampant and when / you began to smolder" (lines 8–10). Here, the poet starkly captures the physicality of the event, and it is easy to picture the worker's suffering. The speaker also wonders about the man's mental state, asking whether "you even noticed you were on fire" (line 11), an image that recalls Anne Sexton's Icarus, whose neck feels the fire. Whether or not the worker is fully aware of his situation, the speaker does present him as a kind of reverse witness to his own death, asking what it must have looked like while "you incandescent, / eyeballs ribboned with blue fire" (line 2–3), watched as the city "pulsed, hot and dusty" (line 5) below.

The city also looks up to watch the man. The river bridge below was "jammed both ways" in a "typical post-revolutionary rush hour" (lines 12–13), but the dying worker still proves enough of a spectacle for "a quarter of a million people" to stop their bicycles and "put one leg on the pavement so they could safely stare up goggle-eyed / and open-mouthed" (lines 14–16). In this description, the poet provides a sense that the crowd is formed of jaded and unfeeling bystanders who find diversion in a stranger's misfortune. In Masterson's poem, it is perhaps easy to overemphasise the cynicism of the crowd as there is little that any one individual can do to rescue the man. Is it worse to ignore a dying man you cannot help or watch his demise? In the use of phrases such as "goggle-eyed" and "open-mouthed" (lines 15–16), which are intended to convey the onlookers' rapt attention, the poet, whether consciously or not, also has the crowd empathetically mirror the worker's own physical state, his "eyeballs ribboned with blue fire" (line 3) and his twisting convulsions.

Still, for the commuters, the sight of a man "two hundred feet in the air who twitched" and "was never coming down" (lines 17–18) is little more than "something different" (line 16) to be experienced, a living (or maybe dying) piece of art. This takes us back to Auden's "Musée des Beaux Arts." In Auden's take on Bruegel's painting, everyone and "everything turns away / Quite leisurely from the disaster" (Auden, lines 14–15) of Icarus's falling from the sky. In Masterson's poem, however, everyone *watches* the disaster quite leisurely, and unlike in "Musée," in which we are not privy to Icarus's final thoughts, here we see the poet at least try to imagine the victim's experience.

The final stanza begins with a moral judgment and a comment on Modernity's readiness to sacrifice human life for technological progress: "The wrongness of this all is huge" (Masterson, line 19). Presumably the speaker is referring to the indifference of the crowd toward the electrical worker or perhaps the indifference of Chinese society generally toward individuals. But are the speaker and poet in "To the State Electrical Worker" also speaking about their own guilt in exploiting the event? Although they are sympathetic recorders of the accident, they too are in some sense using the worker's death. This is perhaps somewhat overstated, as there is an honest attempt in the poem to capture the electrical worker's final moments, moments that may have otherwise been lost to history.

As the stanza progresses, the speaker wonders "what it must seem / to you there among the wires thrumming harsh," as "the river silver / and thin" (lines 20–22) passed below. From this image, the speaker zooms out to imagine the worker's place in the vast history of the Wei He River and China, suggesting that the view is reminiscent of a scroll painting of the same location a thousand years ago, "now hanging in a temple" (line 25), except that the ancient mists have been replaced by "diesel smoke from idle engines" (line 23). In this final aestheticization of the event, Masterson offers an allusion to Auden's poem and reminds us of the work's complicated ekphrastic relationships – to the Icarus story via Bruegel, via Auden, reworked in a Chinese context, and to thousands of years of Chinese history seen through a scroll painting. Perhaps the poet is suggesting that "To the State Electrical Worker" is an attempt to capture the man's life in art? Or is he suggesting that this particular tragedy is insignificant when compared to the history of the city and river? Or is it something else? The poem leaves it up to the reader to decide.

In his introduction to Jacques Derrida's ideas on deconstruction and photography, the painter Gerhard Richter suggests that translation means that "something can be presented, interpreted, explained, and even understood *in terms of something else*" (2010, ix, original emphasis). Seen in this way, Masterson's poem can be called trans-cultural trans-temporal translation of Auden's poem, making the earlier work one of the exemplary World Literature texts that gain a new lease of life and cultural currency. Some narratives have the potential to be liberated from their origins and generate new texts that speak to other cultural and historical experiences – these texts attest to our ability to narrate stories, which is one of the defining characteristics of human beings, and also demonstrate that there are different ways to tell the same story, each unique to a specific temporal, cultural and linguistic setting.

References

Auden, W. H. "Musée des Beaux-Arts". *Another Time*. London: Faber and Faber, 1940, 47.
Benjamin, Walter. "The Work of Art in the Age of Mechanical Reproduction". *Illuminations*. New York: Schocken Books, 1968, 217–251.
Eliot, T. S. "Introduction". *Ezra Pound, Selected Poems*. London: Faber & Gwyer, 1928, vii–xxv.
Ho, Tammy Lai-Ming. "Icaruses". *World Literature Today* (4 September 2014). https://www.worldliteraturetoday.org/blog/cultural-cross-sections/icaruses (6 May 2020).
—. "Contemporary Faces of the River Merchant's Wife". *World Literature Today* (21 February 2017). https://www.worldliteraturetoday.org/blog/translation-tuesday/contemporary-faces-river-merchants-wife-tammy-lai-ming-ho (6 May 2020).
Klein, Lucas. "Tribunals of Erudition and Taste: or, Why Translations of Premodern Chinese Poetry Are Having a Moment Right Now". *Los Angeles Review of Books* (14 July 2016). https://lareviewofbooks.org/article/tribunals-of-erudition-and-taste-or-why-translations-of-premodern-chinese-poetry-are-having-a-moment-right-now/ (6 May 2020).
L., Luca. "Letter to Ru Yi, the River-Merchant's Wife". *Cha: An Asian Literary Journal* 22 (2013). https://www.asiancha.com/content/view/1558/417/ (6 April 2020).
Masterson, Robert. "To the State Electric Worker". *Cha: An Asian Literary Journal* 15 (2011). https://www.asiancha.com/content/view/936/310/ (6 April 2020).
Noon, Alistair. "The Expat Partner: An Email". *Cha: An Asian Literary Journal* 2 (2008). https://www.asiancha.com/content/view/77/75/ (6 April 2020).
Richter, Gerhard. "Between Translation and Invention: The Photograph in Deconstruction". *Jacques Derrida, Copy, Archive, Signature: A Conversation on Photography*. Ed. Gerhard Richter. Standford: Stanford University Press, 2010, ix–xxxviii.
Rouzer, Paul F. *Articulated Ladies: Gender and Male Community in Early Chinese Texts*. Cambridge, MA: Harvard University Press, 2011.
Schell, Renée M. "Ghost Husband". *Cha: An Asian Literary Journal* 23 (2014). https://www.asiancha.com/content/view/1650/110/ (6 April 2020).
Sexton, Anne. "To a Friend Whose Work Has Come to Triumph". *The Complete Poems*. New York: Open Road Media, 2016 [1960], 97.
Smith, Stevie. "Not Waving but Drowning". *Collected Poems*. Ed. James MacGibbon. London: Penguin, 1978 [1957], 303.
Tang, Jun. "Ezra Pound's The River Merchant's Wife: Representations of a Decontextualized 'Chineseness.'". *Meta: Translators' Journal* 56.3 (2012): 526–537.
Weinberger, Eliot. *The New Directions of Classical Chinese Poetry*. New York: New Directions, 2003.
Williams, William Carlos. "Landscape with the Fall of Icarus". *Pictures from Brueghel and other Poems: Collected Poems 1950–1962*. New York: New Directions, 1962 [1960], 4.

Emmanuel Droit
Writing a global history of 1989
Between a shock wave and a gap in time

Abstract: The year 1989 was unquestionably a global event. Writing a global history of 1989 is a challenge that requires reconciling spatial intercontinental distance and the capacity of actors to gain awareness of the "planetarity" (Spivak 2003) of historical processes. This article is a programmatic essay that attempts to grasp such transnational and global dynamics, such as the "Gorbachev factor" and the shared historical experience of a "breach in time" by undertaking a multi-sited analysis.[1]

Keywords: global, event, planetarity, experience, multi-sited

1 1989: a Leviathan of events

Both domestically in many states and internationally, 1989 was an *année évenementielle* a year filled with events of even greater number and scope than 1968 (see Brown 2012; Bantigny et al. 2017; Bantigny 2018) or 1973 (see Compagnon and Moine 2015). Under the combined effects of accumulating events immediately deemed "historic" and of the acceleration of historical time, affecting the everyday lives of millions of individuals, each season of 1989 came with its "carnival of revolutions" (Kenney 2003), ends of wars, and more or less peaceful political transitions in Eastern Europe, Latin America, Asia, and Africa.

The year 1989 saw the end of military dictatorships in Paraguay and Chile, the bloody crackdown on the student movement in China, the historic encounter between Mandela and Botha in South Africa, and the latter's resignation and replacement by Frederik de Klerk, the collapse of Communist states in Eastern Europe, the failed coup in Ethiopia, the Vietnamese popular army's withdrawal from Cambodia, the end of the Sandinista revolution in Nicaragua, the US invasion of Panama, Benin's abolition of Marxism-Leninism as an official ideology, George

---

[1] This chapter was translated from the original French by Jean-Yves Bart, with support from the Maison Interuniversitaire des Sciences de l'Homme d'Alsace (MISHA) and the Excellence Initiative of the University of Strasbourg.

Emmanuel Droit, Sciences Po Strasbourg

Bush and Mikhail Gorbachev's declaration that the Cold War was over at the end of of the Malta Summit: all of these events lent 1989 an exceptional density.

These "volcanoes of topicality" (Nora 1972, 164) erupted spectacularly across the entire world. Like the fall of the Berlin Wall and the Romanian revolution, these events were broadcast, manufactured, or anticipated by television cameras. The international events of 1989 continue to fascinate the media due to their groundbreaking power. Their succession and dissemination in a variety of places across the world are also intriguing for historians, since they involve innovation, breakdowns, and uncertainty. These events were also experienced with varying degrees of intensity depending on geographical location and country. While 1989 in the European context was obviously a key year and an experiential gap for Eastern Europe, this was far less so the case for Western Europe (see Mark and Rupprecht 2017, 224–249).

How are we, then, to give a global meaning (see Dakowska 2009, 3–4; Kenney and Horn 2004; Engel et al. 2014; Middell 2015, 171–184; Rupnik 2014) to this multitude of events rooted in international, national, or regional contexts? What methodological conditions and conceptual tools are needed for a global history of 1989?

This exploratory research programme I sketch in this article takes issue with the idea that "the year 1989 has ceased to be an object of reflection" (Grosser 2009, 9). First, it requires moving beyond the all-encompassing, Western universalist approach to 1989 developed by the first early philosophical and historical analyses. Further, having clarified the conditions needed for writing a global history, this reflection will explore two planetary dimensions of 1989 drawing on 'local' archives allowing us to grasp transnational dynamics: first, the shock wave sent by the "Gorbachev factor", which shattered a bipolar order that had already been challenged for some years, and second, the shared experience of a "gap in time" (Arendt 1961). In this chapter, I have chosen to draw on the GDR archives (East Germany) on the grounds that this Socialist regime works as a lens through which to observe globality, insofar as it was fully part of a variety of processes that took on an extended spatial scope.

2 1989 and the illusion of an all-encompassing Western universalist approach

In the wake of this "year when the world turned upside down" (Grosser 2009, 9), the West German weekly newspaper *Die Zeit* began the new decade with a piece entitled "Golden Nineties?". Hinting at some uncertainty, the question mark almost seemed to suggest rhetorical effect, since the writer was brimming with optimism and indeed confident of a serene, radiant future – at least for Europe: "In Europe, boundless optimism prevails" (*Die Zeit*, 1990). This perception was broadly shared by those Western thinkers who made the first attempts at interpreting 1989, in some cases at times when the year's "monster events" (Nora 1972) were still unfolding.

These Western-centric interpretations, written quickly between the spring of 1989 and the early months of 1990 by philosophers and sociologists, such as Francis Fukuyama and Ralf Dahrendorf, laid the bases for more or less optimistic (Mearsheimer 1990, 5–56)[2], more or less heroic narratives, which shared this idea of completion, finitude. These attempts to give a global meaning to history as it was happening reflect a perception of the geopolitical environment in the form of what German historian Martin Sabrow termed "experiential breaks".[3] These should be distinguished from the interpretative breaks introduced retrospectively by historians, which allow them to divide history into periods.

These experiential breaks should be put into perspective in a comparative history approach, as other surges of optimism or honeymoon periods emerged at various other times in the twentieth century (1918, 1945). By April 1989, Francis Fukuyama had already announced "the end of History" (1989, 3–18) in the sense that he saw 1989 as the fulfillment of the Western universalism that had appeared in 1789. A year later, in an open letter addressed to a Polish friend who worried about the post-revolutionary future, Dahrendorf wrote that the conditions were met for political and economic liberties to thrive in Europe (see Dahrendorf 2004). As they sought to subsume different events under a heroic dramatization of the triumph of the West and its values, these founding narratives (*Meistererzählungen* in German) fell prey to a universalist and teleological temptation. Above all, they expressed a universalist, all-encompassing vision of history, which in part resurfaced in 2009 during the celebrations on the occasion of the twentieth anniversary of the fall of the Berlin Wall. Polish poet and essayist Stanisław Baranczak even went already in the early 1990s so far as to turn 1989 into a 'quasi-metaphysical' event, calling it an *Annus Mirabilis:*

> a year of instant gratification for all the impossible dreamers and incorrigible believers in the final triumph of right over might [...] What had seemed totally out of the question for decades, could prove entirely feasible a minute later. And the wildly increasing speed of it all! In the history of mankind there had been, I guess, no comparable period of such dizzying acceleration of crucial changes (Barancz 1990, 5).

---

2 In the summer of 1990, political scientist John Mearsheimer wrote, with a tinge of concern, that 1989 marked the end of a "long peace" resting on a "military balance".
3 Sabrow (2013) proposed the concept of "experiential break" to refer to a break experienced as such by contemporaries as opposed to a break defined ex post by historians.

A critical history of the present time should approach these Hegelian or 'divine' theories as seismographs, as outliers reflecting Western-centric ways of rethinking a post-Cold War regime of historicity. The point of elaborating a global history of 1989 is not to unveil the operation of some rationality that would lead to the fulfilment of Western liberalism in the political and economic fields. In this sense, it must also reconsider and historicize the way in which political science research has used the transformation paradigm to explain the trajectories of European post-socialist countries (see Berend and Bugaric 2015, 768–785). At the same time, the Eastern European narrative on the 'return to Europe' (primarily seen as a return to the pre-Communist order of 1919) and the 'return of history' (Rupnik 1992, 53–60) should also be deconstructed, as Communist dictatorships never entirely froze, so to speak, the development of Eastern European societies or national sentiments.[4]

Beyond an awareness of a number of pitfalls, the writing of the global history of such an event-filled year requires a significant effort of epistemological clarification. Indeed, despite the success of the "global turn" label, this method for writing history has been struggling to clear up its goals and methods in the past few years (see Drayton and Motadel 2018, 1–21). What then are the theoretical and practical heuristic implications of such a global history?

3 1989 and the challenge of writing global history

Writing a global history of 1989 first entails adopting a rigorous epistemological position on what this historiographical practice means. Such clarification efforts have over the past few years largely been undertaken by French political scientists like Karoline Postel-Vinay (2014, 25–33) and German historians specializing in Asia such as Jürgen Osterhammel (2017, 89) or Sebastian Conrad (2017).

Applying global history to 1989[5] should not, therefore, lead us to attempt to write the story of everything: global history is neither a synthesis of syntheses nor a 'catch-all' concept to replace the practices of comparative history, the history of cultural transfers, connected history or *histoire croisée*...[6] Too often advertised,

---

4 Regarding the case of Poland, see Zaremba (2001).
5 For Angela Siebold's recent programmatic proposal, see Siebold (2019).
6 In this sense, I am clearly positioning myself against the approach presented by Chloé Maurel in her 2013 historiography paper on global history (see Maurel 2013, 13–19). Global History cannot be considered as a general label that embraces different kinds of approaches such as comparative history, transnational history...

but rarely actually applied, this approach must avoid two main methodological pitfalls.

The first pitfall consists in conflating global history and the history of globalisation by falling into the trap of what Sebastian Conrad calls "teleology of globalisation rhetoric" (Conrad 2017, 212): the global history of 1989 should not be reduced to the analysis of the mechanisms of integration and ever denser interdependence between polities, economies, and societies on a global scale. Examining issues related to the transformations of capitalism, the digital revolution, or the environment is not enough to trace the outlines of a global history of 1989.

The second pitfall is that of the retrospective approach frequently found in Western historiography. Despite the suddenness of the event, 1989 is rarely seen as the actualization of one possibility among others, but first and foremost as the end point of a politically illegitimate experiment tainted by economic failure, whose demise had been marked by a series of historical stages in Eastern Europe: June 17, 1953 in the GDR, 1956 in Poland and in Hungary, 1968 in Czechoslovakia, 1980 in Poland. Ultimately, the '1989' event is presented as the final milestone in a mechanic chain of causality, and each national crisis within the Eastern block is supposed to reflect the ever-growing political illegitimacy and manifest economic inefficiency of Communism (see Bispinck et al. 2004). This representation of historical temporality stifles critical thinking on the effects of the political continuity of Communism in regions outside Europe (e.g. in Cuba, Vietnam, China).

The very notion of a fundamental break deserves reexamination, and various efforts at critical reconsideration have emerged in Germany. German historians of the present have been careful to question the chronological markers that legitimate their sub-discipline (see Droit 2014, 167–181), and do so at regular intervals: after 1917, 1933, and 1945, 1989's turn has come.

Social historian such as Anselm Doering-Manteuffel and Lutz Raphael have suggested moving the cursor, and replacing 1989 with the early 1970s, which they view as a key juncture. They contend that structural economic changes have gradually transformed societies in decisive ways (see also Doering-Manteuffel and Raphael 2008). This social approach is currently being expanded upon at the Potsdam Centre for Contemporary History by a socio-cultural history project on the long transformation of the two Germanies, involving a team of German historians led by Kerstin Brückweh. Working in an international and political history approach, Frank Bösch, too, argues that 1989 should be replaced by another year, but proposes 1979 instead. He describes it as a global year, marked by the Shiite Revolution in Iran, the beginning of the war in Afghanistan, and the prominent coverage given to Vietnamese boat people, and thus as the "prehistory of the conditions of our present time" (Bösch 2019).

A global history of 1989 should be aware of these traps and combine distance and awareness. It should not be disconnected from the micro level; on the contrary, it can only be envisioned by investigating venues where large-scope interactions occur and actors embedded in distinct local configurations (see Bertrand and Calafat 2018, 1–18).

More precisely, the global history of 1989 should account both, for intercontinental spatial (political, economic, and cultural) distance, and for the capacity of actors to bridge that distance by developing an awareness of the "planetarity" (see Spivak 2003, 71–102) of an event, an idea, an actor or process (see Chartier 2001, 119–123). Since the nineteenth century, at least, thinking and acting globally is no longer the preserve of a minority of privileged cosmopolitan elites (Frank 2012, 47–70). Since the entry in the modernity, more and more men and women have broadened the scope of their thought and actions. This awareness may spark a need for imitation, rejection, or simply elicit passivity. Thinking and acting globally, therefore, entails overcoming the limitations of spatial distance and associating oneself with what is happening "over there". This experience should be understood in a multi-sited manner, following a synchronic approach to historical processes allowing to unveil their overlap and changes in local configurations.[7] This would require actually compiling corpuses of polyphonic sources consisting of historical materials from different parts of the world, and approaching them from a global perspective. Of course, this clearly raises very practical issues, not least of linguistic proficiency and access to archives, and points to the need of testing collaborative forms of writing.

Drawing on these theoretical premises, historians must evidence loci for the observation of this possible multi-sited global history of 1989. For the purpose of weaving together geographical distance and awareness, one possibility is to define an epicenter, i.e., a locus that is capable of producing a process of differentiated dissemination and reactions within a very short time span. This locus can, for instance, be embodied by a state, an institution, or a political actor embedded within a configuration of power. In the following, I suggest that zooming in on Mikhail Gorbachev (and his advisers, the CPSU's political bureau) may be one such relevant illustration of the rewards of a global history of 1989.

---

[7] On the overlapping of historical processes, see Gruzinski (2004).

4 The shock wave of the "Gorbachev factor"

By committing to ending the bipolar order and sacrificing the USSR's 'Empire', the international policy of Mikhail Gorbachev's team undeniably resonated globally. Certainly, the varying impacts of this 'Eastern wind' in Europe, Africa, and Latin America should be precisely assessed. Still, decisions made in this Soviet epicenter quickly required Western policy-makers to face the consequences of this fluid international situation and Communist regimes worldwide to consider the question of how they could stay in power. Under the effect of the shock wave of the "Gorbachev factor", they had to address the following question: Should they pick violence and repression to stay in power (the 'Chinese solution') or agree to a gradual, negotiated sharing of power (the 'Polish solution')?

4.1 A driver of global instability

On March 10, 1985, after the announcement of Constantin Chernenko's death, Mikhail Gorbachev walked in his dacha's garden alongside his wife Raisa. In his memoirs, he paints the picture of a political 'Big Bang' of sorts: "You see, I came here with the hope and belief that I could get something done, but so far there has been very little to show for it. If I really want things to change, I must accept the offer, if indeed there is one of course. We can't go on living like this" (Gorbatchev 1997, 218).

A few days later, he became the CPSU's First Secretary. This position of power within the state apparatus[8] was going to allow him to implement a new policy on the scale of both the exterior and interior Empire with support from the KGB. Given the growing interdependence of the "Socialist camp" since 1956 and ties that were therefore considered strong enough, Gorbachev believed that regenerating the Soviet model was going to breathe new life into the Communist bloc. Faced with the urgent need to fund his economic reforms, the new First Secretary was no longer in favor of a closed, hyper-militaristic regime. He had already asserted his commitment to international cooperation and to the construction of a "consensus of all mankind" (Gorbatchev 1988).

This loosening in the use of force to retain the external Empire (see Gorbatchev 1997, 584–590) was a driver of global instability, ultimately giving way to the peaceful dissolution of both the external and the internal Empire. This

---

[8] On Stalin, see Khlevniuk (2008). Concerning the older tradition of personal domination, see Zakibi (2006).

reorientation was quickly perceived by some Communist leaders as a threat. During a press conference at the Gorbachev–Castro summit of April 1989, a Chilean reporter asked what advice the "genius" Gorbachev could give to Cubans. Fidel Castro ironically retorted that "Mr. Gorbachev's genius precisely consists in not giving advice".[9]

The impending demise of the Brezhnev doctrine posed a dilemma for Communist leaders – what were they going to do? Follow in the path of their "Soviet big brother" or turn their backs? How would they react if their own society no longer toed the official line? Two main responses to the shock wave triggered by the "Gorbachev factor" emerged (Brown 1997): the 'Chinese solution' and the 'Polish solution'.

4.2 A range of possibilities, between the 'Chinese solution' and the 'Polish solution'

The phrase 'Chinese solution' was coined in the Fall of 1989 in East German opposition movements to refer to the potential use of force by the Communist Party's executive bodies. Signs during the first demonstrations read: "No Chinese solution for the GDR!" (Holm 2017). Indeed, the option picked by the leadership of the Chinese communist party to crush the student uprising of June 1989 had sparked worldwide outrage. Western media sources described it as a "bloodbath" (INA-Archives 1998) and a "night of terror", and similar outrage also prevailed in Eastern European civil societies. In the GDR and Poland, churches became venues for the expression of solidarity with Chinese students and protests.[10] Rallies were staged in front of the Chinese embassy and Air China's offices in East Berlin, and a band called *Herbst in Peking* (Autumn in Beijing) was formed.[11] In a note to Erich Honecker, sent from Beijing on 14 July 1989, Gunter Schabowski, a member of the political bureau, quoted Jiang Zemin's words to point out what he saw as the restraint displayed by the Communist Party of China: "Where in the world can one

---

9 *Stiftung Archiv der Parteien und Massenorganisationen der DDR im Bundesarchiv* (SAPMO-Barch), the original German reads: "Büro Erich Honecker, DY 30/2462, Beziehungen zu Cuba, Vermerk über das Gespräch Honecker/Jorge Risquet, Mitglied des Politbüros und Sekretär des ZK der KP Kubas, 17.04.1989" (English translation: "Office Erich Honecker, DY 30/2462, Relations to Cuba, Note on the conversation Honecker/Jorge Risquet, Member of the Politburo and Secretary of the Central Committee of the Communist Party of Cuba, 17 April 1989").

10 Archive of the Robert-Havemann-Society, Protest letter against the brutal proceeding of the Chinese Government in Peking, 5 June 1989.

11 Bundesbeauftragte für die Unterlagen der Staatssicherheit der ehemaligen DDR (BStU), Zentralarchiv (ZA), Hauptabteilung II, 26979.

find examples of the main political square being occupied for such a long time by antagonistic forces?"[12]

The 'Chinese solution' was the outcome of an unequal balance of power within the political bureau, which made the crackdown a possible political response to protesters' demands for reform. This was a rational option picked by the bureau's majority branch, led by Deng Xiaoping, and opposed to the Party's General Secretary Zhao Ziyang. It was seen as a way to continue combining economic openness and ideological strictness, as Zhao Ziyang explained to Erich Honecker during an official meeting in East Berlin on June 8, 1987: "We should take care to both continue the policy of reforms and the opening to the outside and to take into consideration influences from the outside… We do not think autarky is a good method to protect citizens from foreign influences."[13] This kind of solution was monitored closely by East German and Romanian leaders, who initially took the political risk of officially supporting the Chinese leaders, even if it meant damaging their image internationally, insofar as Westerners viewed this support as surprising and immoral. In the GDR itself, fears surfaced about a possible implementation of the 'Chinese solution'.

Ultimately, the excessive use of force and the international outcry sparked by the Chinese repression put popular democracies in an increasingly defensive position, narrowing their range of responses to the collective protests of the fall of 1989 (Schäfer 2012, 153–172). This turn towards discipline, linked to Tiananmen, was also perceptible in Gorbachev's methods of action. Having endorsed the use of force in Georgia in the winter of 1989, he then showed himself more reluctant to do it again to prevent the USSR's disintegration process (Jian 2009, 96–131). Also, the introduction of economic sanctions against China, especially by the Federal Republic of Germany, served as a reminder that the use of force was not worthwhile in the short run in terms of international image.

The complete opposite of the 'Chinese solution', the 'Polish solution' refers to a peacefully negotiated process of transition from dictatorship to democracy. Until the fall of 1989, most Western observers (including West German experts like Elisabeth Weber) were surprised to see that the transition away from State com-

---

12 SAPMO-Barch, DY 30/2437, Office Honecker, Relations with China "Blitznotiz" by Gunter Schabowski to Honecker (he is in China), July 14, 1989, 165.
13 SAPMO-Barch, DY 30/2437, Stenographic Transcription of the official conversations of the Secretary General of the Central Committee of the SED and the Chairman of the State council (Vorsitzender des Staatsrates) of the GDR with the Secretary General of the Central Committee of the Communist Party of China and the Ministerial President of the State Council of the People's Republic of China (Ministerpräsidenten des Staatsrates der VR China), Zhao Ziyang, June 8, 1987, in Berlin, 17.

munism that had begun with the round table of February 1989 was happening without violence. Even the skilled practitioner of Détente, Gunter Haus, the West Germany's permanent representative in the GDR, believed that the peaceful dissolution of the Eastern Bloc was a utopian prospect, if not risky and impossible to implement (Borodzej 2009, 278–303).

Since its inception in 1944, the history of Communist Poland had been marked by episodes of violence, combining protests against the State and workers' revolts (1956, 1970, 1976, 1980/1981). Even though the Polish political authorities never entirely discarded the option of force, the choice of a gradual transition away from dictatorship without a revolution allowed Poland to experience a peaceful process. In a meeting with Honecker on May 22, 1989 in East Berlin, Jaruzelski stressed that "the Party has made a profound analysis of the situation and found that it will not be able to solve emerging and outstanding problems with the old methods... In the past, in the years 1956, 1970, 1980, changes had been brought about through coercion by large-scale social shocks".[14] The Polish head of state concluded by drawing a parallel with 1918 and the peace of Brest-Litovsk: to save Communism, one must compromise and accept the rule of political pluralism.

The "Gorbachev factor" was primarily geopolitical in nature: the USSR no longer intended to resort to Brezhnev's doctrine of limited sovereignty. To save the internal empire and implement its reforms, the Soviet leader gave up on intervening within his protective glacis, thus triggering a "carnival of revolutions", which, except in Romania, was essentially a peaceful process: being incapable of bringing their social and economic project to fruition, the Communist elites ended up surrendering power without offering much resistance, including in countries that were less open to reformism, like the GDR and Czechoslovakia. As the last president of the Hungarian socialist party, Karel Grosz, noted in 1991: "Parties were not overthrown by opposition forces but – paradoxically – by their own executives". This view has since been supported by the fine-grained historical analysis of US historian Stephen Kotkin, who denounced the "utopia of civil society theory" (2009, 7). Kotkin argued that revolutions were spurred by unstructured mass movements, not civil societies, for the simple reason that there were no civil societies yet at the time.

While the "Gorbachev factor" had a very strong impact in the European countries that formed the USSR's 'protective glacis', the African continent was not out of reach for this shock wave. Although the transcontinental and global history of 1989 extends to all continents with a different intensity, the African continent offers a particularly productive case. How does Africa fit within a global history of 1989?

---

14 SAPMO-Barch, DY 30/2479, Volume 4: 1984–1989, 355 and 364.

4.3 A ripple effect on the African continent

In the late 1970s, Western experts became increasingly concerned about the inexorable progression of Soviet influence on the African continent. The direct or indirect (through the commitment of Cuban forces) military support, and the economic and technological aid granted to Benin, Ethiopia, Libya, Angola, and Mozambique were presented in Moscow as evidence of a shift in the international balance of power and a prelude to the worldwide victory of socialism. On February 2, 1989, during a conversation with Volonia Teitelboim, a member of the secretariat of the Chilean communist party's central committee, Erich Honecker pointed out that the military support offered by Cuban troops against the South African army had allowed to stabilize Angola, Mozambique, and to further the independence of Namibia.[15]

In Africa, as in Central and Eastern Europe, the "Gorbachev factor" led to a disengagement of Soviet power and to a political and geopolitical reconfiguration. However, the influence of the "Eastern wind" should not be overstated, as the democratic surge in Africa (in Algeria, Tunisia, South Africa, Burkina Faso) certainly had a greater impact than the "carnival of revolutions" in the East. In 1989, Benin, which had been ruled by an iron fist by Mathieu Kérékou, was in the throes of a serious financial crisis, triggering a mobilization across sectors backed by the Catholic Church (students, teachers, hospital staff in Porto Novo, sugar industry workers, lawyers, taxi drivers, etc.). Shaken by the images of Ceausescu's fall in Romania, but also, and especially, by the 1988 Algerian riots, on December 26, 1989, Kérékou took the initiative of ending single party rule. Over the course of this process, he dropped Marxism-Leninism and convening a national conference bringing together the nation's main forces, which paved the way for an exemplary transition towards democracy (Vittin 1991, 93–116; Banégas 2003).

At the same time, the USSR played a key role in the negotiations that led to the end of civil wars in Angola, Mozambique, and Namibia. Moscow observed the process leading to the transition from Apartheid with keen interest. By gradually ending the Cold War, Gorbachev indirectly forced South Africa to redefine its international position and therefore to seek a way out of its isolation:[16] President

---

15 SAPMO-Barch, DY 30/2435, Relation to Chile, Information for the Politburo of the Central Committee / Note on a conversation Honecker/Volonia Teitelboim, Member of the Political Commission and the Secretariat of the Central Committee of the Communist Party of Chile on February 2, 1989, 131.
16 Anti-Apartheid Movement, "Apartheid Economy in Crisis", *Report to the Annual General Meeting*, November 1989, 5. https://www.aamarchives.org/archive/reports/ar28-report-to-the-agm-oct-1988-oct-1989.html

Botha, who had met with Mandela in the summer of 1989 to discuss the liberation of political prisoners, (see Mandela 1994, 479) was replaced in August by a man who was just as conservative, yet more of a pragmatist – Frederik de Klerk. By then, anti-Communism was no longer the cement of the Western bloc, and since 1988, an international public opinion had rallied around Anglican pastor Trevor Huddleston's *Freedom at 70* initiative. South Africa was thus indirectly impacted by the "Gorbachev factor", as it witnessed the emergence of a political leader who organized the political transition process. In October 1989, de Klerk freed some political prisoners from the ANC. He went on to announce the end of Apartheid in his famous February 2, 1990 speech, heralding a new era, and claiming that 1989 would "go down in history as the year in which Stalinist Communism expired"[17].

5 The shared experience of a "gap in time"

The year 1989 was not only a geopolitical shock whose multiple epicenters included the USSR. It was also a time when millions of individuals went through the historical experience of a "gap in time" (Arendt 1961), meaning the disarticulation between the space of experience and the horizon of expectation. This breach in historical time is characterized by the emergence of a disrupted temporality: both past and present are passed and give way to the unknown, to an uncertain future. In theater, this is called the experience of "dénouement" (Ruffel 2005), understood not as the end of history but as a time of transition and uncertainty.

A global history of 1989 should aim at inventorying and analyzing these temporal experiences lived by the actors: How did 1989 produce (or failed to do so) breaches in the space-time continuum in various places?

5.1 A breach in historical time

In his February 1989 conversation with Volonia Teitelboim, Erich Honecker painted a very positive picture of the state of international relations: "Ultimately, one can see that the world has followed a path allowing us to avoid nuclear cataclysm and that regional conflicts have been contained. On an international level,

---

[17] Address by the State President De Klerk at the opening of the 2nd session of the 9th Parliament of the Republic of South Africa, 2 February 1990.

there has been a shift from confrontation to cooperation between different social systems".[18]

The "Gorbachev factor" contributed to the violent disruption of the Socialist temporality that had been in place in many countries for decades and to the acceleration of time. Within the Eastern bloc, over the course of 1989, multiple temporalities emerged, reflecting what Ernst Bloch termed "non-simultaneity" (1935, 82). This concept refers to the shattering or disarticulation of a society's historical continuum (the dominant historical time), resulting in the coexistence of temporalities. This sense of temporal disorientation was not an unprecedented phenomenon. It had already been perceptible at the European level at two historical junctures – the French Revolution and the interwar period – and described by authors such as Chateaubriand and Zweig.

Thus, a plural approach to time allows us to identify "temporal shifts", just as Jacques Revel identified what he called "scale shifts". These temporal shifts reflect a variety of modalities of action on time: stalling, delaying, adjourning, deferring, having people wait or hurry, precipitating, preempting, blindsiding, taking by surprise, taking action, etc. The ways in which historical actors accelerate or stall materialize in practices that they view as suited to the context and the situation. In other words, the actors, in politics and beyond, are not present in the same way in history in the making: "Not all people exist in the same Now. They only do so externally, through the fact that they can be seen today. But they are thereby not yet living at the same time with the others" (Bloch 1991 [1935], 97). Thus, a global history of 1989 should examine divergences among policy-makers regarding their relationships to historical time. Where some actors, beginning with Gorbachev, helped make historical time more fluid by supporting international convergence and co-operation processes between two antagonistic but increasingly interdependent civilizational systems, other leaders continued for months to conceive of their present within a bipolar international order. In April 1989, during a meeting with Honecker, Jorge Risquet, a member of the Cuban communist party's political bureau, lambasted US Secretary of State James Baker over a press agency dispatch that claimed he had "demanded the USSR bring down the Berlin Wall, abolish the Brezhnev doctrine, and suspend Cuban aid to Nicaragua".[19] Honecker responded

---

[18] SAPMO-Barch, DY 30/2435, Relation to Chile, Information for the Politburo of the Central Committee/Note on a conversation Honecker/Volonia Teitelboim, Member of the Political Commission and the Secretariat of the Central Committee of the Communist Party of Chile on February 2, 1989, 131.

[19] SAPMO-Barch, DY 30/2462, Relations to Cuba, Note on the conversation Honecker/Jorge Risquet, Member of the Politburo and Secretary of the Centralcommittee of the Communist Party of Cuba, 17 April 1989, 439.

with irony: "Baker is demanding a lot at once".[20] Some statesmen, including the East German leader and Castro, were incapable of looking at the present as something other than a stable time. They gradually dug themselves in deeper, denying the acceleration of time, stuck in their political myopia. In this "fluid conjuncture" (Dobry 1992), citizens began to take to the streets in dozens of thousands, rejecting official discourses that had become inaudible. Paradigmatic illustrations of this clash of temporalities were provided by sights such as Erich Honecker being visibly annoyed by East German youth chanting "Gorbi! Gorbi" as they marched down Unter den Linden on October 9,1989 or Nicolae Ceausescu booed by a Bucharest crowd on December 21, 1989.[21]

This simultaneity of non-simultaneities led to an increasingly widening gap between reformists and conservatives. This "breach in time" proved impossible to bridge for a number of political actors, who appeared to fall behind the times more and more, like Erich Honecker. As Bloch put it, "We will not therefore already try to seek any older sort where there is merely a backward one. Which is admittedly badly disposed to the today, but belongs to it" (1991 [1935], 104). Tracking these gaps, these divergences between the Soviet, Chinese, East German, Hungarian, and Polish positions raises a key question for the writing of global history – that of the "simultaneity of the non-simultaneous", or non-simultaneity.

5.2 "The simultaneity of the non-simultaneous" (Bloch)

The year 1989 can be analyzed as a clash of both representations and temporalities: the actors were no longer present in the same way in history in the making (see Droit 2019). There wasn't a single linear temporal level, but a mesh of relationships to different historical times. Gorbachev, Jaruzelski, Kérékou, Castro, or Honecker "did not exist in the same Now", Bloch (1991 [1935], 97) put it. The Cuban and East German leaders lived in a present characterized by a strictly bipolar order the "international class confrontation between socialism and imperialism".[22] Within that framework, "the enemy" would resort to all kinds of strategies – such as the instrumentalization of Perestroika – to destabilize if not destroy the unity of the socialist camp, hence the call for socialist co-operation and solidarity.

---

20 SAPMO-Barch, DY 30/2462, Relations to Cuba, Note on the conversation Honecker/Jorge Risquet, Member of the Politburo and Secretary of the Centralcommittee of the Communist Party of Cuba, 17 April 1989, 439.
21 INA Archives, TV news hosted by Guillaume Durand, La Cinq, December 21,1989.
22 BStU, MfS, ZAIG 5461, 36.

Mikhail Gorbachev's present, shared by the reformers in Hungary and Poland, was quite different: it was an open, multipolar world, in the process of a peaceful transition towards a politically democratic society. By 1989, the Communists no longer shared the same worldview on the present. This discordance, amplified by Gorbachev's withdrawal policy, was not necessarily internalized by Eastern European dissidents and Western leaders. In the afternoon of November 9, 1989, the West German chancellor met with Lech Wałesa and Bronislaw Geremek in Warsaw. They discussed the situation in the DDR: Walesa feared that the situation would develop "out of control" (BMI et al. 1988, 492–496) and believed that the East German authorities were going to mobilize the army to end the protests. He anticipated an outbreak of violence, with the 1981 Polish precedent in mind. At the very same time, on Moscow's Staraya Square, a short walk from the Kremlin, the CPSU's Politburo was convening. The order of the day was not the external Soviet Empire, but the fate of the USSR itself: to what extent should military force be used to preserve its territorial integrity? Ultimately, Gorbachev turned down the military option, instead calling for the formation of "a pan-Union consciousness" drawing on "mass media" support (Blanton et al. 2010, 578).[23]

In 1989, then, for a number of actors, time was quite literally broken: the guiding thread of stability and continuity – tradition, one might say – had been cut. Once state Communism collapsed in the East, the past no longer illuminated the future, and the mind of men wandered in obscurity, to paraphrase Tocqueville. Frédéric Bozo's work on François Mitterrand clearly showed that the French president feared this fluid geopolitical conjuncture would bring a "return to 1913" (Bozo 2005, 228–230). At the same time, such fears were shared by some American political scientists. In 1990, for instance, John Mearsheimer (1990, 52) argued that the end of the Cold War could increase the threat of a return of wars and major crises in Europe.

Pursuing the hypothesis of a global breach in time requires the production of multi-sited empirical studies. For a number of political actors in power, these fluid conjunctures had very practical effects on how they handled political crises, and on whether they committed or not to diplomatic processes like German reunification. Exploring these temporal questions is admittedly a difficult task (as it involves retracing these experiences of time in archives), but an innovative and necessary means of updating approaches to 1989.

---

[23] Session of the CC CPSU Politburo, November 9, 1989, transcribed in Savranskaya et al. (2010, 578).

6 Rethinking 1989: the challenge of a critical, decentered history

By 2009, as the twentieth anniversary of the fall of the Berlin Wall was celebrated, five years after the European Union was enlarged to former Eastern bloc countries, the year 1989 had been proclaimed a foundational element in the memory of the post-bipolar order, and canonized by numerous political actors and experts. Political commemorations, especially in Germany, constructed a heroic narrative, emphasizing the role of Eastern European civil societies and celebrating the victory of freedom over Soviet communism.

As in all political discourses on historical memory (Lagrou 2013, 101–119), this take on 1989 necessarily contained a kernel of truth. At the same time, it was attacked for political purposes by such "memory entrepreneurs" as the head of the PIS in Poland, Lech Kaczyński, or the leaders of the AfD in Germany, who took on this "Bastille of memory" to denounce what they perceived as flaws in the post-Communist transition, considered too soft or hijacked by West German elites (see Heurtaux and Pellen 2009).

This short-term memory of 1989 and its instrumentalization require historians to reconsider this historical object. Rethinking it in a global perspective should allow us to unveil the considerable potential of historiographical innovation inherent in this written form of history. Mindful of the intermingling of spatial and phenomenological dimensions, and of the differences in processes of dissemination and diffraction, this approach yields critical insights into this 'global event' while deconstructing the political uses of the memory of this "year without equal" (Grosser 2009, 14).

Historicizing 1989 as a global history requires a twofold research effort. On the one hand, unprecedented empirical studies must be undertaken, drawing on European, Arab, African, Latin American, and Asian archives. A new generation of global historians will have to go beyond rhetoric postures denouncing Eurocentrism and produce new studies implementing decentered approaches and accounting for the plurality of experiences. On the other hand, global history, while it does aim at "provincializing Europe", in no way means rejecting European conceptual tools (Stanziani 2018). The first order of work is to examine how it is possibly to breathe new life into the analysis of 1989 from the margins and peripheries of the Western world. Different spatial and temporal scale shifts should be considered jointly: what happens globally can be understood from a local vantage point, in specific configurations, places of transit, interactions, and conflicts.

In effect, the shock wave of the "Gorbachev factor" was felt all around the world, and these forms of concomitance and regional discontinuities should be addressed. On a micro level, 1989 was a considerable collective and individual shock. This breach in everyday lives often came with the experience of disorientation, of a profound loss of socio-professional identity and democratic disenchantment. At the same time, we need to consider of the experience of 1989 in the margins and peripheries had gradually transformed Western Europe and the West as a whole. In that sense, the conceptual tool of "co-transformation" suggested by Philip Ther (2014, 279–305) in his history of neo-liberal Europe should be discussed and operationalized to measure its analytical benefits.

Another means of reconsidering the global dimensions of 1989 would be to take into account also the nostalgia produced in the West since the end of the Cold War. To some thinkers and international relations experts, the bipolar order, despite the balance of terror, was a period of global stability. Its demise has given way to an uncertain, changing international environment – between the rise of China, the resurgence of Russia, and the withdrawal of the US – which has in turn sparked nostalgia of the previous era.

Overall, 1989, as a possible prehistory of the conditions of our present, has again become a key object of reflection for the history of our immediate contemporary times.

References

Anti-Apartheid Movement. "Apartheid Economy in Crisis". *Report to the Annual General Meeting*. (5 November 1989). https://www.aamarchives.org/archive/reports/ar28-report-to-the-agm-oct-1988-oct-1989.html (last access 07 June 2020).

Arendt, Hannah. *Between Past and Future*. New York: The Viking Press, 1961.

Banégas, Richard. *La Démocratie à pas de caméléon. Transition et imaginaires politiques au Bénin*. Paris: Karthala, 2003.

Bantigny, Ludivine, Boris Gobille, and Eugénia Palieraki. "Les 'années 1968': circulations révolutionnaires". *Monde(s)* 11 (2017).

—. *1968. De grands soirs en petits matins*. Paris: Seuil, 2018.

Barancz, Stanisław. "Annus Mirabilis". *Salmagundi* 85/86 (1990): 5–11.

Berend, Ivan T. and Bojan Bugaric. "Unfinished Europe: Transition from Communism to Democracy in Central and Eastern Europe". *Journal of Contemporary History* 50.4 (2015): 768–785.

Bertrand, Romain and Guillaume Calafat. "La micro-histoire globale: affaire(s) à suivre". *Annales: Histoire, Sciences Sociales* 73.1 (2018): 1–18.

Bispinck, Henrik, Jürgen Danyel, Hans H. Hertle, and Hermann Wentker. Eds. *Aufstände im Ostblock: Zur Krisengeschichte des realen Sozialismus*. Berlin: Links Verlag, 2004.

Bloch, Ernst. *Heritage of our Times*. Berkeley, Los Angeles: University of California Press, 1991 [1935].

Bösch, Frank. *Zeitenwende 1979. Als die Welt von heute begann*. Munich: Beck Verlag, 2019.

Borodzej, Wlodzimierz. "Vom Warschauer Aufstand zum Runden Tisch. Politik und Gewalt in Polen 1944–1989". *1989 und die Rolle der Gewalt*. Ed. Martin Sabrow. Göttingen: Wallstein, 2012, 278–303.

Bozo, Frédéric. *La fin de la guerre froide et l'unification allemande. De Yalta à Maastricht*. Paris: Odile Jacob, 2005.

Brown, Archie. *The Gorbachev Factor*. Oxford: Oxford University Press, 1997.

Brown, Timothy S. "1968. Transnational and Global Perspectives". *Docupedia-Zeitgeschichte* (11 June 2012). http://docupedia.de/zg/1968?oldid=132775 (last access 26 March 2020).

—. Ministry for State Security (MfS), ZAIG 5461, 36.

Bundesministerium des Innern unter Mitwirkung des Bundesarchivs. Ed. *Deutsche Einheit. Sonderedition aus den Akten des Bundeskanzleramtes 1989/90*, 492–496. Munich: Oldenbourg, 1998, 492–496.

Chartier, Roger. "La conscience de la globalité". *Annales: Histoire, Sciences Sociales* 56.1 (2001): 119–123.

Compagnon, Olivier and Caroline Moine. "Chili 1973, un événement mondial". *Monde(s)* 8 (2015).

Conrad, Sebastian. *What is Global History?* Oxford: Princeton University Press, 2017.

Dahlmann, Ulf, Lydia Röder, and Ilse Wernitz. "Protestschreiben an die Botschaft der Volksrepublik China". (4 June 1989). *Archiv der Robert-Havemann-Gesellschaft*. https://www.havemann-gesellschaft.de/04061989-protestschreiben-an-die-botschaft-der-volksrepublik-china/ (26 March 2020).

Dahrendorf, Ralf. *Reflections on the Revolution in Europe*. London: Routledge, 2004.

Doering-Manteuffel, Anselm and Lutz Raphael. Eds. *Nach dem Boom. Perspektiven auf die Zeitgeschichte seit 1970*. Göttingen: Vandenhoeck & Ruprecht, 2008.

Dakowska, Dorota. "1989". *The Dictionary of Transnational History*. Eds Akira Iriye and Pierre-Yves Saunier. London: Palgrave Macmillan, 2009, 3–4.

Drayton, Richard and David Motadel. "Discussion: The Future of Global History". *Journal of Global History* 13.1 (2018): 1–21.

Droit, Emmanuel. "Les césures du temps présent. Approche comparée franco-allemande". *Atala* 17 (2014): 167–181.

—. *Les polices politiques du Bloc de l'Est. À la recherche de l'Internationale tchékiste 1955–1989*. Paris: Gallimard, 2019.

Engel, Ulf, Frank Hadler, and Matthias Middell. Eds. *1989 in a global perspective*. Leipzig: Leipziger Universitätsverlag, 2014.

Federal Commissioner for the Records of the State Security Service of the former German Democratic Republic [Der Bundesbeauftragte für die Unterlagen des Staatssicherheitsdienstes der ehemaligen DDR, BStU], Zentralarchiv (ZA), Hauptabteilung II, 26979.

Foundation Archives of the Political Parties and Mass Organisations of the GDR in the Federal Archives [Stiftung Archiv der Parteien und Massenorganisationen der DDR im Bundesarchiv], SAPMO-Barch. DY 30/2479. Vol. 4: 1984–1989, 355–364.

—. DY 30/2462, 439.

—. DY 30/2437, Stenograph Record of the official meeting between the General Secretary of the Central Committee of the SED and President of the State Council of the GDR and the General Secretary of the Central Committee of the Chinese Communist Party and President of the State Council of the People's Republic of China, Zhao Ziyang, 8 June 1987, in Berlin, 17.

—. DY 30/2435, Relationships to Chile, Information for the Political Bureau of the Central Comittee / Comment about a discussion between Honecker and Volonia Teitelboim, Member of the Political Commission and of the Secretariat of the Central Committee of the Chilean Communist Party, 2.2.1989, 131.

—. DY 30/2437, Bureau Honecker, Relationships to China, Short notice written by Gunter Schabowski to Honecker (he was in China at that time), 14 April 1989, 165.

—. DY 30/2462, Bureau Erich Honecker, Relationships to China, Notice about a discussion between Honecker and Jorge Risquet, Member of the Political Bureau and of the Secretariat of the Central Committee of the Cuban Communist Party, 17 April 1989.

Frank, Robert. "Émotions mondiales, internationales et transnationales 1822–1932". *Monde(s)* 1 (2012): 47–70.

Fukuyama, Francis J. "The End of History". *The National Interest* 16 (1989): 3–18.

Garton Ash, Timothy. "Revolution in Hungary and Poland". *The New York Review of Books* (17 August 1989). https://www.nybooks.com/articles/1989/08/17/revolution-in-hungary-and-poland/ (26 March 2020).

"Goldene Neunziger?". *Die Zeit* (5 January 1990). https://www.zeit.de/1990/02/goldene-neunziger (26 March 2020).

Grosser, Pierre. *1989. L'année où le monde a basculé*. Paris: Perrin, 2009.

Gruzinski, Serge. *Les quatre parties du monde. Histoire d'une mondialisation*. Paris: La Martinière, 2004.

Gorbatchev, Mikhaïl. *Mémoires*. Monaco: Editions du Rocher, 1997.

Gorbachev, Mikhaïl. "Address by Mikhail Gorbachev at the UN General Assembly Session (Excerpts)". 7 December 1988. *Wilson Center. History and Public Policy Program Digital Archive*. https://digitalarchive.wilsoncenter.org/document/%20116224%20.pdf (26 March 2020).

Heurtaux, Jérôme and Cédric Pellen. Eds. *1989 à l'Est de l'Europe. Une mémoire controversée*. La Tour d'Aigues: Éditions de l'Aube, 2009.

Holm, Andrej. *Kommen. Gehen. Bleiben. Andrej Holm im Gespräch mit Samuel Stuhlpfarrer*. Berlin: Mandelbaum Verlag, 2017.

INA Archives. TV news hosted by Guillaume Durand, *La Cinq* (21 December 1989).

Jian, Chen. "Tiananmen and the Fall of the Berlin Wall". *The Fall of the Berlin Wall. The Revolutionary Legacy of 1989*. Ed. Jeffrey A. Engel. Oxford: Oxford University Press, 2009, 96–131.

Kenney, Padraic. *A Carnival of Revolutions: Central Europe 1989*. Princeton: Princeton University Press, 2003.

— and Gerd-Rainer Horn. Eds. *Transnational Moments of Change: 1945, 1968, 1989*. Lanham: Rowman & Littlefield, 2004.

Khlevniuk, Oleg. *Master of the House. Stalin and His Inner Circle*. New Haven: Yale University Press, 2008.

Klerk, Frederik Willem de. "Address by the state president, Mr FW de Klerk, DMS, at the opening of the second session of the ninth parliament of the Republic of South Africa, Cape Town". 2 February 1990. *South African Government Information*. https://web.archive.org/web/20041215042859/http://www.info.gov.za/speeches/1996/101348690.htm (26 March 2020).

Kotkin, Stephen and Tomasz Gross. *Rok 1989. Koniec społeczeństwa nieobywatelskiego*. Warsaw: Swiat Ksiazki, 2009.

Lagrou, Pieter. "De l'histoire du temps présent à l'histoire des autres. Comment une discipline devient complaisante". *Vingtième Siècle. Revue d'histoire* 118 (2013): 101–119.

Mandela, Nelson. *Long Walk to Freedom: The Autobiography of Nelson Mandela*. Boston: Little, Brown and Company, 1994.
Mark, James and Tobias Rupprecht. "Europe's '1989' in Global Context". *The Cambridge History of Communism. Vol. III: Endgames? Late Communism in Global Perspective, 1968 to the Present*. Eds Juliane Fürst, Silvio Pons, and Mark Selden. Cambridge: Cambridge University Press, 2017, 224–249.
Maurel, Chloé. "Introduction : Pourquoi l'histoire globale ?". *Cahiers d'histoire. Revue d'histoire critique* 121 (2013): 13–19.
Mearsheimer, John. "Back to the Future: Instability in Europe after the Cold War". *International Security* 15.1 (1990): 5–56.
Middell, Matthias. "1989". *The Oxford Handbook of the History of Communism*. Ed. Stephen A. Smith. Oxford: Oxford University Press, 2015, 171–184.
Nora, Pierre. "L'événement monstre". *Communications* 18 (1972): 162–172.
Osterhammel, Jürgen. *La Transformation du monde. Une histoire globale du XIXe siècle*. Paris: Nouveau Monde, 2017.
Postel-Vinay, Karoline. "Writing 1989: A World Narrative?". *1989 as a Political World Event: Democracy, Europe and the New International System in the Age of Globalization*. Ed. Jacques Rupnik. London: Routledge, 2014, 25–33.
Ruffel, Lionel. *Le dénouement*. Paris: Verdier, 2005.
Rupnik, Jacques. Ed. *1989 as a Political World Event: Democracy, Europe and the New International System in the Age of Globalization*. London: Routledge, 2014.
—. "Le retour de l'histoire en Europe centrale". *Vingtième Siècle. Revue d'histoire* 36 (1992): 53–60.
Sabrow, Martin. "Zäsuren in der Zeitgeschichte". *Docupedia-Zeitgeschichte*. (3 June 2013). http://docupedia.de/zg/Zaesuren?oldid=125865 (26 March 2020).
—. *1989 und die Rolle der Gewalt*. Göttingen: Wallstein, 2012.
Savranskaya, Svetlana, Thomas Blanton, and Vladislav Zubob. Eds. *Masterpieces of History. The Peaceful End of the Cold War in Europe. Session of the CC CPSU Politburo, 9 November 1989*. Budapest", note="New York: CEU Press, 2010, 1989.
Schäfer, Bernd. "Die DDR und die chinesische Lösung". *1989 und die Rolle der Gewalt*. Ed. Martin Sabrow. Göttingen: Wallstein Verlag, 2012, 153–172.
Siebold, Angela. "1989 und die Herausforderungen einer transnationalen, globalen Geschichte". *Zeitgeschichte-online* (March 2019). https://zeitgeschichte-online.de/themen/1989-und-die-herausforderungen-einer-transnationalen-globalen-geschichte (26 March 2020).
Spivak, Gayatri Chakravorty. *Death of a Discipline*, 71–102. The Wellek Library Lectures Series. New York: Columbia University Press, 2003, 71–102.
Stanziani, Alessandro. *Eurocentrism and the Politcs of Global History*. London: Palgrave, 2018.
Ther, Philipp. *Die neue Ordnung auf dem alten Kontinent. Eine Geschichte des neoliberalen Europa*. Frankfurt/Main: Suhrkamp, 2014.
Vittin, Théophile. "Bénin, du système Kérékou au renouveau démocratique". *États d'Afrique noire*. Ed. Jean-François Médard. Paris: Karthala, 1991, 93–116.
Zakibi, Zhand P. "Central Government". *The Cambridge History of Russia. Vol. 2: Imperial Russia 1689–1917*. Ed. Dominic Lieven. Cambridge: CUP, 2006, 429–448.
Zaremba, Marcin. *Komunizm, legitymizacja, nacjonalizm: nacjonalistyczna legitymizacja władzy komunistycznej w Polsce*. Warsaw: Trio, 2001.

Part III: **Contestations**
Troisième partie : **Contestations**

Christiane Solte-Gresser
Comment le cauchemar traumatique désagrège-t-il l'universalisme européen ?

Résumé : La période de l'Universalisme se voit ponctuée d'utopies socio-politiques universellement partagées, à savoir une cohabitation fondée sur la liberté, l'égalité et la fraternité, sur les Droits de l'homme ou encore sur une constitution démocratique. D'un autre côté, le début et la fin de l'Universalisme sont marqués par le colonialisme et par le national-socialisme. Il s'agit de deux événements historiques qui, par leurs idéologies violentes, se situent à l'extrême opposé de ces projets et produisent des traumatismes trans-générationnels. Cet article vise à analyser comment cette contradiction est mise en évidence dans la littérature fictionnelle à travers ses moyens esthétiques. Confrontés aux activités colonialo-impérialistes du XVIIIe siècle ou au génocide des juifs européens par les nazis au XXe siècle, des écrivains comme Isabelle de Charrière, Romain Gary ou D. M. Thomas s'interrogent sur la relation entre les fondements humanistes communs à des systèmes de connaissances et de valeurs universellement valables et leur perversion dans la pratique sociale et politique. Ils le font par l'intermédiaire de la fiction.

Mots-clés : esclavage ; shoah/holocauste ; rêve/cauchemar ; psychanalyse ; racisme ; nazisme ; responsabilité ; Isabelle de Charrière ; Romain Gary ; D. M. Thomas

Selon les réflexions programmatiques de Markus Messling, formant le cadre de ce volume, l'époque de l'Universalisme commence – non sans une certaine polémique – avec Napoléon pour s'achever avec la réunification de l'Allemagne (voir ce volume, Introduction). La période, s'étendant des Lumières à l'Europe d'après-guerre, se voit ainsi ponctuée d'utopies socio-politiques universellement partagées, à savoir une cohabitation fondée sur la liberté, l'égalité et la fraternité, sur les Droits de l'homme ou encore sur une constitution démocratique. D'un autre côté, le début et la fin de l'Universalisme sont marqués d'une part par le colonialisme et de l'autre par le national-socialisme – deux *événements* historiques qui constituent l'extrême opposé de ces projets, les érodant et les désintégrant de l'intérieur. En effet, la traite négrière comme la Shoah remettent brutalement en cause, voire bafouent lesdites valeurs déclarées universelles. Toutes deux produisent des trau-

Christiane Solte-Gresser, Université de la Sarre

matismes trans-générationnels et laissent derrière elles des traces dévastatrices (Ashcroft et al. 1989 ; Hirsch 2012). De même, toutes deux remettent fondamentalement en question l'image que l'Europe se fait d'elle-même (Ette 2004 ; 2005 ; 2010 ; Diner 1988).

Ce qui m'intéresse dans ce phénomène en tant que chercheuse, c'est que cette contradiction est très clairement mise en évidence dans la littérature à travers certains moyens esthétiques. Confrontés aux activités colonialo-impérialistes du dix-huitième siècle ou au génocide des juifs européens par les nazis au XXe siècle, les écrivains s'interrogent – dans des textes fictionnels – sur la relation entre, d'une part, les fondements humanistes communs à des systèmes de connaissances et de valeurs universellement valables et, d'autre part, leur perversion dans la pratique sociale et politique. Ils le font par l'intermédiaire de la fiction. On pourrait systématiser de tels procédés littéraires en tant que moyens générateurs d'un savoir esthétique de façon suivante (Solte-Gresser 2020a, à paraître) : lorsque la littérature questionne et réfléchit sur la réalité sociale, elle le fait tout d'abord par le biais de la dynamique de la traduction, qui sert d'intermédiaire entre les mondes, les langues, les cultures et les domaines de la connaissance. Ensuite, par des stratégies de distanciation, qui ouvrent de manière ludique ou provisoire des alternatives au monde existant et à ses conditions sociales et bio-politiques. Il y a, de plus, la mise en scène qui vise à réactualiser au sein d'un dispositif littéraire les expériences et connaissances sensuelles individuelles, facilitant leur identification par une collectivité. Et enfin, par des processus de remémoration et d'archivage : des voix et des vestiges de savoirs oubliés ou marginalisés sont ainsi inscrits dans la mémoire collective [1].

Ces quatre conditions se retrouvent nouées de façon complexe dans les textes analysés et mis en relation dans cet article. Un roman de la fin des Lumières servira d'exemple pour le début de l'époque universaliste. Des textes littéraires de la Shoah (question que je traiterai plus en profondeur) en marqueront la fin. Tous ces romans ont pour sujet les problèmes et les contradictions découlant de l'Universalisme.

En 1795, l'écrivaine Isabelle de Charrière a écrit *Trois femmes*, un roman sur l'émigration qui fait, à bien des égards, partie de la littérature-monde (Charrière 1979–1984 [1795], vol. IX, 37–125). Il combine différents niveaux narratifs. Il s'agit de l'histoire de trois femmes exilées en Westphalie, qui, aussi différentes soient-elles, s'y réunissent pour former une communauté solidaire. Elles essaient de s'intégrer au mieux dans la vie du village, de s'orienter dans sa vie quotidienne, avec ses règles et ses conventions, et d'enrichir le village avec leurs visions du monde,

---
[1] Le résumé ci-dessus se réfère à des concepts culturels, littéraires et critiques de Giorgio Agamben, Roland Borgards, Vittoria Borsò, Ottmar Ette, Nelson Goodman et Joseph Vogl.

leurs expériences et leurs propres valeurs. Ce récit se voit complété par l'histoire de la traite négrière dans les Caraïbes, publiée dans la *Suite des trois femmes*, partie « Histoire de Constance » (Charrière 1979-1984 [1795], vol. IX, 128-168)[2]. En effet, la biographie d'une des trois femmes françaises, la créole Constance, est étroitement liée à la violente histoire de l'esclavage. Une esclave travaillant dans des plantations de sucre en Martinique avait tenté de poignarder son maître pour se libérer de son joug mais se voit ensuite condamnée à mort. Les conséquences traumatisantes de cette révolte mènent directement des Caraïbes à l'Europe[3], où Constance, la nièce de l'esclavagiste susmentionné, essaie désormais de soulager sa conscience par des jugements moraux et des actes altruistes. L'habile argumentation rhétorique sur la question de savoir s'il est sage ou pas de rembourser des biens alors qu'on pourrait les utiliser à des fins altruistes sert en fin de compte à légitimer et à mettre en œuvre son plan pour contrer résolument l'injustice dans la situation sociale et politique actuelle, qui diffère peu de l'esclavage :

> Devais-je donner mon bien à Robespierre, ou, cette année, à ceux qui ont détruit et qui se disputent son pouvoir ? [...] Payerai-je mon écot à l'Angleterre pour soutenir une guerre qui dévaste l'Europe entière ? Donnerai-je au ministère de Madrid de quoi orner la châsse et payer le voyage de quelque relique ? À l'impératrice de Russie, de quoi enrichir un peu ses favoris ? Au pape, de quoi payer plus cher de mauvais soldats et de bons chanteurs ? Non, selon les lois, ma fortune est bien à moi [...]. Selon l'équité, elle n'est pas moins à moi : personne n'en feroit, je l'ose dire, un meilleur usage. [...] Je donne, partout où je vais, je fais donner partout où j'ai du bien ... (Charrière 1979-1984 [1795], vol. IX, 98).

Le récit-cadre, pour sa part, se déroule dans un salon allemand de l'époque des Lumières. Les participants y discutent de la philosophie kantienne, en particulier de *La Critique de la raison pratique* (Kant 1956 [1788]). Les personnages mettent littéralement ses maximes à l'épreuve : que signifie l'impératif catégorique universaliste de Kant lorsqu'il est transposé dans la vie quotidienne concrète de trois jeunes femmes réfugiées[4] ? D'une manière originale et pleine d'esprit, Isabelle de Charrière démontre, à travers une série de dilemmes moraux, que l'adhésion aveugle à des règles générales, quand bien même elles sont orientées vers le bien-être collectif, ne conduit pas nécessairement aux meilleures décisions. Des réponses pragmatiques censées résoudre les grandes questions philosophiques de

---

2 L'intégration de la *Suite* dans les *Œuvres complètes* en 1980 est sa première publication.
3 Pour cette dimension postcoloniale du texte, voir aussi Solte-Gresser (2020b, 63-80).
4 L'auteure dit, dans une lettre datée du 13 octobre 1797 adressée à Chambrier d'Oleyres, avoir écrit « un petit traité du devoir », « mis en action ou plutôt élucidé par une action. On n'a pas prétendu donner des modèles à suivre mais à montrer des vices & des foiblesses à excuser comme non incompatibles avec une idée ou un sentiment du devoir & une moralité dans la personne coupable ou accusable » (Charrière, 1979-1984 [1795], vol. V, 354).

l'époque sont apportées par des solutions individuelles assez inhabituelles dans les conflits sociaux, culturels et éthiques de l'époque. Les Droits de l'homme sont également expérimentés dans ce roman : on les confronte à des situations quotidiennes afin de vérifier si leur sens est approprié pour le bonheur individuel.

Les problèmes dont il est question dans la fiction de Charrière (comme les hiérarchies liées au genre, à l'injustice sociale, ou encore à l'usage de la violence) sont certes attribués à des erreurs politiques mais aussi aux abus de pouvoir. Cependant, l'accent n'est pas principalement mis sur l'inhumanité des *autres*, des *supérieurs*, qu'ils soient dirigeants politiques, dirigeants coloniaux ou propriétaires terriens. Les limites et les dilemmes d'une humanité universelle sont testés sur chaque sujet individuel. Cela signifie aussi qu'ils sont traités comme des conflits intérieurs, qui obligent inévitablement chaque individu à prendre ses responsabilités. Une telle perspective rend impossible de voir dans *les* femmes, *les* paysans, *les* enfants, *les* esclaves du roman un « autre général » qui pourrait être facilement supprimé (Solte-Gresser 2000, 187–203). Les personnages passent du statut d'étranger abstrait à celui d'autre concret, comme le formule Seyla Benhabib dans son éthique propre au genre (Benhabib 1992, 161–191). Les théories universalistes, selon Charrière, doivent être prouvées sur des sujets individuels. Lorsqu'il s'agit de s'entendre sur les règles d'une bonne cohabitation, les libertés de penser et d'agir atteignent donc inévitablement leurs limites. Tous les protagonistes du roman se trouvent ainsi confrontés à leurs propres contradictions et abîmes : apparait alors un clivage entre la théorie universelle et la pratique de la vie, entre la volonté et l'action. Dans l'univers du roman, cette contradiction devient une question de responsabilité individuelle. Elle revient finalement à hésiter entre détourner le regard et regarder l'autre, entre simple projection et remise en question de soi [5].

Ce problème central se retrouve en des termes similaires au sein de la littérature de la Shoah dont il sera à présent question. Car le lien entre le colonialisme et la Shoah est plus profond qu'il n'y paraît à première vue, notamment en littérature. La recherche historique, politique, psychologique et philosophique en a déjà bien étudié les parallèles : la dissociation due à des conflits et des contradictions intérieurs et leur projection à l'extérieur produisent la déshumanisation systématique de l'autre. De tels parallèles concernant les mécanismes racistes se reflètent aussi dans la littérature. Il n'y a qu'à penser – si l'on se focalise sur l'esclavage – à Toni Morrison, qui, dans *Beloved* (1987) établit un lien entre la traite négrière transatlantique et la Shoah [6]. Si l'on se focalise sur la Shoah, il faudrait,

---

[5] Il en naît une nouvelle conception de communauté, comparable à l'idée de « Zusammen LebensWissen » de Ottmar Ette (Solte-Gresser 2013, 137–151).
[6] Voir aussi Peter Herr (2013, 307–320).

entre autres [7], citer André Schwarz-Bart, dont l'œuvre traite la rupture civilisationnelle après la Shoah ainsi que la révolte des esclaves en Guadeloupe [8]. Les romans de ce dernier s'interrogent selon Michael Rothberg, sur « how to think and write after the Holocaust and colonialism have brought Europe's self-conception to crisis, at once from within and from without » (Rothberg 2009, 101 [9]). Le génocide nazi n'a pas seulement remis en cause le progrès humaniste des Lumières, il a marqué « the end of history » « as the West has constructed it for the last three hundred years » (Rothberg 2009, 292). À cet égard, le roman *Le dernier des Justes* de Schwarz-Bart (1996 [1959]) est intéressant dans l'étude du problème de l'universalisme parce qu'il fait des références intertextuelles à *Candide ou l'Optimisme* de Voltaire (2003 [1759]). Il interroge ainsi le discours universaliste des Lumières sur l'humanisme – afin de critiquer impitoyablement l'idée optimiste du progrès. La fin apparemment heureuse de *Candide* est confrontée à l'horreur de la réalité de la Shoah (Langer 1975, 261 [10]).

Deux autres caractéristiques de ce roman soutiennent ma démarche argumentative : la cruelle persécution du protagoniste Ernie et sa mort à Auschwitz sont enchâssées dans un récit supérieur, la légende talmudique des *lamed-waf*, les 36 justes. Selon la légende, la misère entière du monde reposerait sur 36 justes élus par Dieu. En supportant toute forme de cruauté, par leur bonté et leur patience, ces derniers apaisent le courroux divin. Leur sacrifice empêche ainsi que Dieu ne détruise le monde par vengeance. Cette légende nous suggère une interprétation universelle (si l'on reste dans la perspective juive), qui donne un sens métaphysique à la souffrance de l'individu. Mais cette explication mystique se brise sur les murs de la chambre à gaz dans laquelle Ernie Lévy meurt. Une autre dimension du roman est déterminante : le rôle et la fonction des rêves dans *Le dernier des Justes*. C'est par une vision rêvée au début du récit qu'est établi le sens de la souffrance liée au martyre ; de même c'est un rêve qui achève la légende à la fin de la narration : le cauchemar des juifs entassés dans le wagon à bestiaux pervertit le *grand récit* religieux et le sens collectif qu'il est censé donner [11].

---

7 À l'instar de David Grossman, qui, dans son roman hébreu de 1986, *'Ayen 'Erekh: Ahavà*, laisse un commandant et un gardien de camp SS raconter les histoires racistes de son père, soldat en Afrique de l'Est, sur les « batailles en Afrique noire » et « l'idolâtrie noire des indigènes rebelles », qui doivent être civilisés par « l'activité bénéfique des missionnaires » (Grossman 1991, 381).
8 Schwarz-Bart met en relief une influence mutuelle de l'histoire noire et juive (Rothberg 2009, 106).
9 Les recherches de Rothberg sur le roman *Le dernier des Justes* de Schwarz-Bart de 1959, dont l'accueil tombe notamment au milieu des crises coloniales, ont montré comment la responsabilité de la Shoah passe ici d'un problème initialement national et politique à un problème universel.
10 Voir surtout le chapitre 7 : « Of time and atrocity » (249–296).
11 Voir l'analyse détaillée de Solte-Gresser (2021).

Ce lien entre le récit des rêves et la critique de l'universalisme sera maintenant examiné plus en détail à l'aide de deux autres exemples tirés de la littérature de la Shoah. Comment le rêve remet-il en question les valeurs universelles et les modèles collectifs d'interprétation ? Pourrait-on même prétendre que le rêve raconté par les textes littéraires de la Shoah sert à faire éclater les arguments et les récits universalistes, voire à les faire imploser ?

Je me consacrerai d'abord au roman *The White Hotel* de l'écrivain britannique D. M. Thomas (1981). Thomas thématise la Shoah à partir de l'histoire de Lisa Erdman, à moitié juive, assassinée lors du massacre de Babi Yar à Kiev. Dans un deuxième temps, je m'appuierai sur le roman *La danse de Gengis Cohn* de Romain Gary (1995 [1967]). Le narrateur de ce texte est un *dibbouk*, le fantôme d'un comédien ayant été abattu à Auschwitz. L'esprit du prisonnier assassiné hante son bourreau depuis le crime et sévit dans le subconscient de l'ex-commandant, le menant ainsi lentement à la folie [12].

Rappelons-nous au préalable que le roman de Charrière abordait les questions philosophiques universalistes de son époque. Revenant sur l'idée du progrès universel des Lumières, *Trois femmes* met à l'épreuve la philosophie kantienne ainsi que les droits humains et civils formulés au cours de la Révolution française. Quel discours, quelle narration ou quel *grand récit* (au sens de Lyotard) pourrait fournir un tel sens universel au XXe siècle ? Nous nous trouvons dans une situation historique que Horkheimer et Adorno (1988 [1944]) ont décrite dans *Dialektik der Aufklärung* dès 1944, à savoir : l'autodestruction des Lumières, la puissance de la raison instrumentale et totalitaire, ainsi que le renforcement du mythe sous les auspices fascistes et capitalistes. Pour Horkheimer et Adorno, l'instrumentalisation de la raison est basée non seulement sur un élément politique, mais aussi sur un élément psychologique : la violence contre soi-même que l'individu utilise pour réussir à s'intégrer dans l'ordre du pouvoir.

Mais les mythes, tout comme les Lumières, lorsqu'ils sont au service de la critique du pouvoir, peuvent aussi être considérés comme des dimensions fondamentales de la psychanalyse. Et en effet, dans les romans auxquels je me consacrerai à présent de plus près, la psychanalyse prend le pas sur les récits politico-idéo-

---

[12] Les deux romans ont été récompensés par des prix renommés, mais ils ont également été critiqués pour leur maniement inhabituel et très provocateur de la Shoah : Dans les deux cas, la sexualité et la violence forment un lien indissoluble, et plus encore, le génocide est raconté d'une manière presque pornographique. De plus, les deux œuvres s'avèrent être des confrontations hautement fictives avec la Shoah, même si elles intègrent dans le récit (ou même y rassemblent) une multitude de documents historiques (articles de journaux, témoignages, données et faits historiographiquement fixés).

logiques ou religieux traditionnels. Elle fournit elle-même un récit fondateur d'un sens universel – mais qui échoue. Avec Thomas, la psychanalyse échoue scientifiquement; avec Gary, elle échoue de façon épistémologique. Dans ces deux romans de la Shoah, ce problème est explicitement lié aux questions de l'art et du progrès culturel. Les récits de la Shoah ont d'ailleurs ceci en commun avec Isabelle de Charrière ainsi qu'avec la dialectique des Lumières et de la psychanalyse. Dans chacun de ces cas, il s'agit de s'interroger sur le rôle de l'art et de la littérature dans la cohabitation de plusieurs peuples. Puisque la psychanalyse constitue le cadre général de la discussion de Thomas et Gary sur la Shoah, il n'est guère surprenant que les rêves jouent un rôle décisif dans leurs textes [13].

C'est notamment le cas dans le roman *The White Hotel*. Il se compose de six chapitres qui présentent tous une variation sur le même thème, un cauchemar de la protagoniste Lisa Erdman. Ce cauchemar est raconté chaque fois d'un point de vue différent. Il présente des motifs centraux tels que des scènes apocalyptiques (avec meurtres et incendies), des viols ou encore les organes féminins se libérant du corps de la rêveuse. Le premier chapitre présente le rêve comme un poème pornographique. La protagoniste l'envoie à Sigmund Freud, son analyste, qui est censé la guérir de ses douleurs thoraciques et abdominales. Le deuxième chapitre présente une explication rétrospective de ces scènes de rêve, que Freud demande à la patiente. Le troisième chapitre se présente sous la forme d'une étude de cas : Freud, qui devient le narrateur, soumet ses interprétations des rêves de la patiente au regard de son enfance, faisant de Lisa un cas psychanalytique. Le quatrième chapitre met à mal ces schémas interprétatifs : Lisa écrit des lettres à Freud dans lesquelles elle retrouve une partie de sa souveraineté interprétative. Elle critique explicitement les interprétations de Freud, les corrige et les réinterprète. Car ce que Freud ne voit pas, ce qu'il ne peut pas voir, c'est que la douleur qui tourmente la rêveuse ne provient pas de son passé mais lui sera infligée dans l'avenir. Piégés dans une *boucle* d'expériences traumatisantes, les supplices sont déjà vécus avant la Shoah. Ceci est clarifié dans le cinquième chapitre du roman, qui traite de la fusillade de masse de Babi Yar – et donc de faits historiques. Les symptômes de la patiente trouvent leur explication rétrospective par la réalité historique : Lisa est touchée d'une balle au bord du ravin de Babi Yar, tombe sur les tas de cadavres dans l'abîme, est frappée à la poitrine par deux soldats et violée à coup de fusil. Elle en mourra.

---

[13] Les rêves, et en particulier le cauchemar traumatisant récurrent du survivant de la Shoah, représentent également une dimension décisive pour la pensée d'Adorno (Adorno 2003 [1966], 335).

Raconté selon la perspective subjective de la violence raciste vécue, le récit se transforme en une critique subtile de la revendication universelle de la psychanalyse. Ce qui est décisif pour le roman de Thomas, c'est que les interprétations de l'analyste ne sont pas nécessairement erronées. Selon Freud, les rêves, les symptômes et le comportement pathologique de Lisa peuvent être analysés et expliqués logiquement : son explication est simplement orientée vers le passé et non vers l'avenir. De même, les interprétations mettent en avant la psychologie individuelle comme universelle et ne s'intéressent pas aux conditions socio-politiques concrètes. Freud interprète les symptômes de Lisa de façon cohérente – donc au vu du système psychanalytique de façon très convaincante – et comme liées à l'hystérie. Pourtant, ce qui conduit à un diagnostic clair dans le récit psychanalytique (comprenant ici la scène primitive, la constellation familiale spécifique, les désirs sexuels et ambitieux, les complexes maternels angoissants) n'est qu'une petite partie de la vérité. La violence politique, l'antisémitisme, la Shoah imminente et les chocs traumatisants qu'elle entraîne n'ont pas leur place dans ce système. Freud doit, pour ainsi dire, les écarter de sa théorie, dissocier son système d'interprétation de ces conditions politiques et sociales très spécifiques afin qu'elle conserve son caractère universel.

Sa théorie manque de peu, mais à maintes reprises, la réalité historique : par exemple, le visage de Lisa lui rappelle l'expression des rapatriés de guerre, et Freud admet que son interprétation des rêves doit être revue dans ce contexte. Quoi qu'il en soit, l'étude de cas de Lisa pousse jusqu'à leur limite d'une part l'adage universel du rêve comme « gardien du sommeil » (Freud 1999 [1901], 691) et d'autre part la thèse du rêve en tant que réalisation de ses désirs. Que l'hystérie, alors la maladie utérine par excellence, et l'anorexie, alors l'incapacité de manger, pourraient avoir des raisons concrètes et politiques, comme le viol par des collaborateurs nazis ou la famine dans le ghetto de Kiev, secoue tout le corps de la pensée psychanalytique. Dans ce contexte, il convient de rappeler les déclarations de Freud quant à sa propre théorie, lorsqu'il est confronté aux soi-disant névrosés de la guerre, attestés historiquement. Dans son essai de 1920 « Au-delà du principe de plaisir », au lieu de qualifier de folles les conditions socio-politiques qui causent le traumatisme, il se perd, pour ainsi dire, dans sa propre argumentation universaliste. Et il explique aussi pourquoi : à savoir, pour ne pas devenir lui-même « fou » [irre]. Si cette nuance se perd dans la traduction française, il est difficile de ne pas entendre dans l'original la double acception du terme *irrewerden*, rendu par « bouleverser » :

> Admettre comme allant de soi que le rêve les replace [les rêveurs, NDA] pendant la nuit dans la situation pathogène, c'est méconnaître la nature du rêve. Il serait plus conforme à celle-ci que le rêve présente au malade des images du temps où il était bien portant ou des images de

la guérison qu'il espère. Si nous ne voulons pas que les rêves de la névrose d'accident [= rêves traumatiques, NDA] viennent *bouleverser* notre thèse de la tendance du rêve à accomplir le désir, il nous reste peut-être la ressource de dire que dans cette affection la fonction du rêve, comme bien d'autres choses, est ébranlée et détournée de ses fins, à moins d'invoquer les énigmatiques tendances masochistes du moi (Freud 1981 [1920], 51) [14].

Face à la Shoah on est donc forcé de recourir à d'autres théories oniriques [15]. L'exemple le plus étonnant est peut-être celui du récit Le songe du résistant Vercors datant de 1943/1944. Ce dernier raconte la rumeur émergente de l'extermination massive dans les camps de concentration sous la forme d'une expérience onirique. Ce n'est pas l'interprétation des rêves de Freud qui intéresse l'auteur, mais la théorie onirique des unanimistes. Car c'est précisément ce concept de rêves partagés collectivement (proche de C. G. Jung) que Vercors utilise pour ébranler son lectorat (Vercors 2002 [1944]): conformément à la conception onirique de Jules Romains, le rêve du récit de Vercors présente inexorablement au rêveur une vérité qui n'est pas accessible au réveillé: ce que le réveillé ne veut pas voir, ce qu'il réprime et rejette (dissocie donc), lui apparaît dans le rêve, en tant qu'expérience nocturne collective. Elle divulgue une réalité devant laquelle, aussi inimaginable et insupportable soit-elle, on ne peut plus fermer les yeux.

Retenons donc: la psychanalyse, comme la critique de la raison pratique kantienne, a certainement commencé par un geste anti-universaliste. L'impératif moral de Kant est de garantir le bien-être de chaque individu et d'en imposer la responsabilité à chacun. La théorie psychanalytique s'intéresse aussi à des patients spécifiques et à la reconnaissance de leur souffrance individuelle. Dans cette optique, elle affronte les contradictions, la force incontrôlable des désirs et l'incapacité fondamentale de l'individu à reconnaître ses propres intentions. La psychanalyse souligne radicalement cette mé-connaissance individuelle: elle doute de l'autonomie du sujet, fait de la raison humaine une illusion et désidéalise le progrès culturel. De cette façon, elle fait échouer le projet du Moi sûr de lui. Pourtant,

---

[14] « Wenn man es als selbstverständlich nimmt, dass der nächtliche Traum seinen Träumer immer wieder in die krankmachende Situation versetzt, so verkennt man die Natur des Traumes. Dieser würde es eher entsprechen, dem Kranken Bilder aus der Zeit der Gesundheit oder der erhofften Genesung vorzuführen. Sollen wir durch die Träume der Unfallneurotiker [der Traumatisierten, NDA] nicht an der wunscherfüllenden Tendenz des Traumes *irre werden*, so bleibt uns etwa noch die Auskunft, bei diesem Zustand sei wie so vieles andere auch die Traumfunktion erschüttert und von ihren Absichten abgelenkt worden, oder wir müssen der rätselhaften masochistischen Tendenzen des Ich gedenken ». (Freud 2009 [1920], 203) Nous soulignons dans l'original comme en traduction.
[15] Voir aussi le concept des « rêves lazaréens » de Jean Cayrol dans *Lazare parmi nous* (1950 [1948], 15–66).

ce n'est que parce que la psychanalyse est elle-même universelle qu'elle peut combattre le Moi souverain et contrôlant. Elle développe des schémas explicatifs qui devraient théoriquement s'appliquer à tout être individuel, mais qui, pour y réussir, se fondent sur un autre général et abstrait. À cause de cela, les conditions de vie du sujet masculin, blanc, hétérosexuel, bourgeois doivent être déclarées universellement valables. La réalité d'une femme politiquement persécutée, juive et homosexuelle latente, que Thomas place au centre de son roman, ne peut qu'être manquée par ce système d'interprétation.

La danse de Gengis Cohn de Romain Gary peut être compris comme une mise en scène satirique de ce problème. Je voudrais le montrer brièvement dans une dernière étape. La psychanalyse n'est traitée ici que de manière ironique : par exemple, cyniquement comme une mesure universelle pour guérir les bourreaux de leur mauvaise conscience, ou sarcastiquement comme une tactique de dissimulation quand il s'agit de regarder la réalité politique dans les yeux [16]. Comme déjà mentionné, l'histoire de la Shoah est racontée ici du point de vue d'un dibbouk. Le fantôme d'une victime d'Auschwitz occupe le subconscient de son agresseur et lui rappelle inlassablement son crime. La nuit, comme dans le *Nachtmahr* de Füssli, il saute sur sa poitrine et lui montre sa propre exécution dans les détails les plus cruels. Il l'oblige aussi à parler yiddish, à manger casher et à lire l'original de Scholem Alechem, un des auteurs les plus représentatifs de la littérature yiddish. Il est donc un cauchemar de l'agresseur devenu réalité. Le dibbouk incarne tout ce que le commissaire doit refouler et rejeter afin de pouvoir vivre tranquillement après la guerre.

Le commissaire, ancien nazi hanté par sa victime, se voit chargé d'une enquête (une série de meurtres à élucider) et se présente comme confortablement installé dans une province de la République fédérale d'Allemagne des années 1960. La diégèse fait écho au contexte socio-politique qui enchaîne les formes de racisme, de nationalisme et d'antisémitisme, opérant ainsi un révisionnisme historique qui raille ouvertement des victimes de la Shoah. L'ingéniosité de ce roman grotesque et carnavalesque provient du fait que Gengis Cohn renverse les rôles historiques : c'est lui qui tourmente sans répit son meurtrier. Aussi polémique et exagéré que soit le roman, les réalités d'après-guerre, comme le racisme, l'antisémitisme et le nationalisme persistants, y apparaissent clairement. Pour le dibbouk, ils sont la conséquence logique des systèmes de pensée universalistes : les

---

[16] « La psychanalyse a une réponse à tout. Et va libérer l'âme de ses abîmes ». Les psychanalystes sont, selon l'instance narratrice, des « spécialistes du bonheur » (Gary 1995 [1967], 179), qui refusent de soulager le bourreau pour ne pas être considérés comme antisémites : « On ne peut tout de même pas aller demander aux psychanalystes […] de supprimer un Juif pour soulager un Allemand. Alors, je souffre » (Gary 1995 [1967], 31).

Droits de l'homme, un humanisme universel abstrait, l'idée de progrès social et culturel et les modèles idéologiques et religieux continuent de prévaloir comme grands récits dans l'Allemagne d'après-guerre. Ils visent à maintenir l'image de la supériorité du pays et à justifier ou banaliser rétrospectivement les atrocités commises par les nazis. Le dibbouk ne se lasse donc jamais de s'attaquer aux valeurs de liberté, d'égalité et de fraternité perverties par les nazis, de dénoncer la raison éclairée au nom de laquelle les crimes ont été commis, ou encore de dénigrer l'idéal humain, considérant ces valeurs comme de vides paroles ou des mensonges. Par exemple, Gary met ces mots cyniques dans la bouche d'un Allemand :

> Ils [les Alliés et les juifs, NDA] ne reculent devant aucune obscénité. Vous avez vu les photos de tous les corps entassés les uns sur les autres à Buchenwald ? Quelle pornographie ! […] Ils les ont même montrées au cinéma, vous savez. Et l'Église n'a pas protesté contre le spectacle […]. Ces photos obscènes ont fini par faire plus de mal que la chose elle-même. Les exécutions, certes, étaient un crime contre les Juifs, mais la publication de ces photos, c'est un crime de lèse-humanité (Gary 1995 [1967], 135–136).

Dans le roman, on essaie donc d'exorciser le dibbouk au nom du bien et de la beauté, afin qu'il cesse ses méfaits qui consistent à rappeler ses crimes à la société d'après-guerre : on veut se réconcilier avec lui, fraterniser avec lui en invoquant des valeurs communes et universelles. Le dibbouk refuse obstinément, car cela reviendrait à faire de lui une victime pour la seconde fois : « Je crains le pire : je crains la fraternité. Ils [les Allemands nazis, NDA] sont capables de tout. Ils sont parfaitement capables de me proclamer un des leurs. Viens avec nous, Juif, tu es des nôtres », « Non, je ne me laisse pas tenter » (Gary 1995 [1967], 97 et 40).

Une autre perversion, en l'occurrence celle de l'humanité, est incarnée par la baronne du village, qui est censée en être l'allégorie. C'est pour elle, en son nom, que les villageois commettent les meurtres devant être élucidés par le commissaire. Pour la servir, au nom de l'humanité, tous les personnages se soumettent en se débarrassant rapidement de leur conscience morale et de leurs principes éthiques. Toutes les valeurs universelles, qu'elles soient politiques, sociales, éthiques ou religieuses, sont donc présentées dans ce roman sous une forme inversée et détournée. Cette perversion trouve son expression la plus évidente, de façon continue, dans le rôle attribué à la culture. Elle est inextricablement liée à l'idée d'humanité et donc tout aussi corrompue. L'art et la littérature sont aussi dédiés à l'humanité, mais ils empêchent, d'après Gary, de voir les nombreuses immolations. Dans ce roman, l'esthétique apparaît donc comme une stratégie de dissimulation de la réalité historique : les idéalistes et les humanistes ne voient bien qu'avec les yeux fermés (Gary 1995 [1967], 351), les plus grandes œuvres d'art dissimulent les montagnes de morts. Fondamentalement, l'ensemble du roman s'avère être une satire radicale de l'art et de la littérature occidentaux, prêts à marcher littéralement sur des cadavres pour atteindre un idéal de perfection [17].

Par conséquent, le dibbouk repousse instinctivement tout ce qui est censé le rendre inoffensif au nom de l'art : par exemple, il craint de devoir servir de mémorial au « Juif comique inconnu » (Gary 1995 [1967], 325), de se retrouver en héros dans une « tapisserie historique » (Gary 1995 [1967], 328) ou de devenir un personnage nouveau avec lequel l'auteur et le lecteur pourraient soulager leur conscience : « Je ne sais pas encore comment il vont s'y prendre : Je suppose qu'ils vont faire de moi un livre, comme toujours, lorsqu'ils cherchent à se débarrasser de quelque chose qui leur est resté sur l'estomac » (Gary 1995 [1967], 324, voir aussi 343).

La provocation découlant de l'humour malicieux et irréconciliable du roman se manifeste enfin dans les réflexions sur le rôle de la culture dans le nationalsocialisme : Gary, par exemple, fait *philosopher* de vieux nazis sur le fait que l'art et la pensée des Lumières ont toujours été beaux, purs, propres et progressistes (Gary 1995 [1967], 135). L'art moderne et contemporain est en revanche considéré comme tendancieux, sale et déshonorant. Cette définition de la culture atteint son apogée bouleversant lorsque le dibbouk l'associe à la fusillade dont il a été lui-même victime et qu'il évoque à plusieurs reprises :

> La culture, c'est lorsque les mères qui tiennent leurs enfants dans leurs bras sont dispensées de creuser leurs tombes avant d'être fusillées [...]. La différence entre les Allemands héritiers d'une immense culture et les Simbas incultes, c'est que les Simbas mangeaient leurs victimes, tandis que les Allemands les transformaient en savon. Ce besoin de propreté, c'est la culture (Gary 1995 [1967], 78–79).

Le racisme présenté dans cette citation fait partie du projet du roman. Il vise à outrer le lecteur pour le faire réfléchir aux atrocités commises dans le passé. Gary montre aussi dans d'autres passages à quel point l'antisémitisme et les autres formes de racisme sont proches les unes des autres, notamment de par leur structure argumentative.

En guise de conclusion, j'aimerais boucler la boucle et revenir au début de cet article : aux problèmes du colonialisme, au possible enchevêtrement de chaque individu dans la violence et sur le danger des projections de conflits internes me-

---

[17] La plus grande attaque du dibbouk contre la noble culture se traduit par sa haine de la Joconde et des nombreuses scènes de crucifixion de la Renaissance italienne. Au milieu des beaux tableaux, dit-il, on pourrait violer sa propre grand-mère et personne ne s'en apercevrait (Gary 1995 [1967], 48). Le sacrifice de Jésus est glorifié et commercialisé dans la peinture d'une manière dégoûtante, la souffrance individuelle est instrumentalisée au nom de l'art idéaliste (Gary 1995 [1967], 311).

nant à la guerre et à la destruction. Tout d'abord, la répartition des rôles dans le roman de Gary semble claire : Gengis Cohn, qui a été abattu, dirige les événements, donne au récit sa cohérence et présente à titre posthume la vérité du national-socialisme, niée par les autres personnages. Mais la frontière entre l'agresseur et la victime s'estompe de plus en plus, les deux personnages se confondent à tel point qu'il est difficile de les distinguer à la fin. Le dibbouk succombe aussi à la tentation de voir le monde de façon manichéenne et donc au danger de devenir lui-même un bourreau. Dans un cauchemar grotesque, il se retrouve au Vietnam et se bat comme *GI* contre les Vietcong. Il doit alors reconnaître deux choses : premièrement, que l'ennemi est totalement interchangeable : « vietnamien, ou arabe, ou nègre, est-ce que je sais, moi, avec la fraternité, en tout cas, quelque chose de pas catholique du tout est en train d'arriver. [...] Les Juifs font d'aussi bons soldats que les Allemands » (Gary 1995 [1967], 317). Et deuxièmement, il se rend compte, et c'est avec cette amère prise de conscience que je terminerai, qu'il est lui aussi prêt, à la première occasion, à jeter ses valeurs et ses idéaux par-dessus bord pour sauver sa peau. Il n'est pas seulement coincé à l'intérieur du nazi ; un nazi existe également en lui-même. En d'autres termes, il a compris à quelle vitesse l'idéal universel de l'humanisme peut se transformer en son contraire – non seulement chez les autres, mais aussi en lui-même.

Références bibliographiques

Adorno, Theodor W. et Max Horkheimer. *Dialektik der Aufklärung. Philosophische Fragmente.* Frankfurt am Main : Fischer, 1988 [1944].
— et —. *Negative Dialektik. Jargon der Eigentlichkeit. Gesammelte Schriften in 20 Bänden,* Vol. IX. Frankfurt am Main : Suhrkamp, 2003 [1966].
Ashcroft, Bill, Gareth Griffiths et Helen Tiffin. Éds. *The Empire writes back. Theory and Practice in Post-Colonial Literatures.* London : Routledge, 1989.
Benhabib, Seyla. *Situating the Self. Gender, Community, and Postmodernism in contemporary Ethics.* Cambridge : Polity Press, 1992.
Cayrol, Jean. *Lazare parmi nous.* Neuchâtel : La Baconnière, 1950 [1948].
Charrière, Isabelle de (= Belle van Zuylen). *Œuvres complètes.* Éd. Jean-Daniel Candaux, Cecil Patrick Courtney, Pierre H. Dubois, Simone Dubois-De Bruyn, Patrice Thompson, Jeroom Vercruysse, et al, Vol. IX. Genève : Slatkine ; Amsterdam : Van Oorschot, 1979–1984.
Diner, Dan. Éd. *Zivilisationsbruch: Denken nach Auschwitz (mit Beiträgen von Theodor W. Adorno, Hannah Arendt, Seyla Benhabib, Leo Löwenthal u.a.).* Frankfurt am Main : Fischer, 1988.
Ette, Ottmar. *ÜberLebenswissen. Die Aufgabe der Philologie.* Berlin : Kadmos, 2004.
—. *ZwischenWeltenSchreiben. Literaturen ohne festen Wohnsitz.* Berlin : Kadmos, 2005.
—. *ZusammenLebensWissen. List, Last und Lust literarischer Konvivenz im globalen Maßstab.* Berlin : Kadmos, 2010.

Freud, Sigmund. «Über den Traum». *Die Traumdeutung. Über den Traum*. Frankfurt am Main: Fischer, 1999 [1901], 643–700.

—. «Jenseits des Lustprinzips». *Das Ich und das Es. Metapsychologische Schriften*. Frankfurt am Main: Fischer, 2009 [1920], 191–249.

—. «Au-delà du principe de plaisir». *Essais de psychanalyse*. Trad. Jean Laplanche et Jean-Bertrand Pontalis. Paris: Payot, 1981, 43–115.

Gary, Romain. *La danse de Gengis Cohn*. Paris: Gallimard, 1995 [1967].

Grossman, David. *Ci-dessous: Amour*. Trad. Judith Misrahi et Ami Barak. Paris: Seuil, 1991. [Titre original: *'Ayen 'Erekh: Ahavà*. Jerusalem: אהבה : ערך עיין/Hoza'at Hakibbutz Hameuchad, 1986].

Herr, Peter. «(Un-)Vergleichbarkeit der Sho'ah? Herausforderungen für den Vergleich als Methode». *Zwischen Transfer und Vergleich. Theorien und Methoden der Literatur- und Kulturbeziehungen aus deutsch-französischer Perspektive*. Éds Christiane Solte-Gresser, Hans-Jürgen Lüsebrink et Manfred Schmeling. Stuttgart: Steiner, 2013, 307–320.

Hirsch, Marianne. *The Generation of Postmemory: Writing and Visual Culture After the Holocaust*. New York: Columbia University Press, 2012.

Kant, Immanuel. *Kritik der praktischen Vernunft*, Vol. VII de *Werke in 12 Bänden*. Éd. Wilhelm Weischeidel. Frankfurt am Main: Suhrkamp, 1956 [1788].

Langer, Lawrence. *The Holocaust and the Literary Imagination*. New Haven: Yale University Press, 1975.

Morrison, Toni. *Beloved. A Novel*. New York: Knopf, 1987.

Rothberg, Michael. *Multidirectional Memory. Remembering the Holocaust in the Age of Decolonisation*. Stanford: Stanford University Press, 2009.

Schwarz-Bart, André. *Le dernier des Justes*. Paris: Seuil, 1996 [1959].

Solte-Gresser, Christiane. *Leben im Dialog. Wege der Selbstvergewisserung in den Briefen von Marie de Sévigné und Isabelle de Charrière*. Königstein: Helmer, 2000.

—. «Schicksalsgemeinschaften. Solidarität und Differenz bei Isabelle de Charrière». *Gemeinschaft in der Literatur. Zur Aktualität poetisch-politischer Interventionen*. Éds Margot Brink et Sylvia Pritsch. Würzburg: Königshausen und Neumann, 2013, 137–151.

—. *Weltliteratur, Grundbegriffe der Literaturwissenschaft*. «Materialität der Schrift und des Weltwissens», Vol. VIII. Éds Vittoria Borsò et Schamma Schahadat. Berlin, Boston: De Gruyter, 2020a. (à paraître).

—. «Sklavengeschichte als deutsch-französischer Dialog: Spuren der Sklaverei im Erzählen der Spätaufklärung am Beispiel der *Histoire de Constance*». *Die Revolution der Anderen – Die Grenzen des Eigenen. Sklavenaufstände in der Literatur*. Éds Natascha Ueckmann et Romana Weiershausen. Berlin: Springer, 2020b, 63–80.

—. «History as Dreamed Anticipation. On a Type of Paradoxical Dream Experience in Narrative Fiction». *Typologizing the Dream / Le rêve du point de vue typologique*. Éds Bernard Dieterle et Manfred Engel. Würzburg: Königshausen und Neumann, 2021. (à paraître).

Thomas, D. M. *The White Hotel*. London: Penguin, 1981.

Vercors [= Jean Marcel Bruller]. «Le Songe». *Le silence de la mer et autres œuvres*. Éd. Alain Riffaud. Paris: Omnibus, 2002 [1944], 177–186.

Voltaire. *Candide ou l'Optimisme*. Paris: Gallimard, 2003 [1759].

Mario Laarmann
Réponses antillaises à l'universalisme européen
Édouard Glissant et Derek Walcott

Résumé : Cet essai interroge la philosophie littéraire de deux écrivains antillais, Édouard Glissant et Derek Walcott, concernant leur concept d'universalité. Glissant est l'un des penseurs qui cherchent délibérément une *vraie* universalité après l'expérience de l'universalisme colonial européen. Cette préoccupation se retrouve également dans la pensée de Walcott, et tous deux partagent à un certain dégré les idées d'ancrage dans le réel antillais, la réalité de fragmentation culturelle et l'idéal d'une relation entre les cultures différentes présentes aux Antilles. Néanmoins, nous suggérons que Walcott se retire à un niveau esthétique où il ne tente pas vraiment la réinvention culturelle qu'il propose, tandis que Glissant intègre une certaine exigence éthique dans sa pensée philosophique et poétique.

Mots-clés : nouvelle universalité ; créolisation ; fragmentation ; Relation ; amnésie ; littérature politique ; Édouard Glissant ; Derek Walcott

> I have Dutch, nigger, and English in me,
> and either I'm nobody, or I'm a nation.
> Derek Walcott

> La poésie ne produit pas de l'universel, non, elle enfante des bouleversements qui nous changent.
> Édouard Glissant

Introduction

Dans une série de cours magistraux, publiés sous le titre *European Universalism. The Rhetoric of Power*, le sociologue Immanuel Wallerstein (2006) critique ce qu'il appelle l'« universalisme européen » pour sa valeur euro-centrique. Il comprend par là des concepts qui nous sont familiers et auxquels nous tenons souvent jusqu'à aujourd'hui, comme la démocratie et les droits humains ; souvent nous tenons même encore à leur valeur universelle, c'est-à-dire leur validité pour tous

Mario Laarmann, Université de la Sarre

les peuples du monde. Le problème fondamental de l'universalisme n'est donc pas forcément le contenu de ses propositions, mais plutôt la violence épistémologique qui réclame pour ces concepts une origine européenne et qui nie l'existence de concepts similaires dans d'autres régions du monde, voire le déséquilibre de pouvoir qui fait que, la plupart du temps, c'est l'Occident qui a universalisé ses idées, souvent au détriment d'autres régions du monde. On comprend aussi par là des concepts, des pratiques de domination et d'échange ou des systèmes de croyance qui nous semblent tout de suite plus aptes à être critiqués, comme le capitalisme global ou – de manière alternative – le Christianisme et la sécularité. Que nous soyons d'accord avec le concept ou la pratique en question ou que nous les refusions, la critique principale reste la même : « Rien n'est aussi ethnocentrique, aussi particulariste, que l'exigence d'universalisme [1] » (Wallerstein 2006, 40). Ou encore, pour le dire avec Souleymane Bachir Diagne (2018, 68–69) : « On parlera d'universalisme pour marquer la position de celui qui déclare universelle sa propre particularité. »

L'une des réponses classiques à cette idée (occidentale) de devoir universaliser ses concepts est le relativisme culturel, ce que Wallerstein (2006, xiii) appelle le « super-particularisme ». Position égalitaire à la base, le relativisme culturel propose de laisser le soin à chaque culture individuelle de déterminer ses propres valeurs. En même temps que cette autonomie culturelle est, évidemment, à protéger, il y a au moins deux raisons pour lesquelles le relativisme culturel n'est pas une réponse satisfaisante à l'universalisme européen. D'abord, comme le démontre Dipesh Chakrabarty (2008 [2000]) dans *Provincializing Europe*, les propositions universalistes européenes ne sont, pour la plupart, plus simplement européennes. La démocratie, l'organisation mondiale par États-nations, l'économie libérale – tous les soi-disant *concepts occidentaux* ont étés appropriés par le monde entier et appartiennent maintenant à chaqu'un.e et à tou.te.s en même temps. Il serait donc de nouveau euro-centrique, mais aussi simplement impossible, de vouloir les réfuter maintenant. Deuxièmement, Wallerstein (2006, 84) nous rappelle que l'opposition idéaliste à l'universalisme n'empêche pas l'existence *matérielle* de certaines formes universelles d'oppression (il nomme surtout le capitalisme). Demander à chaque culture – et il faudrait aussi se demander comment définir une *culture* – de gérer ses propres problèmes ne fournirait donc pas de base pour agir ensemble dans un monde ou la mondialisation a produit des inégalités et des *politiques de l'inimitié*, pour employer le terme d'Achille Mbembe (2018 [2016]).

---

[1] [« [There] is nothing so ethnocentric, so particularist, as the claim of universalism. »] – Les traductions de l'anglais et de l'allemand vers le français sont les miennes sauf mention contraire.

Cet essai propose de voir dans le philosophe et poète martiniquais Édouard Glissant l'un des penseurs qui cherchent une *vraie* universalité dans ces politiques de l'inimitié mondiales, dans ce qu'il appelle le *chaos-monde*. C'est une universalité qui n'est plus dominée par l'Occident et qui est en même temps capable de réagir aux problèmes du monde contemporain. Dans un deuxième temps nous allons comparer les propositions de Glissant à celles d'un autre philosophe et poète antillais qui lui semble très similaire – le prix Nobel Derek Walcott – afin d'en déduire quelques pistes pour la recherche de cette nouvelle universalité, de cet « universalisme universel » (Wallerstein 2006, xiii).

La Relation comme nouvelle universalité chez Glissant

Dans son *Introduction à une Poétique du Divers* Glissant écrit en 1996 :

> J'appelle chaos-monde [...] le choc, l'intrication, les répulsions, les attirances, les connivences, les oppositions, les conflits entre les cultures des peuples dans la totalité-monde contemporaine. Par conséquent, la définition ou disons l'approche que je propose de cette notion de chaos-monde est bien précise : il s'agit du mélange culturel, qui n'est pas un simple *melting-pot*, par lequel la totalité-monde se trouve aujourd'hui réalisée (Glissant 1996, 82).

C'est de ce « mélange culturel » comme réalité de la « totalité-monde » que Glissant part pour décrire sa nouvelle perspective vraiment universelle. Il ne réfléchit pourtant pas tout de suite sur un plan mondial, mais commence par le lieu de sa naissance : la Martinique, et les Antilles plus généralement. Il développe donc sa conception du mélange culturel mondial à partir de l'histoire de la Caraïbe : Théoricien influent de la *créolisation*, il décrit comment le système esclavagiste a forcé des cultures différentes à se mélanger et à former une nouvelle pensée culturelle ; non plus selon le modèle de la filiation et de la pureté, mais selon une mixité chaotique et imprévisible qui produit ce qu'il appelle des « cultures composites » (Glissant 1996, 59). Dépouillés de la possibilité de conserver leurs traditions culturelles de manière pure [2], les esclaves africain.e.s (et plus tard les engagé.e.s indien.ne.s, marchand.e.s chinois.es, etc.) recréent de nouvelles formes d'expression culturelle à partir de rétentions, de *traces*, qui, selon Glissant, ont une valeur universelle :

---

[2] Nous allons revenir sur la question des « cultures pures » chez Glissant.

> Si ce Néo-Américain ne chante pas des chansons africaines d'il y a deux ou trois siècles, il ré-instaure dans la Caraïbe, au Brésil et en Amérique du Nord, par pensée de la trace, des formes d'art qu'il propose comme valables pour tous. […] La pensée de la trace est celle qui s'appose[3] aujourd'hui le plus valablement à la fausse universalité des pensées de système (Glissant 1996, 17).

Les expressions culturelles qui naissent de cette *pensée de la trace* et s'apposent / opposent à l'universalisme des *pensées de système* seraient donc vraiment universelles – « valables pour tous ». Glissant observe ensuite que le monde entier se trouve dans un état de créolisation, c'est-à-dire de transculturation, et il propose que cette *créolisation du monde* permette de retrouver la pensée de la trace et des expressions culturelles qui en dérivent aussi en dehors de la Caraïbe. Mais comment est-ce possible que la créolisation et la pensée de la trace créent des systèmes qui soient vraiment universellement valables ?

Comme nous l'avons vu, Glissant ne conçoit pas la créolisation comme un *melting pot* qui produirait une culture homogène, mais comme une rencontre d'éléments culturels en *Relation*[4]. La Relation entre ces éléments est donc pour Glissant ce qui remplace à la fois l'idée de pouvoir universaliser une seule culture, le relativisme culturel qui tient à séparer les cultures, et le modèle d'un creuset qui empêcherait peut-être l'universalisme, mais en effaçant chaque différence culturelle. La vraie Relation n'exclut pas l'identité singulière – au contraire, elle en a fondamentalement besoin. Mais elle ne devient jamais une Identité figée. Patrick

---

[3] L'emploi du mot *apposer* (au lieu d'*opposer*) peut paraître illogique à première vue et l'on peut se demander si Glissant n'a pas fait une erreur typographique. À la même page, dans la partie qui a été omise dans la citation susmentionnée, il écrit : « La pensée de la trace me paraît être une dimension nouvelle de ce qu'il faut *opposer* dans la situation actuelle du monde à ce que j'appelle les pensées de système ou les systèmes de pensée » (Glissant 1996, 17, nous soulignons), et, plus généralement, les mots *opposer* et *opposition* sont employés une trentaine de fois dans l'*Introduction*. En même temps, la citation en orthographe originale a été choisi pour le site officiel d'Édouard Glissant (conçu, écrit et réalisé par Loïc Céry 2006), et les quelques mentions du mot *apposition* dans l'*Introduction* sont peut-être révélatrices : « Comprendre l'autre, les autres, c'est accepter que la vérité d'ailleurs s'*appose* à la vérité d'ici » (Glissant 1996, 44, nous soulignons). Certains critiques accusent Glissant d'une rhétorique apparemment dichotomique – se peut-il que l'emploi du mot *apposer* dans le passage susmentionné démontre au contraire la possibilité de concomitance de concepts opposés dans sa pensée, similaire aux multiplicités et contraires qui coexistent dans le rhizome de Deleuze et Guattari (1980), l'une de ses inspirations ?

[4] Dans *Le discours antillais* Glissant appelle la pensée universaliste européenne *la pensée du Même*, et celle de la Caraïbe *la pensée du Divers* (d'où aussi le titre de son recueil *Introduction à une Poétique du Divers*) : « Le Divers, qui n'est pas le chaotique ni le stérile, signifie l'effort de l'esprit humain vers une relation transversale, sans transcendance universaliste. Le Divers a besoin de la présence des peuples, non plus comme objet à sublimer, mais comme projet à mettre en relation. Le Même requiert l'Être, le Divers établit la Relation » (Glissant 1997 [1981], 327).

Chamoiseau, son disciple et ami de longue date, l'explique ainsi : la perspective de Glissant est une perspective de la complexité du monde,

> mais on va pas tomber dans le monde de manière universelle, transparente, désincarnée. Donc il faut le lieu […]. Le lieu Martinique, le lieu Antilles, le lieu Amérique. Et là, une fois que le lieu est fondé, il va rentrer dans des explorations, qui vont venir véritablement à ce concept de la Relation. […] Le lieu n'est pas une patrie, n'est pas une nation, n'est pas exclusif de l'autre ; et le lieu – véritablement, dans son approche complexe, dans sa profondeur, dans cette dynamique d'ouverture et de réflexion – le lieu est véritablement le point à partir duquel on entre en Relation avec le monde [5] (Chamoiseau 2019, 0 :17 :55–0 :19 :00).

Glissant lui-même souligne ce point à plusieurs occasions. Dans une interview avec Lise Gauvin il dit qu'il y a « une nécessité de définir le lieu et l'identité et tout de suite après une nécessité de l'ouvrir, c'est-à-dire de ne pas s'en tenir à des définitions » (Glissant 2010 [2005], 78). Ce réflexe d'ouverture immédiate est, selon l'anthropologue Jean-Loup Amselle, ce qui distingue Glissant d'autres penseurs qui proposent des idées similaires. L'*opacité* inhérente à chaque individu ou chaque *culture* qui entre en Relation, la pensée qui relève nécessairement de *traces*, fait que sa pensée peut se détacher de l'essentialisme culturel et qu'elle propose une vraie universalité entre les éléments en contact au lieu d'un nouvel universalisme – soit il « latéral » – ou une sorte de particularisme coopératif [6].

Cet aspect est central dans la théorie de Glissant qui conçoit la vraie universalité de la Relation loin d'essentialismes ou de pensées de système. Il l'exprime par nombre d'images et de notions établies au cours de ses écrits. L'une des notions récurrentes est par exemple celle des *mythes fondateurs* : Récits de légitimation d'une *culture atavique*, ils établissent une genèse et une filiation. « C'est là un des fondements de l'expansion coloniale qui est apparu comme étroitement lié à l'idée d'un universel, c'est-à-dire avant tout à la légitimisation généralisée d'un absolu qui était d'abord fondé sur un particulier élu » (Glissant 1996, 62). Les récits fondateurs servent à unir une communauté et à défendre cette commu-

---

[5] Pour cette transition chez Glissant de l'*Antillanité* aux concepts de la créolisation et la Relation qui en résultent, voir par exemple l'*Éloge de la Créolité* (Bernabé et al. 1989, 21–29).

[6] Dans son essai « L'universalisme en question » Amselle propose que l'*universalisme latéral* de Maurice Merleau-Ponty et l'*universalisme de la traduction* de Souleymane Bachir Diagne soient des perspectives qui auraient « besoin de faire au départ de leur raisonnement l'hypothèse de cultures supposément "pures". » Il critique notamment la pensée de Diagne en disant qu'« à la différence d'un Édouard Glissant, d'un François Jullien ou d'une Barbara Cassin, S. B. Diagne ne postule aucune « opacité » ou résidu « intraduisible » qui serait au principe du rapport entre les différentes cultures : toute culture est, pour lui, par principe commensurable, compréhensible, assimilable par n'importe quel individu appartenant à une autre culture » (Amselle 2018, 48 et 53).

nauté contre d'autres communautés ; ils établissent l'idée d'une essence, d'une *pensée racine unique*, pour introduire une autre notion centrale de Glissant. Cette pensée s'oppose à la *pensée rhizome* : « La racine unique est celle qui tue autour d'elle alors que le rhizome est la racine qui s'étend à la rencontre d'autres racines » (1996, 59). Glissant emprunte cette image biologique au poststructuralisme, plus précisément à Deleuze et Guattari dans *Mille Plateaux*, pour en dériver ses catégories de cultures ataviques et de *cultures composites*. Tandis que la racine unique s'étend en profondeur et cherche la légitimité seulement en soi-même, le rhizome s'étend vers d'autres plantes et entre en Relation. La racine unique de l'image glissantienne croît de manière verticale, tandis que le rhizome croît horizontalement. Cette condamnation de la verticalité s'adresse de nouveau à l'universalisme occidental : à l'obsession des modèles de genèse et de filiation (qui tentent de s'universaliser) et à l'idée du progrès de la modernité qui doit détruire tout ce qui n'est pas (encore) moderne.

Mais cette philosophie du changement et de la non-normativité, comment réagit-elle à la violence et aux inégalités concrètes dans le monde ? S'il est vrai que les cultures composites entrent en Relation et se comprennent de manière non-essentialiste à cause d'une opacité consentie, que faire de ceux qui tiennent encore à leur Identité atavique, voire ceux qui en déduisent une politique de l'inimitié, pour revenir à la notion de Mbembe ? La question est pertinente à l'heure de nouvelles crispations identitaires dans le monde entier – réalité que l'actuelle « crise du Corona » démontre de nouveau ; quelle est la place de l'action politique dans la nouvelle universalité de Glissant ? Markus Messling (2019, 173) pose la question de cette manière : « La *Poétique du divers* [...] est paradoxale : Elle ne sait pas que dresser contre la violence qu'elle s'était décidé à combattre. Si elle ne veut pas tolérer cyniquement les abus perpétrés contre l'idée d'humanité, elle devrait imposer des limites à la maxime d'ouverture – mais elle refuse l'idée-même de normativité[7]. »

Effectivement, à première vue il peut sembler que la pensée de Glissant soit quasiment a-politique. Dans *La cohée du Lamentin* Glissant écrit par exemple que ses descriptions de la créolisation du monde ne « conçoivent aucun travail normatif qui inclinerait vers une forme parfaite. [...] Leur fonction est d'accumuler, nous semble-t-il, plutôt que d'élire » (2005, 142), et dans une interview peu après la publication du recueil il dit que « la créolisation n'a pas de morale. Ce sont des phénomènes qui existent réellement, des phénomènes de mélange, de métissage

---

[7] [« Glissants *Poétique du divers* [...] ist paradox : Der Gewalt, die zu besiegen sie ausgezogen war, hat sie wenig entgegenzusetzen. Will sie nicht zynisch gegenüber maßloser Beugung der Menschlichkeit sein, muss sie der Offenheit Grenzen setzen. Dafür aber kann sie keine Normativität gewinnen »].

avec production de résultats inattendus, qui existent dans l'histoire des humanités » (Glissant 2010 [2005], 79). Mais évidemment, Glissant n'est pas naïf ; son œuvre entière est fondée sur le savoir de l'esclavage et du colonialisme. Comme le dit Loïc Céry (2019) : « La Traite n'est pas un *thème* chez Glissant ; c'est la *matrice* de sa pensée. » Où se trouve donc la poussée politique ou normative dans sa philosophie ?

Remarquons d'abord que le plan que j'appellerai ici *descriptif* – sur lequel se joue la conceptualisation théorique du chaos-monde, de la créolisation (du monde), de la Relation – est peut-être sans normativité, mais qu'il n'est pas sans morale. Manifestement, ce que les critiques de Glissant appellent parfois ses « oppositions binaires » [« Glissant's binaries »] (Bongie 2008, 334) vise à la libération d'imaginaires clos : Comme les processus de reterritorialisation et déterritorialisation coexistent dans la philosophie poststructuraliste mais l'élément libérateur se trouve d'habitude dans le deuxième d'entre les deux, Glissant souligne la culture composite, la pensée rhizome et la pensée de la trace au détriment de la culture atavique, de la pensée racine unique et de la pensée de système. Cette préférence a pour objectif d'établir une égalité entre ceux qui entrent en Relation, comme nous montre ce passage de l'*Introduction à une Poétique du Divers* :

> [L]a créolisation suppose que les éléments culturels mis en présence doivent obligatoirement être « équivalents en valeur » pour que cette créolisation s'effectue réellement. C'est-à-dire que si dans des éléments culturels mis en relation certains sont inférorisés par rapport à d'autres, la créolisation ne se fait pas vraiment. […] La créolisation se pratique quand même dans ces conditions-là, mais en laissant un résidu amer, incontrôlable. Et presque partout dans la Néo-Amérique il a fallu rétablir l'équilibre entre les éléments mis en présence, en premier lieu par une revalorisation de l'héritage africain, c'est ce que l'on a appelé l'indigénisme haïtien, la Renaissance de Harlem et enfin la négritude (Glissant 1996, 17–18).

L'impératif d'équivalence en valeur dans ce passage est surprenant : Le processus historique de la créolisation n'a certainement pas été une rencontre d'éléments culturels « équivalents en valeur » mais une relation de force et de domination – à la fois physique et épistémologique – et Glissant serait le dernier à nier cette réalité. Il me semble donc que la Relation et la créolisation (du monde) chez Glissant, soient-ils des concepts descriptifs, portent en eux aussi une visée utopique, dans le sens de l'*utopie concrète* de Ernst Bloch (1973 [1959]). La nouvelle universalité n'est donc pas donnée ; elle reste à l'horizon aussi longtemps que le monde ne se traite pas comme « équivalents en valeur », aussi longtemps qu'il y a des particularismes qui troublent la Relation.

C'est sur un deuxième plan – un plan, disons, *pratique* – que cette utopie devient finalement politique ou éthique. Dans l'interview déjà citée Glissant continue :

> Ce que je pense, c'est que si les phénomènes de créolisation jouent dans l'histoire des humanités, ce serait pour changer les orientations des imaginaires de l'homme, des humanités. Si on arrive à orienter de manière différente les imaginaires des humanités, on trouve des solutions beaucoup plus fondamentales, permanentes et durables à des problèmes politiques et économiques que les occupations militaires ou les décisions globales de l'économie. […] C'est ce que j'appelle l'utopie et ce que j'appelle l'action de la pensée poétique sur le monde. Je pense que la pensée poétique aujourd'hui a autant de chance que les pensées politiques (Glissant 2010 [2005], 80–81).

L'utopie devient donc politique quand elle change notre manière de penser, quand elle nous apprend à vivre la Relation. Si Glissant écrit que la Relation « n'infère aucune de nos morales, c'est tout à nous de les y inscrire, par un effort terriblement autonome de la conscience et de nos imaginaires du monde » (2009, 73–74), il ne propose pas un relativisme culturel, mais plutôt une exigence éthique universelle. Les courants de revendication noire du début du XXe siècle qui ont été nommés sont un exemple pour cet effort de « changer les orientations des imaginaires », et il faut en ajouter encore d'autres discours contemporains à cette liste de courants qui visent à un nouvel équilibre: la discussion autour de la restitution d'objets d'art, la question plus large de réparations dont elle fait partie et l'exigence d'une nouvelle éthique relationnelle de la part d'Achille Mbembe (2015 [2013], 257–263), de Felwine Sarr (2017) et de Bénédicte Savoy (Sarr et Savoy 2018). Je poserai même la question de savoir si la pratique des *identity politics* du féminisme intersectionnel depuis les années 1980 ne peut pas être lue comme l'une de ces exigences d'équivalence en valeur. Les écrits d'Audrey Lorde et d'autres féministes noir.e.s nous enseignent une vigilance envers d'autres lieux ou l'« équivalence en valeur » n'est pas encore (r)établie. Pour citer Souleymane Bachir Diagne (2018, 85): « D'un mot: l'universel n'est pas donné, il s'éprouve dans les luttes multiples et la manière, encore à déchiffrer, dont elles convergent et se mènent ensemble, solidairement, dans la visée d'un horizon commun d'émancipation. »

Contrairement à Diagne il semble pourtant que l'exigence d'action politique soit quelque peu timide et cachée chez Glissant. Si les accusations d'un Chris Bongie (2008, 322–370) – qui rejette l'œuvre de Glissant à partir de la *Poétique de la Relation* en 1990 comme postmoderne, trop focalisée sur des questions de poétique, et par conséquent a-politique – vont peut-être trop loin, ce deuxième plan pratique n'est certainement pas un plan normatif. Le concept d'un « choix éthique » qui demande « la responsabilité de chaque communauté, mais aussi et avant tout de chaque individu » (Glissant 2009, 74) n'est certainement pas a-politique, mais il ne propose pas non plus les revendications politiques que cherche Bongie et qui seraient nécessaires pour combattre les inégalités mondiales indiquées par Wallerstein. Cette éthique, qui se voit paralysée de son postulat de non-normativité,

Messling (2019, 175) la sauve en soulignant que la philosophie de Glissant est aussi et avant tout celle d'une poétique. Sur ce qu'il appelle la base anthropologique de la narration, il propose l'idée d'un universel qui s'exprimerait toujours sous une forme singulière : La poétique de la Relation glissantienne pourrait donc se permettre de mettre en avant le caractère libérateur de la non-normativité, vu que la somme des problématiques et positions éthiques qu'elle décrit – à partir du vécu antillais – entrent en Relation à travers son œuvre théorique et artistique, et que son œuvre entre de nouveau en Relation avec d'autres penseur.e.s [8].

(Re-)Invention et amnésie chez Walcott

Cette même approche littéraire pour rendre des idées universelles se retrouve expressément dans l'œuvre de Derek Walcott. Dans une interview en 1985 Walcott montre qu'il est, tout comme Glissant, préoccupé par la question de l'universalité et qu'il part également de son propre vécu pour en déduire des idées universelles. Parlant de James Joyce, qu'il appelle « l'esprit le plus universel depuis Shakespeare » et qui insistait toujours sur le fait d'être irlandais, Walcott dit : « En tant que poètes, tout ce que nous pouvons faire pour écrire honnêtement c'est tout simplement d'écrire à partir de notre périmètre immédiat de pas plus que 20 milles [9] » (Walcott 1996 [1985], 105). Un deuxième parallèle important entre les deux poètes est en outre leur sensibilité pour l'aspect relationnel de la culture antillaise. Dans son discours à l'occasion du Prix Nobel, intitulé « The Antilles : Fragments of Epic Memory », Walcott écrit par exemple :

> Si vous rompez un vase, l'amour qui rassemble les fragments est plus fort que l'amour qui avait pris la symétrie du vase comme acquise quand elle était encore intacte. [...] Tel est l'amour qui rassemble nos fragments africains et asiatiques, les héritages brisés qui ne se laissent recomposer qu'avec des cicatrices. [...] L'art antillais est cette restauration de nos histoires fracturées, de nos fragments de vocabulaire ; notre archipel devient le synonyme de morceaux rompus du continent originaire [10] (Walcott 1998 [1992], 69).

---

8 Cette proposition ne suffirait pourtant pas à Bongie qui regrette le Glissant engagé et nationaliste des années 1950 et 1960, et qui se heurte exactement à cette orientation vers la poétique.
9 [« the most universal mind since Shakespeare »]; [« What we can do as poets in terms of our honesty is simply to write within the immediate perimeter of not more than twenty miles really »].
10 [« Break a vase, and the love that reassembles the fragments is stronger than that love which took its symmetry for granted when it was whole. [...] It is such a love that reassembles our African and Asiatic fragments, the cracked heirlooms whose restoration shows its white scars. [...] Antillean art is this restoration of our shattered histories, our shards of vocabulary, our archipelago becoming a synonym for pieces broken off from the original continent »].

Comme nous l'avons vu chez Glissant, Walcott décrit la société antillaise comme une rencontre de cultures différentes, mais de cultures qui se sont recomposées par des traces. Il reprend même l'image glissantien de l'archipel et du continent pour décrire la culture composite au Trinidad. Et, comme l'indique le titre de sa conférence (« Fragments of Epic Memory »), il prend ses distances par rapport aux récits fondateurs : Les épopées qu'il écrit lui-même ne sont jamais des récits clos, mais recomposés de fragments [11]. Dans un texte écrit quelques vingt ans avant le prix Nobel, « The Muse of History » (1998 [1974]), il explique cette perspective en détails : S'orienter seulement vers une seule tradition revient pour lui à la servitude d'un mythe, d'une fiction, qui ne produirait que de l'animosité.

A priori, Walcott vise donc, comme le fait Glissant, à une universalité qui dépasse à la fois l'universalisme (européen) – par la valorisation de toutes les composantes de la culture antillaise – et le risque du relativisme culturel, car il conçoit ces composantes comme fragmentaires et comme parties d'un tout. Au moins dans ces deux textes influents que je viens de mentionner, il me semble cependant qu'il y a aussi des différences essentielles par rapport à la pensée de Glissant.

La première différence revient à cette exigence d'« équilibre entre les éléments mis en présence » sur laquelle insiste Glissant. Comme lui, Walcott écrit évidemment en pleine connaissance de l'esclavage et du colonialisme :

> La grande poésie du Nouveau Monde ne prétend pas à cette innocence [une innocence imaginaire de l'Ancien Monde], sa vision n'est pas naïve. Plutôt, [...] son goût est un mélange acide et sucré ; les pommes de son deuxième Éden sont acidulées par l'expérience. Dans une telle poésie on retrouve un souvenir amer, et c'est le goût amer qui perdure le plus longtemps sur la langue [12] (Walcott 1998 [1974], 40–41).

Il est intéressant que l'image du « goût amer » revienne dans ce passage. Glissant l'utilisait pour indiquer que la Relation était encore perturbée – la créolisation inachevée qui laisse « un résidu amer » (Glissant 1996, 18). Nous avons vu qu'il souligne l'importance de mouvements comme celui de la Négritude en réponse à cette amertume pour aboutir à une vraie universalité. La perspective de Walcott me semble pourtant différente : « The Muse of History » est un texte qui, dans sa totalité, moque ceux qui sont encore préoccupés par le passé (ou plutôt par l'importance du passé dans le présent), que ce soit l'héritage européen, africain ou

---

[11] Cf. par exemple ses poèmes épiques « The Schooner Flight » et « Omeros ».
[12] [« The great poetry of the New World does not pretend to such innocence, its vision is not naïve. Rather, like its fruits, its savour is a mixture of the acid and the sweet, the apples of its second Eden have the tartness of experience. In such poetry there is a bitter memory and it is the bitterness that dries last on the tongue »].

asiatique. Pour lui, les grand.e.s poètes savent « qu'en luttant ouvertement contre une tradition nous la perpétuons, que la littérature révolutionnaire est une impulsion filiale, et que la maturité est l'assimilation des qualités de tous les ancêtres [13] » (Walcott 1998 [1974], 36). Il faut donc se demander si l'universalité à laquelle vise Walcott n'est pas prématurée, si elle n'est pas trop facilement considérée comme acquise ?

Si les auteurs de l'*Éloge de la Créolité* peuvent commencer leur texte en disant : « Ni Européens, ni Africains, ni Asiatiques, nous nous proclamons Créoles » (Bernabé et al. 1989, 1), c'est seulement parce qu'ils consacrent toute une partie de l'*Éloge* à l'importance de la lutte anti- et dé-coloniale. Glissant, quand il établit ses théories de créolisation et de Relation, commence toujours par ce qu'il appelle « une situation bloquée » – comme c'est le cas dans *Le discours antillais* (Glissant 1997 [1981], 13–17) – ou « la barque ouverte », le « gouffre » de la colonisation – dans *Poétique de la Relation* (Glissant 1990, 17–21). Mais Walcott commence « The Muse of History » tout de suite par cet « équilibre entre les éléments » que Glissant et les auteurs de la Créolité cherchent encore : Il affirme qu'« il n'y a vraiment pas de rancœur dans la littérature des Antilles [14] » (1996 [1966], 4), et que ceux qu'il appelle les grand.e.s poètes du Nouveau Monde auraient la perspective de l'Adam biblique qui est chargé de nommer un monde vierge (cf. Walcott 1998 [1974], 37). Dans un bref essai sur la Négritude Walcott admet :

> Pour nous qui avons perdu le souvenir de nos tribus et qui avons commencé de nouveau dans un Nouveau Monde, la Négritude nous permet une affirmation de fierté. Mais ce n'est pas une affirmation de notre identité complète, car celle-ci est mélangée et partagée par d'autres races [15] (Walcott 1993 [1964], 22–23).

Cette affirmation de fierté relève de la possibilité d'imaginer d'autres formes artistiques que celles des colonisateurs, explorées en premier par la Négritude. Pourtant, il conteste qu'un artiste antillais comme Aimé Césaire puisse accéder aux inspirations « noires » si centrales à la Négritude : « Senghor est un poète africain et la mythologie qu'il emploie pour ses écrits fait partie de lui. Pour Césaire, cette mythologie est une nostalgie, une légende [16] » (Walcott 1993 [1964], 21).

---

13 [« They know that by openly fighting tradition we perpetuate it, that revolutionary literature is a filial impulse, and that maturity is the assimilation of the features of every ancestor »].
14 [« There is really no bitterness in West Indian writing »].
15 [« For us, whose tribal memories have died, and who have begun again in a New World, Negritude offers an assertion of pride, but not of our complete identity, since that is mixed and shared by other races »].
16 [« Senghor is an African poet and the mythology from which he writes is one that is part of him. For Cesaire it is a nostalgia, a legend »].

Il serait faux de prétendre que Walcott ignore les rétentions et réinventions africaines en Caraïbe complètement, mais il ne les met pas forcément en avant. Cette posture a souvent été critiquée, notamment en comparaison avec Edward Kamau Brathwaite, un « poète du peuple » qui, au contraire de Walcott, « recrée l'expérience historique de la race noire dans le nouveau monde [17] » (Ismond 1993, 220 et 221). Dans une interview concernant sa pièce de théâtre *Ti-Jean and His Brothers* Walcott dit en 1970 : « L'une de mes influences, qui est trop profonde pour être constatée, est l'art africain du conteur, [...] ces chants qui chatouillent la peau et qui changent peut-être de texte, mais leur mode remonte à la mémoire tribale, et même plus lointain [18] » (Walcott cité dans Hill 1985, 5). Les influences africaines existent donc pour Walcott, mais elles sont quasiment inaccessibles ou imperceptibles.

L'une des différences fondamentales entre Glissant et Walcott est leur approche pour théoriser ces influences africaines, mais aussi européennes, asiatiques et américaines. Nous avons vu que Walcott parle d'*influences* africaines, de *l'emploi* de mythologie, de la tâche de *nommer* le monde. Si Glissant souligne l'opacité inhérente aux « cultures » en Relation pour pouvoir les conceptualiser sans essentialisme et pour aboutir à une vraie universalité, Walcott compte donc sur un argument plus esthétique : Tout comme Homi Bhabha (2007 [1994]) quelques années plus tard avec sa conception de la « culture » comme *tiers-espace de l'énonciation*, Walcott souligne le caractère construit de chaque identité culturelle, la culture ne naissant que par des *expressions* culturelles, souvent artistiques (1993 [1974], 51–55). Tandis que Glissant embrasse donc une sorte d'*essentialisme stratégique* en supposant une identité culturelle brièvement discernable pour entrer en Relation, qu'il tente ensuite d'exprimer de manière poétique, Walcott se retire complètement dans le domaine littéraire. C'est pour cette raison qu'il répète souvent que ce n'est pas l'histoire qui compte en Caraïbe, mais plutôt « la perte de l'histoire, l'amnésie des races », tandis que « c'est l'imagination qui est devenue nécessaire ; l'imagination comme nécessité, comme invention [19] » (Walcott 1993 [1974], 53).

Il semble pourtant que cette « amnésie » qu'il évoque si fréquemment joue un plus grand rôle pour Walcott que la (ré)invention de pratiques culturelles,

---

[17] [« Brathwaite is hailed as the poet of the people »] ; [« recreate the historical experience of the black race in the New World »].

[18] [« What was there too, but was too deep to be acknowledged, was the African art of the storyteller, [...] those skin-prickling chants whose words may change, but whose mode goes as far back and even past the tribal memory »].

[19] [« [The] loss of history, the amnesia of the races »] ; [« what has become necessary is imagination, imagination as necessity, as invention »].

au moins de pratiques non-européennes. Dans « The Muse of History » il écrit : « Tôt ou tard, l'esclave capitule face à l'amnésie. Cette amnésie est la vraie histoire du Nouveau Monde ». L'héritage africain, pour lui, est réduit à « un catalogue de dieux oubliés, à un amas de fragments, d'artefacts, de phrases incomplètes d'une langue morte [20] » (Walcott 1998 [1974], 39 et 44). Cette perspective radicale, qui ressemble à celle de Franklin Frazier dans son débat avec Melville Herskovits dans les années 1940, n'est pas largement partagée, mais elle sembler dominer le potentiel de (ré)invention dans l'œuvre poétique de Walcott. Prenons « The Schooner Flight », par exemple, un poème épique qui fait partie du recueil *The Star-Apple Kingdom*. Le marin Chabin y quitte son île pour confronter l'histoire et – dans un style proprement cathartique – il retourne au présent à la fin, ayant expérimenté et surmonté les horreurs du passé. Mais tout en expérimentant ces horreurs de l'esclavage et de la colonisation, il ne retrouve pas d'accès à l'héritage africain :

> Après on passe des négriers. Pavillons de tous les pays,
> nos pères en bas, sans doute trop au fond
> pour entendre nos cris. Alors on arrête de crier. Qui
> connaît son aïeul, et à plus forte raison son nom [21] ?
> (Walcott 1992 [1979], 23).

Conclusion

Non seulement l'héritage africain reste inaccessible pour Walcott, mais il ne tente pas vraiment de le (ré)inventer ; dans ces conditions, comment serait-il possible pour lui d'écrire une poésie vraiment universelle ? On peut reprocher aux deux auteurs – à Walcott encore plus qu'à Glissant – d'être trop préoccupés par des questions esthétiques et de ne pas être pas assez politiques dans un sens plus pratique. Pourtant, c'est aussi seulement dans les œuvres littéraires que la recherche vraiment *utopique*, c'est-à-dire idéaliste et illimitée, semble possible. Théorie littéraire ou pratique politique, l'exigence glissantienne reste essentielle : Tant que l'équilibre entre les éléments en Relation n'est pas donné, la nouvelle universalité reste encore à l'horizon.

---

20 [« In time the slave surrendered to amnesia. That amnesia is the true history of the New World »] ; [« A catalogue of forgotten gods, to midden fragments, artifacts, and the unfinished phrases of a dead speech »].
21 [« Next we pass slave ships. Flags of all nations, / our fathers below deck too deep, I suppose, / to hear us shouting. So we stop shouting. Who knows / who his grandfather is, much less his name ? » (Walcott 1986 [1979], 353)].

Références bibliographiques

Amselle, Jean-Loup. «L'universalisme en question». *En quête d'Afrique(s). Universalisme et pensée décoloniale*. Éds Souleymane Bachir Diagne et Jean-Loup Amselle. Paris: Albin Michel, 2018, 41–63.

Bernabé, Jean, Patrick Chamoiseau et Raphaël Confiant. *Éloge de la Créolité*. Paris: Gallimard, 1989.

Bloch, Ernst. *Das Prinzip Hoffnung*. Frankfurt/Main: Suhrkamp, 1973 [1959].

Bongie, Chris. *Friends and Enemies. The Scribal Politics of Post/Colonial Literature*. Liverpool: Liverpool UP, 2008.

Bhabha, Homi. *Les Lieux de la culture. Une théorie postcoloniale*. Trad. Françoise Bouillot. Paris: Payot, 2007 [1994].

Céry, Loïc. «Édouard Glissant – Une pensée archipélique. Site officiel d'Édouard Glissant conçu, écrit et réalisé par Loïc Céry», 2006. http://www.edouardglissant.fr/trace.html (30 avril 2020).

—. «Intervention lors du colloque international *Édouard Glissant et le Discours Antillais: La source et le delta*». Paris, 25–28 avril 2019 [manuscrit].

Chakrabarty, Dipesh. *Provincializing Europe. Postcolonial Thought and Historical Difference*. Princeton, Oxford: Princeton UP, 2008 [2000].

Chamoiseau, Patrick. Message vidéo lors du colloque international *Édouard Glissant et le Discours Antillais: La source et le delta*. Paris, 25–28 avril 2019 [mon propre enregistrement].

Deleuze, Gilles et Félix Guattari. *Mille plateaux. Capitalisme et schizophrénie II*. Paris: Éditions de Minuit, 1980.

Diagne, Souleymane Bachir. «De l'universel et de l'universalisme». *En quête d'Afrique(s). Universalisme et pensée décoloniale*. Éds Souleymane Bachir Diagne et Jean-Loup Amselle. Paris: Albin Michel, 2018, 65–85.

Glissant, Édouard. *Poétique de la Relation*. Paris: Gallimard, 1990.

—. *Introduction à une Poétique du Divers*. Paris: Gallimard, 1996.

—. *Le discours antillais*. Paris: Gallimard, 1997 [1981].

—. *La cohée du Lamentin. Poétique V*. Paris: Gallimard, 2005.

—. *Philosophie de la Relation. Poésie en étendue*. Paris: Gallimard, 2009.

—. «Repenser l'utopie». *L'imaginaire des langues. Entretiens avec Lise Gauvin (1991–2009)*. Éd. Lise Gauvin. Paris: Gallimard, 2010 [2005], 73–85.

Hill, Errol. *Plays for Today*. Essex: Longman, 1985.

Ismond, Patricia. «Walcott versus Brathwaite». *Critical Perspectives on Derek Walcott*. Éd. Robert D. Hamner. Washington D. C.: Three Continents Press, 1993, 220–236.

Mbembe, Achille. *Critique de la raison nègre*. Paris: La Découverte, 2015 [2013].

—. *Politiques de l'inimitié*. Paris: La Découverte, 2018 [2016].

Messling, Markus. *Universalität nach dem Universalismus. Über frankophone Literaturen der Gegenwart*. Berlin: Matthes & Seitz, 2019.

Sarr, Felwine. *Habiter le monde. Essai de politique relationnelle*. Montréal: Mémoire d'encrier, 2017.

— et Bénédicte Savoy. *Restituer le patrimoine africain*. Paris: Philippe Rey/Seuil, 2018.

Walcott, Derek. «The Schooner Flight». *Derek Walcott. Selected Poems 1948–1984*. New York: Farrar, Straus & Giroux, 1986 [1979], 345–361.

—. *Omeros*. New York: Farrar, Straus & Giroux, 1990.

—. «Le Schooner Flight». *Le Royaume du fruit-étoile.* Édition bilingue, traduit et annoté par Claire Malroux. Saulxures : Circé, 1992 [1979], 8–39.
—. «Necessity of Negritude». *Critical Perspectives on Derek Walcott.* Éd. Robert D. Hamner. Washington D. C. : Three Continents Press, 1993 [1964], 20–23.
—. «The Caribbean: Culture or Mimicry?». *Critical Perspectives on Derek Walcott.* Éd. Robert D. Hamner. Washington D. C. : Three Continents Press, 1993 [1974], 51–57.
—. «There's No Bitterness in Our Literature». *Conversations with Derek Walcott.* Éd. William Baer. Jackson : UP of Mississippi, 1996 [1966], 3–6.
—. «The Art of Poetry». *Conversations with Derek Walcott.* Éd. William Baer. Jackson : UP of Mississippi, 1996 [1985], 95–121.
—. «The Muse of History». *What the Twilight says. Essays.* New York : Farrar, Straus & Giroux, 1998 [1974], 36–64.
—. «The Antilles: Fragments of Epic Memory». *What the Twilight says. Essays.* New York : Farrar, Straus & Giroux, 1998 [1992], 65–84.
Wallerstein, Immanuel. *European Universalism. The Rhetoric of Power.* New York, London : The New Press, 2006.

Valérie Deshoulières
Penser *contre* la mémoire européenne

Le pari de l'hospitalité entre « universalisme sceptique » et « relativisme hiérarchique »

Résumé : Plus que jamais, la crise sanitaire que nous subissons nous force à nous poser cette question fondamentale : « Où atterrir ? ». Face aux déchaînements de la Terre qui menacent la survie de l'humanité, il n'est plus temps de penser la réalité en termes d'opposés : singulier/universel, local/global, droite/gauche etc. Mise à genoux par un virus, l'Europe n'a d'autre choix, pour se relever, que de s'unir enfin au-delà de l'euro pour mettre en pratique les « vertus communes » et les « solidarités concrètes » défendues depuis longtemps par un certain nombre d'intellectuels : l'écologie politique doit constituer désormais sa nouvelle *orientation* et la cohabitation avec les laissés-pour-compte de la mondialisation son nouveau *pari*. Le pari de l'hospitalité.

Mots-clés : hospitalité ; convivance ; universalisme/relativisme ; écologie politique ; microbe ; terre/terrestre ; Bruno Latour ; Vincent Citot

Le 16 mars 2007, au cœur de la campagne présidentielle qui allait mener à l'élection de Nicolas Sarkozy, 44 écrivains signaient ensemble dans le journal *Le Monde* un *Manifeste pour une « littérature-monde » en français*, qui fut suivi, trois mois plus tard, d'un ouvrage collectif édité par Michel Le Bris et Jean Rouaud, afin de défendre « les puissances d'incandescence de la littérature » (Le Bris et al. 2007) contre tous ceux qui l'avaient tirée vers la seule linguistique, d'opposer, en d'autres termes, un *centre* devenu vide, Paris en l'occurrence, « lieu de perdition mondaine » (Le Bris et al. 2007) peuplé d'écrivains sédentaires sans inspiration, dépressifs, nombrilistes ou formalistes, à la *périphérie* habitée au contraire par de fervents rêveurs appelant à un dépassement des frontières anciennes de la littérature. Si la générosité politique de cet « appel » (Le Bris et al. 2007) ne faisait aucun doute : il s'agissait bien pour ces voyageurs de livrer combat pour créer un espace post-colonial, elle passait cependant par une polarisation esthétique qui ne tarda pas à poser question.

Fallait-il opposer ainsi, de manière réductrice, caricaturale somme toute, les écrivains *nomades* et les écrivains *immobiles*, l'horizon métisse et l'identité

Valérie Deshoulières, Université de la Sarre/Institut catholique de Paris

franco-française, le *devenir-créole* et la sclérose hexagonale, le centre et la périphérie, l'ici et l'ailleurs, les Français et les étrangers ? Devait-on, autrement dit, penser ainsi la réalité comme la littérature en termes d'opposés ? En 2008, Camille de Toledo revient sur ce qu'il appelle « l'offensive des géants » (de Toledo 2008, 11) dans un essai courageux : *Visiter le Flurkistan ou les illusions de la littérature-monde*, et dénonce ce qu'il estime relever du cliché en rappelant notamment que Stevenson, Proust ou encore Gracq avaient voyagé loin sans mordre la poussière. Composé de « bons sismographes », mais de « piètres oracles » (de Toledo 2008, 74), le parti des « voyageurs » (de Toledo 2008, 11 et sq.) s'était fourvoyé selon lui en donnant à choisir entre le Verbe sacré et le bégaiement, le souffle et l'extinction : « Comme les guérisseurs ont besoin de malades, commente-t-il, nous avons besoin de Césaire *et* Beckett, de Bouvier *et* Perec » (de Toledo 2008, 78).

Ce que l'auteur du *Hêtre et du Bouleau* (de Toledo 2009) – un essai absolument pas *politically correct* consacré à la chute du mur de Berlin – stigmatise surtout, c'est la dimension idéologique inhérente à tout manifeste, qui demeurera toujours, en dépit de ses bonnes intentions, un objet « de volonté et de pouvoir » « [s'affirmant] par autorité », « [s'imposant] par ruse » et « [substituant] à la pluralité des expériences esthétiques, des grilles de lecture suffisamment proches du réel pour s'en emparer » (de Toledo 2008, 18). Le problème est justement que du réel on ne s'empare jamais : il est libre. En résumé : pour donner du corps – du coffre ? – à l'appel évidemment louable lancé en 2007 par cette escouade d'auteurs, lecteurs de Gilles Deleuze et d'Edouard Glissant, il convenait de le dialectiser en pensant la périphérie non pas *contre* le centre, mais *avec* lui ; en le faisant imploser, en repartant de la démesure, du métissage, de la créolité, de l'inventivité, de la bâtardise même de la langue française, contre sa fixation, sa beauté classique, sa blancheur, sa pureté : « Entre le devenir créole de l'identité et le vertige de sa perte, il n'y a pas à choisir. Il n'y a qu'à osciller » (de Toledo 2008, 51), revendique celui qui a lu non seulement Deleuze et Glissant, mais aussi et surtout Claudio Magris qu'il a suivi dans son pèlerinage aux sources du *Danube* en Mitteleuropa, un centre de littérature et de mémoire, certes, mais un centre creux : un anneau [1].

En filigrane du titre de l'essai de Markus Messling, coulisses et socle du beau colloque dont le présent volume retrace le cours, nous lisons le même avertissement : *Universalität nach dem Universalismus. Über frankophone Literaturen der Gegenwart* (2019). A l'instar de Camille de Toledo en effet, Markus Messling se méfie du suffixe en ISME, utilisé pour former tout nom correspondant à une doctrine, un dogme, une idéologie ou une théorie, qu'elle soit religieuse, politique

---

[1] Camille de Toledo se réfère régulièrement au roman de Claudio Magris *Danube*, 1988.

ou scientifique, comme de toute pensée trop prompte à fixer le réel ou à le cliver. Le paradoxe – le dilemme plus justement – qu'il interroge, par conséquent, en essayant d'accueillir, dans le même mouvement, l'adieu au territoire, la créolisation de la littérature et la transformation de la nature par la fiction, est fondamental, croyons-nous, pour penser l'Europe aujourd'hui :

> Nous nous retrouvons aujourd'hui face à un dilemme : d'un côté, les arguments universalistes en faveur de la liberté, l'égalité et de la solidarité, basés sur l'idée d'humanité, sont les plus puissants dont nous disposons pour contrer la réapparition de tendances politiques racistes et populistes et pour défendre les Droits de l'Homme. Mais d'un autre côté, compte tenu de la dialectique historique du régime de l'universalisme, nous ne pouvons plus nous y référer sans faire preuve de prudence et de discernement [2] (Messling 2019, 23).

En épigraphe à la critique de l'idée d'universalisme qu'il formule et des valeurs de Liberté, d'Egalité et de Fraternité qui l'accompagnent, héritées de la Révolution française, il a choisi trois citations tirées des *Essais* de Montaigne, de *Die Barbarei der anderen* d'Immanuel Wallenstein et de *Politique de l'inimitié* d'Achille Mbembé. Il aurait pu aussi se référer au réquisitoire sévère de Jean-Claude Shanda Tonme : bien que rédigées dans un style… idiosyncrasique et publiées chez un éditeur qui ne fait pas toujours l'unanimité, ses *Réflexions sur l'universalisme* (Shanda Tonme 2005) méritent attention. Rappelant à nos mémoires la sinistre affaire *Eyadema*, ayant occupé le poste de président de la République togolaise durant trente-huit ans et considéré par la majorité des ONG comme un dictateur, ce diplomate, juriste consultant international, fondateur en 1997 du Centre Africain de Politique Internationale (CAPI) et président de la Commission Indépendante Contre la Discrimination et la Corruption, une organisation humanitaire basée à Yaoundé, au Cameroun dont il est originaire, dénonce, dans une langue certes *impure*, mais vivante et libre, « la supercherie de l'universalisme » (Shanda Tonme 2005, 239) au chapitre 9 de son ouvrage.

Le discours sur la conscience universelle, écrit-il, est « une pure tromperie qui sert à endormir les idiots » (Shanda Tonme 2005, 241) : du Traité de Moscou sur la non prolifération nucléaire signé en 1963 par « une bande de copains […] [désireux d'] interdire aux autres peuples de s'élever à leur niveau, dans la maîtrise et l'utilisation des matières fissiles » (Shanda Tonme 2005, 242) aux sommets France-Afrique (appelés sommets Afrique-France depuis 2010) organisés chaque

---

[2] [« Wir befinden uns daher heute in einem Dilemma: Einerseits sind die universalistischen, menschheitlichen Argumente für Freiheit, Gleichheit und Brüderlichkeit die stärksten, die wir haben, um dem Aufkommen völkischer und rassistischer Politiken entgegenzutreten und Menschenrechte zu verteidigen. Andererseits können wir diese Argumente in Anbetracht der Dialektik ihrer universellen Einforderung nicht mehr unbeschränkt ins Feld führen. »]

année depuis 1973 entre responsables africains et français, « véritable tintamarre qui n'aura servi qu'à légitimer et à rassurer les dictateurs » (Shanda Tonme 2005, 241), l'utopie universaliste n'a cessé de se dégrader jusqu'à devenir un discours hypocrite visant à banaliser « les pouvoirs sales » (Shanda Tonme 2005, 10) et les monarchies obscurantistes qui ruinent l'Afrique depuis des décennies. Il y a longtemps, en d'autres termes, que l'héritage de Senghor a été dilapidé et que son invitation lyrique à l'unification des pensées et des destins s'est heurtée à la misère effective du peuple africain.

A rebours de la théorie d'un seul monde, de ce « village global » imaginé par une poignée de géopoliticiens visionnaires et de capitalistes marchands [3], l'invitation lancée par Shanda Tonme est tout simplement réaliste : « [...] la véritable évolution du monde, la seule qui soit positive », estime-t-il, est celle qui « valorise une approche pragmatique en fonction des intérêts et des spécificités. [...] le seul modèle capable de rassurer et de concilier les peuples, c'est le modèle fédéraliste » (Shanda Tonme 2005, 242). La question principale soulevée par ces pages « écrites avec les tripes », celles de l'auteur et celles de milliers d'Africains assassinés par une poignée de truands, réinscrite dans le contexte historique, philosophique et anthropologique du colloque pour lequel le présent texte fut écrit [4], n'est autre que celle-ci : comment penser, au-delà des dichotomies, celles que dénonce aussi Camille de Toledo, un horizon d'universalité qui ne tienne pas de l'illusion idéaliste sans pour autant tomber dans le nihilisme relativiste ?

Dans un article lumineux publié en 2009, le philosophe Vincent Citot examine précisément « l'idée d'humanité par-delà l'universalisme métaphysique et le relativisme nihiliste » (Citot 2009, 89) en soulignant, pour commencer, à quel point la pensée, « mue par une certaine idée de la clarté » (Citot 2009, 89), a une remarquable tendance à prendre position *pour* ou *contre* : « Ce qu'elle appelle une thèse ou une doctrine ressemble ainsi à un camp retranché, où elle pourra édifier une forteresse, tenir un siège, canonner les doctrines concurrentes » (Citot 2009, 89). Prenant soin ensuite de distinguer l'universel – ce qui nous unifie et nous porte vers l'Un – de la communauté comme de la généralité, il formule une série d'interrogations qui jalonnèrent notre rencontre à la Villa Europa : l'universalisme est-il un idéalisme et le matérialisme un relativisme ? L'universalité ne saurait-elle être que de principe, autant dire d'esprit ? Une expérience de l'universel est-elle possible ? L'universel se confond-il avec le général ? Comment l'universel peut-il avoir

---

3 Rappelons que l'expression « village global » (ou « village planétaire ») est un calque de l'anglais *global village*, expression créée par Marshall McLuhan (1967) dans son livre *The Medium is the Message*.
4 Il en a constitué l'ouverture. Ce colloque a été accueilli par l'Institut français à la Villa Europa dans le cadre de son partenariat avec l'Université de la Sarre.

une histoire? Sa double critique méthodique de la dérive absolutiste de l'universalisme comme de la radicalisation nihiliste du relativisme recoupent en bien des points le *coup de gueule* de Jean-Claude Shanda Tonme.

Il lui fait notamment écho – mais aussi à Gustave Le Bon examinant en 1913 dans ses *Aphorismes du temps présent* la relativité de la morale – en se demandant pourquoi les moralistes continuent à voir dans les droits de l'homme une sorte d'avènement historique et progressif de l'universel, alors même que l'histoire de ces droits de l'homme montre à quel point l'idée de « l'homme » (Citot 2009, 93) dépend des cultures et des époques:

> Depuis plus de deux siècles, on ne cesse de proclamer toujours plus de « droits de l'homme », selon un processus cumulatif qui empile des droits nouveaux sur d'autres plus anciens, et qui les contredisent parfois frontalement. [...] Les droits de l'homme onusiens, par exemple, sont en constante évolution du fait de l'ajout de nouvelles déclarations « universelles » depuis les années 60. Ces adjonctions ne sont que des tentatives de modération du droit individualiste occidental par les conceptions non-occidentales du droit et de la justice, de plus en plus en force à l'Assemblée Générale des Nations Unies depuis l'accession à l'indépendance des pays du « tiers-monde » (Citot 2009, 96).

C'est peut-être dans le contexte épistémologique que Vincent Citot déploie de la manière la plus convaincante sa critique de l'idée d'universalisme. Sa déconstruction méthodique du mythe d'une science pourvoyeuse de vérités universelles se situe dans la lignée de Karl Popper, d'Isabelle Stengers et de Bruno Latour. Trois penseurs ayant montré de façon magistrale que les vérités n'existaient pas en soi car seuls les rapports sont vrais et que l'universel, par conséquent, ne pourrait jamais être qu'un horizon. Il nous semble que la transposition de ces réflexions dans le contexte de la construction européenne nous ouvre des pistes d'une grande richesse. Nous avons effectué récemment un petit exercice très stimulant: nous avons tout simplement remplacé chaque occurrence du mot *universel* par le nom *Europe*. Et nous avons obtenu les résultats suivants: l'Europe n'est qu'un horizon: on ne saurait l'idolâtrer par conséquent comme une hypostase métaphysique. Le contraire d'un Eldorado en somme. Pour la penser comme pour la construire, il convient naturellement d'en rabattre. D'*atterrir*.

Dans son dernier essai *Où atterrir ? Comment s'orienter en politique* (Latour 2019 [2017]) que nous assimilerons volontiers à une « prière pratique » plutôt qu'à un manifeste, comparable à celle de Barbara Cassin (2014) en conclusion de *Philosopher en langues – Les intraduisibles en traduction*, Bruno Latour, comme Berlioz en son temps, considère qu'il convient de *faire froidement les choses brûlantes*. Qu'est-ce donc qui *brûle* aujourd'hui ? La Terre, rien de moins, qui ne correspond plus du tout à l'horizon du global depuis le 13 décembre 2015, date de la COP21. Après avoir prôné *le retour à la terre* l'homme découvre avec stupeur que « la terre se retourne » (Latour 2019 [2017], 72). Se retourne sur elle-même. Résiste. Nous demande raison. Le livre de la terre, celui dont Blumenberg (2007) a tourné les pages avec inspiration [5], est devenu une facture dont nous devons payer l'astronomique montant [6]. Livre de raison. Livre de comptes. Plus question désormais de perdre son temps à arpenter d'anciens vecteurs ni de stagner dans de stériles oppositions: droite/gauche; global/local; français/étranger.

En conclusion, comme Bruno Latour, c'est en Europe que nous voudrions nous *poser*. Mieux encore: ici-même, en Grande Région, là où la première Europe s'est faite par le bas: le fer, l'acier et le charbon. Car c'est ici-même, en Grande Région, dont la partie lorraine aura été particulièrement ébranlée par l'épidémie de coronavirus, que la « seconde Europe » (Latour 2019 [2017], 129) – celle qui pourrait se refaire aussi par le bas, l'humble matière d'un sol un peu durable :

> Tout se passe comme si l'Europe avait passé avec les migrants potentiels un pacte centenaire […]. Ayant envahi tous les peuples, voici que les peuples reviennent sur elle […]. Comme au début de son histoire, elle reprend la question de l'universalité, mais, cette fois-ci, elle ne se précipite pas pour imposer à tout le monde ses propres préjugés. Rien de tel qu'un vieux continent pour reprendre à nouveaux frais ce qui est commun et s'apercevoir, en tremblant, que l'universelle condition aujourd'hui, c'est de vivre dans les ruines de la modernisation, en cherchant à tâtons où habiter (Latour 2019 [2017], 130–131).

L'Europe, patrie de tous ceux qui cherchent un sol. Serait européen qui le voudrait. Et *le vieux continent*, mis à genoux – *parasité* – par un virus à double souche, de recouvrer son universalité en pariant enfin sur l'hospitalité [7]. Le 28 mars 2020, l'Albanie devait dépêcher 30 médecins et infirmiers en Italie, l'un des pays euro-

---

5 Voir la lecture que nous en proposons dans notre essai *La Gouge et le Scalpel – Oscillations pendulaires entre l'Art et la Science* (Deshoulières 2017).

6 Relues dans le contexte tragique de la crise sanitaire liée à la propagation planétaire du Covid 19 les pages finales de cet essai nous font frémir. Notamment ce passage : « D'autant que l'Europe a passé un autre pacte avec les autres terrestres qui eux aussi se mettent en marche pour envahir ses frontières : eaux des océans, rivières asséchées ou en crue, forêts obligées de migrer assez rapidement pour ne pas être rattrapées par le changement de climat, microbes et parasites, tous aspirent eux aussi à un grand remplacement » (Latour 2019 [2017], 130). En 1984, chez le même éditeur, Bruno Latour avait publié un ouvrage qu'on pourrait qualifier aujourd'hui de prophétique: *Pasteur : guerre et paix des microbes*, suivi de *Irréductions*. Sa comparse de toujours, Frédérique Aït-Touati (2020), chercheuse au C. N. R. S et dramaturge, vient de lui consacrer un article marquant dans l'excellente revue AOC.

7 Nous nous permettons de renvoyer ici au numéro 9 – et dernier numéro – de notre revue *Villa Europa*, Actes de la Journée de l'Europe organisée le 9 mai 2019 à la *Villa Europa* et à l'Université de la Sarre en partenariat avec la pépinière d'entreprises Capentreprendre de Forbach et l'Uni-GR. Et, en particulier, aux articles de Francis Wolff: « Imaginer un nous pour demain », de Ghislaine Alajouanine: « Au feu de l'espoir. Plaidoyer pour la convivance » et d'Alain Montandon: « L'hospitalité : une valeur fondatrice de l'Europe », 2020.

péens le plus touché par l'épidémie de Covid-19 et l'un des pays européens dont la politique migratoire, mise en œuvre par Matteo Salvini, fit naguère sortir de ses gonds Jean Asselborn, le doyen luxembourgeois, en termes d'ancienneté, des ministres des Affaires étrangères de l'Union européenne : « Merde alors ![8] ».

Références bibliographiques

Aït-Touati, Frédérique. «'Nous ne sommes pas le nombre que nous croyions être' – relire *Les Microbes* de Bruno Latour». *AOC* (23 mars 2020). https://aoc.media/critique/2020/03/22/nous-ne-sommes-pas-le-nombre-que-nous-croyions-etre-relire-les-microbes-guerre-et-paix-de-bruno-latour/ (9 juin 2020).

Alajouanine, Ghislaine. «Au feu de l'espoir. Plaidoyer pour la convivance». *Villa Europa 9* (2020) : 27–32.

Blumenberg, Hans. *La lisibilité du monde*. Trad. Pierre Rusch et Denis Trierweiler. Paris : Cerf, 2007.

Cassin, Barbara. *Philosopher en langues – Les intraduisibles en traduction*. Paris : Éditions Rue d'Ulm, 2014.

Citot, Vincent. «L'idée d'humanité, par-delà l'universalisme métaphysique et le relativisme nihiliste». *Le Philosophoire* XXXI.1 (2009) : 89–112.

Deshouillères, Valérie. *La Gouge et le Scalpel – Oscillations pendulaires entre l'Art et la Science*. Paris : Hermann (« Savoir Lettres »), 2017.

Latour, Bruno. *Pasteur : guerre et paix des microbes, suivi de Irréductions*. Paris : La Découverte, 2011 [1984].

—. *Où atterrir ? Comment s'orienter en politique*. Paris : La Découverte, 2019 [2017].

Le Bon, Gustave. *Les aphorismes du temps présent*. Paris : Flammarion, 1913.

Le Bris, Michel et al. «Pour une "littérature-monde" en français». *Le Monde* (15 mars 2007). https://www.lemonde.fr/livres/article/2007/03/15/des-ecrivains-plaident-pour-un-roman-en-francais-ouvert-sur-le-monde_883572_3260.html (1er mai 2020).

— et Jean Rouaud. *Pour une littérature-monde*. Paris : Gallimard, 2007.

Magris, Claudio. *Danube* Trad. Jean et Marie-Noëlle Pastureau. Paris : Gallimard, 1988.

McLuhan, Marshall. *The Medium is the Message*. New York : Bantam Books, 1967.

Messling, Markus. *Universalität nach dem Universalismus. Über frankophone Literaturen der Gegenwart*. Berlin : Matthes & Seitz, 2019.

Montandon, Alain. «L'hospitalité : une valeur fondatrice de l'Europe». *Villa Europa 9* (2020) : 33–41.

Shanda Tonme, Jean-Claude. *Réflexions sur l'universalisme*. Paris : L'Harmattan (« Point de vue »), 2005.

Toledo, Camille de. *Visiter le Flurkistan ou les illusions de la littérature-monde*. Paris : PUF, 2008.

—. *Le Hêtre et le Bouleau – Essai sur la tristesse européenne*. Paris : Seuil, 2009.

Wolff, Francis. «Imaginer un nous pour demain». *Villa Europa 9* (2020) : 19–26.

---

[8] J. Asselborn à l'occasion d'un sommet européen. Vienne, le 14 septembre 2018.

Mohamed Kerrou
Tempo et rythme des révolutions universelles

Dialogue avec Edward Said autour de la musique et de la politique

Résumé : Les langages et modes sociaux d'affirmation identitaire que sont la musique et la politique constituent une perspective d'interprétation des révolutions combinant rupture et continuité. Le dialogue avec les textes d'Edward Said ouvre la voie à cette interprétation inhabituelle en sciences sociales d'autant plus que son approche critique et nuancée oscille entre les pôles du singulier et du pluriel, de tempo et du rythme, de la vitesse et de l'harmonie du jeu instrumental. Du coup, elle est au cœur de la problématique des révolutions modernes, lesquelles sont à la fois des phénomènes particuliers aux pays où elles se lèvent et universelles par leur vocation émancipatrice. De tels processus historiques invitent à repenser les questions du local et du national, de l'individu et de la collectivité, à l'ère de la globalisation. Sans parler des défis que soulève l'alternance entre révolution et transition démocratique, avec la coexistence conflictuelle entre le nouveau et l'ancien régime. D'où le recours à plusieurs expériences et lectures variables en fonction des contextes et des cadres de référence qui imposent le comparatisme raisonné pour saisir les dynamiques variées des universalismes en acte. Par-delà ces pôles différenciés et structurations plurielles de l'existence, la question de fond demeure celle de savoir dans quelle mesure les politiques sont capables d'accueillir les musiques du monde.

Mots-clés : Amérique ; ancien régime ; démocratie ; Europe ; global/globalisation ; intersubjectivité ; liberté ; local ; Mur de Berlin ; monde ; musique ; particularisme ; pluralisme ; politique ; processus historique ; révolte ; révolution ; révolutions arabes ; rythmes ; tempo ; transition ; universalismes

Dans leur recueil d'entretiens intitulé *Parallèles et Paradoxes. Explorations musicales et politiques*, Edward Said et Daniel Barenboim débattent de leurs expériences et parcours, en privilégiant l'éducation et la culture, dans leur capacité d'établir un pont entre les différences sociales et politiques.

Mohamed Kerrou, Université de Tunis El Manar

En matière de musique et d'interprétation, Said et Barenboim conviennent de l'existence d'un paradoxe, « à savoir que l'on ne peut se passer des extrêmes ; que l'on doit trouver une voie permettant de réunir les extrêmes, pas nécessairement en atténuant l'"extrémité" de chacun, mais en élaborant un art de la transition » (Said et Barenboim 2003, 97).

Autrement dit, il s'agit de trouver un lien entre les extrêmes du jeu musical, ou ce que Said appelle, un « argument ou simplement une forme » qui n'est pas définissable, mais dépend du jeu des musiciens et non du pouvoir du chef d'orchestre (Said et Barenboim, 98–102).

Une telle réflexion sur la méthode et le pouvoir de la musique vaut également pour la politique dans ses moments *crescendo*, de montée en puissance, que sont la révolution et la transition, les deux manières de susciter le changement. La première opère par la « rupture radicale » avec l'ancien ordre et la seconde s'effectue par la « réappropriation du changement », via le truchement des valeurs démocratiques, civiles et non-violentes (Chabot 2015, 145–159).

Si la révolution et la transition sont deux processus historiques différents et organiquement liés, leur avènement et devenir dépend du contexte, de la volonté politique des acteurs, des enjeux et de l'imaginaire social agencé en vue d'assurer le changement voulu et désiré.

La révolution politique libérale ouvre sur la transition démocratique qui constitue un horizon, une voie de passage de l'autoritarisme vers la démocratie conçue comme limitation de pouvoir des gouvernants, protection des droits humains et pluralisme des expressions politiques et culturelles.

Or, qu'est-ce qu'une révolution sinon une transformation qui change radicalement le réel pour engendrer un nouveau régime de subjectivité c'est-à-dire un ensemble de dispositifs cognitifs et émotionnels inédits, porteurs d'une nouvelle vision des rapports individuels et sociaux (Bozarslan et Demelemestre 2016, 21–24) et d'une interaction avec les dynamiques politiques et institutionnelles (Tarragoni 2015, 16sq.). Les conséquences émotionnelles et réflexives du fait révolutionnaire sont solidaires d'un questionnement et d'une remise en cause des statuts, des fonctions et des rôles dans l'espace-temps d'une nation.

La révolution moderne, celle qui s'attache à refonder la cité sur la base de la citoyenneté égalitaire, porte une double vocation : celle d'être à la fois singulière et universelle. En cela, elle porte la marque de sa société, de sa culture, de son histoire et, dans le même temps, elle génère des constances et des régularités telles que la mise en place d'un nouveau pouvoir, d'un style de gouvernement et de débat de type démocratique.

Par-delà cette double vocation, la révolution est fondamentalement indéterminée, indéfinissable et insaisissable. En cela, toute révolution est quelque part, une musique ou plutôt une musicalité orientée par le *tempo* et le rythme, la vitesse ou la manière dont elle est pulsée ainsi que l'harmonie du jeu instrumental, des voix et des mélodies, tout en demeurant libre et flottante (Buch 2016, 566–584).

C'est cette polyphonie musicale et politique que nous allons évoquer ici, en esquissant une synthèse des moments révolutionnaires contemporains qui sont au croisement de la mémoire et de l'histoire contemporaines, dans ces lieux internationaux d'effervescence politique et culturelle que sont Berlin, l'Europe, la France, l'Amérique et les pays du « printemps arabe ».

La chute du Mur de Berlin et les limites de l'universalisme démocratique

Trois jours après la chute du Mur de Berlin survenue le 9 novembre 1989, Daniel Barenboim dirigeait l'Orchestre Philharmonique de Berlin dans un concert destiné aux Allemands de l'Est. Trente ans plus tard, il se souvient de cet évènement historique, à caractère imprévisible et inattendu, qui eut lieu au moment où il enregistrait *Cosi fan tutte* de Mozart.

En tant que musicien et témoin, Barenboim brosse une analyse nuancée de l'Allemagne qui fut certes réunifiée mais « uniquement sur le papier » dit-il, dans la mesure où tout se passe comme si elle avait « raté une marche », à savoir « le moment de sensibilité humaniste qui aurait été nécessaire ». D'où les problèmes du statut subalterne des ex-Allemandes de l'Est, de l'absence d'éducation, de l'antisémitisme et de la montée de l'extrême droite (France Musique 2019).

En 1999, dix ans après la chute du Mur, Barenboim fonde avec son ami Edward Said, à Weimar, le *West Eastern Divan Orchestra* regroupant des musiciens du Moyen-Orient, pour la plupart israéliens et palestiniens, dans une optique pacifique et humaniste.

Dix-sept ans plus tard, cet orchestre devient l'Académie Barenboim-Said, située à Berlin et accueillant des artistes du Moyen-Orient et du Maghreb, pour une formation diplômante en musique, les habilitant à jouer un rôle au sein des sociétés civiles de leurs pays d'origine.

À l'instar de ce projet destiné à contribuer à la paix entre les Palestiniens et les Israéliens sans pouvoir changer, ni de près ni de loin la donne sur le terrain, la commémoration du 250e anniversaire de Beethoven, en 2019, ne résoudra pas les problèmes de l'Allemagne.

Cependant Barenboim demeure optimiste, étant convaincu que « les petits pas » font avancer les choses. Reste que « les petits pas » et encore mieux « les petits actes de rébellion » (Crawshaw et Jackson 2011) découlant des résistances des individus, souvent isolés et désespérés mais convaincus du nécessaire changement, font les révolutions et transforment le monde. Il en est ainsi de la Chute du Mur de Berlin qui, malgré ses limites objectives pour l'Allemagne et l'Europe, fut un tournant historique majeur qui provoqua une onde de choc un peu partout dans le monde, avec la montée des exigences de liberté et de démocratie, suite à l'effondrement des régimes des pays du « socialisme réel » de l'Europe de l'Est, satellitaires de l'ex-URSS.

Le Mur de Berlin étant associé historiquement à la division, à l'injustice et à la guerre froide, sa chute devenait le symbole de la liberté contre l'oppression dans le monde entier (D. et Kara 2020). C'est à partir justement de 1989, que les régimes dictatoriaux en Amérique du Sud et en Asie allaient vaciller en raison de la demande pressante de liberté et de démocratie de la part des gouvernés. Dans les pays arabes, les régimes autoritaires alliés aux pays occidentaux sont mis sous pression diplomatique et financière pour une démocratisation formelle alors que leurs élites exprimaient des exigences de justice et de liberté et que les peuples versaient, en raison de leurs conditions de survie, vers « les émeutes du pain ». Berlin agissait au niveau de l'imaginaire politique universel, avec des variations et des rythmes différenciés selon les contextes politiques.

Les exigences et les valeurs de justice, de liberté et de démocratie, ne fondaient pas seulement l'Europe et le monde occidental mais étaient universelles, partagées par tous les peuples, sauf que dans la pensée et le projet politique d'occidentalisation du monde associée au triomphe du capitalisme mondial, leur vocation universelle était convertie en valeurs occidentales libérales.

À vrai dire, le combat pour les libertés est objectivement la chose la mieux partagée par les peuples. Déjà, dans les années 1970, la chute des dictatures européennes héritées de l'après-guerre sur les franges méridionales du Continent, aussi bien en Grèce qu'en Espagne et au Portugal, ouvrait la voie vers l'émancipation et la transition pacifique et durable.

Avec la chute du Mur de Berlin, fut renforcée et diffusée à large échelle, par le biais de la science politique des transitions dite « transitologie » et par les institutions internationales, l'idée de la démocratie comme « priorité stratégique », de nature occidentale, capable d'être exportée partout dans le monde, en tant que « modèle universel ».

Parce qu'elle est enracinée dans les expériences politiques européennes et américaines, la démocratie en tant que principe de souveraineté des gouvernés semble relever de la culture occidentale moderne. Une telle conception est réductrice dans la mesure où elle ne tient pas compte, selon Pierre Rosanvallon, de l'histoire de la démocratie comme fait inachevé ainsi que des expériences délibératives non-occidentales, sans parler du versant impérialiste de l'exportation de la démocratie dans le cadre de rapports internationaux de domination. D'ailleurs, l'appropriation culturelle de l'idée de démocratie par les puissances occidentales s'inscrit dans le cadre de l'idéologie hégémonique. L'illustration caricaturale d'une telle politique, incarnée par les États-Unis d'Amérique, en fut donnée en Irak où, sous couvert de neutraliser la dictature militaire de Saddam Hussein et du parti Baâth, le pays fut occupé militairement, ses richesses énergétiques exploitées et ses musées honteusement pillés.

À regarder de près, l'histoire de la démocratie est une histoire universelle et complexe. Sa promotion au nom d'une prétendue origine occidentale n'aide pas à sa diffusion. Au contraire, elle crée des oppositions au sein de l'opinion des sociétés soumises aux régimes autoritaires. C'est pourquoi « l'universalisme fermé » de cette promotion hégémonique devrait céder le pas, selon Rosanvallon, à un « universalisme ouvert » qui permet, à la fois, de faire retour sur ses propres indéterminations et de la confronter aux autres expériences (Rosanvallon 2007).

Il est évident que la démocratie ne se réduit guère aux formes procédurales de la représentation par les élections. Théorisée par Joseph Schumpeter, cette définition minimaliste de la démocratie allait faire long feu dans les discours dominants alors que les pays occidentaux avaient traversé des épreuves où des régimes totalitaires étaient le produit d'élections et ils continuaient, dans l'après-guerre, à subir des contournements de la volonté générale par la prévalence de la logique capitaliste financière dans l'arène politique. Les voix s'achètent et sont l'objet de manipulations via les moyens de publicisation et les sondages d'opinion, en dépit de la liberté d'expression et d'association protégée par les lois et les institutions constitutionnelles.

Pour importantes qu'elles soient, les élections libres ne garantissent pas que le gouvernement et la politique soient au service de l'intérêt général, ni que les institutions élues soient démocratiques. Pour qu'il y ait une légitimité démocratique, il importe qu'émergent des autorités indépendantes des pouvoirs, des cours constitutionnelles qui permettent le contrôle des lois votées et tout un art de gouvernement attentif aux attentes des citoyens et des situations politiques singulières qui émergent régulièrement, notamment lors des crises.

C'est dans ce sens que Rosanvallon théorise l'idée d'une triple légitimité démocratique : une légitimité d'impartialité qui permet la mise à distance des positions partisanes et des intérêts particuliers ; une légitimité de réflexivité qui prend en considération les expressions plurielles du bien commun et une légitimité de proximité qui permet la reconnaissance des différences politiques et culturelles (Rosanvallon 2008).

Grâce à la mise en œuvre de ces légitimités, la démocratie ne se réduit pas à un régime politique mais constitue à la fois une pratique, un idéal et un projet de société. Elle ne se décrète pas mais se vit au quotidien et s'améliore au gré des expériences vécues, un peu partout dans le monde. Aussi, les expériences délibératives non-occidentales que l'on retrouve, entre autres, dans les palabres africaines ou dans les assemblées lignagères maghrébines appelées *Djemâa*, et d'autres institutions informelles similaires, tiennent de la démocratie participative. C'est dans cette perspective que l'économiste et philosophe indien Amartya Sen avait montré que la complexité de la démocratie s'origine dans l'histoire de plusieurs cultures et civilisations où les principes de liberté, de pluralisme et de diversité étaient enracinés. C'est le cas de nombreux pays dans le monde, en Asie, en Afrique et ailleurs.

En tant que discussion libre et responsable, débat public ouvert et informé, la démocratie se veut universelle. C'est pour cela que la démocratie se définit non pas par le droit de vote mais plutôt par l'exercice libre de la raison publique, au sens de Habermas et de Rawls.

La démocratie des autres, celle de l'Occident qui tend à en faire un monopole, n'est qu'une expérience historique, même si elle y est historiquement enracinée et se veut particulière à l'Occident et destinée à être exportée dans le monde (Sen 2005).

L'universalité de la démocratie n'exclut pas les résistances à l'instauration du régime politique et type de société qui s'en réclament. Il est remarquable, à cet égard, que l'année de l'effondrement du Mur de Berlin et du système soviétique, une dynamique répressive se déploya à travers le monde. Les évènements de la place Tiananmen, survenus le 4 juin 1989 à Pékin, témoignent du rôle de l'armée chinoise dans l'étouffement d'un mouvement de mobilisation revendiquant la liberté et la démocratie. À l'issue de cette vague de répression qui culmina en Chine mais n'épargna aucune résistance à la dictature, la démarche institutionnelle et diplomatique internationale fut de privilégier les droits de l'homme sur le modèle Sakharov orienté vers l'émancipation individuelle, dans une optique libérale, reléguant en seconde place les droits des communautés et des peuples à l'autodétermination. Bien évidemment, l'individualisme de la philosophie des droits de l'homme n'est pas aux antipodes de la revendication de justice et d'égalité, sauf qu'il privilégie la liberté individuelle par rapport aux principes collectifs de justice et d'égalité.

C'est dire que le chemin de la démocratie n'est pas linéaire et qu'il existe des « zones grises » où alternent, comme c'est le cas de la Russie post-soviétique, démocratisation et autoritarisme pour produire des « démocraties illibérales » (Zakaria 1997). Sans que la transition démocratique ne soit assurée ou que la démocratie ne soit instituée, y compris dans les pays où elle est ancrée, comme les États-Unis d'Amérique et l'Europe occidentale, où le populisme menace les libertés, comme c'est le cas ces dernières années.

Dans leurs entretiens, Said et Barenboim évoquent la question de la fascination musicale qui réside dans sa non-répétabilité à l'identique. Même si les musiciens ne font que répéter, sa synthèse des pôles opposés – l'ordonné et l'irrationnel ou l'apollinien et le dionysiaque selon la fameuse distinction Nietzsche – et son accueil du silence, à côte des sons qui la constituent (Said et Barenboim 2003, 43–47), font qu'elle n'est pas univoque.

À l'instar de la politique et de la démocratie universelles, « la musique et le dessin empruntent le chemin de la vie, un chemin tortueux, délicat et imprévisible, mais passionnant et savoureux à déguster, à écouter avec les yeux...[1] ».

Les révolutions politiques sont-elles européennes et occidentales ?

Les révolutions politiques modernes sont toutes, sans exception, d'origine européenne et occidentale. Telle est la thèse de l'historien américain Martin Malia, spécialiste de la Russie, développée dans un ouvrage de référence, publié à titre posthume, sous le titre français de *Histoire des révolutions* (Malia 2008).

La méthode comparative et empirique adoptée l'amène à confronter le passé au présent et à privilégier les faits historiques aux approches théoriques. Le point de départ de son étude est la période médiévale carolingienne, avec l'émergence du phénomène révolutionnaire par le biais de l'hérésie qui s'oppose à la conception sacerdotale de l'Église catholique.

L'ouvrage commence par la révolution hussite suivie de l'Allemagne luthérienne, la France huguenote et la révolte des pays bas. Aussi, les hérésies religieuses qui se développent du XVe au XVIIe constituent un modèle de base ou une structure des révolutions européennes. De la sorte, la révolution européenne est, selon Malia, originellement religieuse avant d'être politique et constitutionnelle.

Nous avons là l'essentiel de la première partie consacrée à l'hérésie alors que la seconde partie traite des « révolutions atlantiques » (Angleterre, Amérique, France) et la seconde est consacrée à la quête d'une révolution sociale en Russie. Enfin, la conclusion et l'épilogue exposent ce que sont les grandes révolutions européennes avant de finir sur le pouvoir du mot révolution, ce phénomène qui constitue un tournant historique d'une époque à une autre.

Du point de vue de Malia (2008, 15), la sphère culturelle européenne inclut les deux Amériques et constitue la matrice historique des révolutions qui nécessitent une approche historique et non pas structurelle et transculturelle. En cela, Malia se veut à la fois fidèle à Max Weber et critique vis-à-vis de la sociologie américaine et du marxisme.

---

[1] Cette inspiration poétique est empruntée à mon amie Mounira Darragi avec laquelle je partage la passion de la musique classique.

Au niveau conceptuel, une révolution est fondamentalement une transformation politique et idéologique, et non pas sociale – du système social ou du mode de production. Plus précisément, la révolution européenne est une révolte généralisée contre l'ancien régime. Et si toute révolution tire des leçons de celles qui l'ont précédées, les révolutions européennes culminent, au terme d'un processus de radicalisation, avec la révolution bolchevique de 1917. Celle-ci est considérée comme l'ultime révolution devant aboutir à la fin du processus révolutionnaire en Europe. En somme, pour Malia, la révolution est un phénomène d'origine européenne tout comme la civilisation moderne. Jusqu'au XXᵉ siècle, il n'y a rien en dehors de la sphère culturelle européenne qui mérite, selon Malia, le nom de révolution, de démocratie, de constitutionnalisme et de philosophie de la liberté.

La cohérence logique de cette thèse signifie-t-elle sa pertinence historique et politique ?

Trois lectures critiques pourraient éclairer le phénomène révolutionnaire tel qu'étudié et analysé avec érudition par Malia. En premier lieu, celle de son disciple en France, Alain Besançon, qui rend compte de l'ouvrage du maître dans les détails et ne manque pas de pointer le caractère ethno-centré sur l'Europe ou européo-centré au point qu'il ne saisit pas ce qui se passe en Chine.

Plus, pour Besançon, Martin Malia axe le propos sur le « logos » de la révolution et sa rationalité au point d'omettre la composante liée à l'aléa, ce qui privilégie le déterminisme historique aux dépens du cours imprévisible des événements historiques (Besançon 2007).

En second lieu, l'ouvrage de Martin Malia est l'objet d'une lecture critique d'Emmanuel Jousse qui le situe entre histoire et téléologie, en le considérant comme une lecture philosophique de la révolution. Celle-ci est considérée dans son épaisseur historique assimilée à une rupture. S'il lui reconnaît la qualité d'ouvrir sur des interprétations plurielles et feuilletées, Jousse pointe le travers de cette « histoire de la révolution » qui se transforme, au fil des pages, en une « histoire de la révolution russe ». Néanmoins, la lecture captivante de l'œuvre de Malia qu'opère Jousse réside dans son assimilation à un compositeur de musique. Dans ce cas, il aurait préféré la relier à Händel plutôt qu'à Bach : « le premier, dit-il, explore toutes les possibilités offertes par une harmonie ; le second élabore à partir d'un thème central des variations toujours plus virtuoses » (Jousse 2008).

En troisième lieu, Bozarslan et Demelemestre considèrent que l'historien Martin Malia singularise un type de révolution qu'il définit comme étant « historiquement européenne » (2016, 68) et arrive à une conclusion similaire à celle de Marx, à savoir que « les révolutions de 1648 et de 1789 n'étaient pas des révolutions anglaise ou française, mais des révolutions de style européen. Elles n'étaient pas la victoire d'une classe déterminée de la société sur l'ancien ordre politique, mais la proclamation de l'ordre politique pour la nouvelle classe européenne ² » (Marx 1994, 116).

S'il est vrai que Malia suggère l'existence d'un « gradient ouest-est » marquant le glissement du fait révolutionnaire vers le monde non-occidental, les révolutions du XXe siècle n'ont lieu, à l'exception de l'Allemagne, de l'Autriche et de la Hongrie de l'après-première guerre mondiale, que dans des pays non-européens : Mexique, Russie, Perse, Empire Ottoman, Chine... Du coup, l'hypothèse de Malia se vérifie empiriquement, à condition d'utiliser le concept de révolution dans un sens restreint qui écarte, entre autres, les transformations politiques des pays comme l'Europe de l'Est après 1989 et les pays du Sud méditerranéen (Espagne, Grèce, Portugal) dans les années 1990, bien qu'elles soient de « véritables révolutions politiques » (Bozarslan et Demelemestre 2016, 69).

C'est pour cela que l'hypothèse de départ qui définit ce qu'est et ce que n'est pas une révolution est le principe structurant de la recherche. C'est à ce titre que Bozarslan et Demelemestre partent de l'idée que toute révolution, y compris la française, la russe et l'iranienne, commence par être démocratique avant de se transformer, dans certains cas, en une révolution eschatologique ou militaire/partisane. De là la typologie distinguant trois types de révolutions qui servent à comprendre les transformations qui ont eu lieu dans plusieurs régions (Europe de l'Ouest et de l'Est, Amérique latine, pays arabes), tout en choisissant d'écarter certaines et de traiter d'autres telles que la révolution américaine, la révolution française et les révolutions arabes.

La perspective orientant cette recherche comparative sur le fait révolutionnaire s'inscrit, sans que cela ne soit avancé par les auteurs de ce livre récent et stimulant, dans l'histoire mondiale ou globale, celle qui déconstruit les récits dominants pour fournir une narration ouverte sur l'altérité.

Une histoire globale des révolutions universelles contemporaines

Tout un débat, à dimension internationale, traverse le champ des études historiques à propos de l'histoire globale, les raisons de son émergence et développement ainsi que les traditions, les différences et les difficultés rencontrées par un ensemble d'approches qui se veulent transculturelles et pluridisciplinaires (Sachsenmaier 2008).

---

2 Cité par Bozarslan et Demelemestre (2016, 68).

En relation avec le phénomène de la globalisation entendue au sens de flux continu d'échanges de biens et d'informations à l'échelle planétaire, la perspective de l'histoire globale permet de rompre avec les visions centrées sur l'État national et sur les régions et civilisations.

S'il est vrai qu'il existe une perspective classique d'écriture de l'histoire mondiale, la nouvelle perspective qui se veut globale permet de déconstruire la vision nationale et culturelle. Pour illustrer cela, je prendrai deux cas significatifs de cette écriture de l'histoire, à la fois classique et nouvelle. Les deux cas sont porteurs de regards novateurs et stimulants en vue d'une analyse et d'une compréhension qui se situent au-delà du cadre national et spécifiquement culturel.

Le premier examine le cas de l'islam dans l'histoire mondiale en l'exhumant de l'empreinte orientaliste dominante jusque-là. C'est ce que Marshall Hodgson voulut entreprendre en montrant que l'histoire de l'islam constitue le lien entre, d'un côté, l'Asie et l'Afrique et, de l'autre, le monde agraire et le monde moderne. Au final, il montre comment la rupture avec le passé est un trait commun de tous les peuples et que la modernité n'est ni le résultat de traits occidentaux, ni un stade que chaque pays traverse à sa manière mais « un événement de l'histoire mondiale commune auquel nous devons faire face ensemble » (Hodgson 1998, 283–284).

Le second est récent dans son projet d'écriture d'une histoire mondiale de la France, par une équipe de plus d'une centaine d'historiens réunis par Patrick Boucheron, focalisant chacun son regard autour d'une date marquante. Son *Histoire mondiale de la France* (Boucheron 2017) permet de déconstruire le roman national, de relativiser la spécificité française et de renouveler l'historiographie en la reliant à une approche transnationale.

Ces deux cas exemplaires éclairent le chemin pour une connaissance globale des révolutions conçues comme des ruptures historiques annonciatrices de transformations à l'échelle mondiale. Tel est le cas de l'ensemble des révolutions modernes, depuis la révolution anglaise de 1648–1688 jusqu'aux révolutions arabes de 2011–2020, en passant par les autres révolutions qui ont marqué l'histoire mondiale par des évènements et processus majeurs ayant eu pour théâtre de nombreux pays et régions du monde.

Certes, il existe des particularités importantes à relever en tant que différences nationales et culturelles mais le plus important, dans le cadre d'une histoire et d'une perspective globales, est constitué par les traits communs et les similarités qui invitent à la réflexion autour de questions-clefs à l'instar de : comment naissent les révolutions ? Quels en sont les facteurs déclencheurs, les acteurs et les enjeux ? Quels rôles jouent les leaders et les idéologies dans les révolutions ? Comment évoluent et se transforment les révolutions ? Les restaurations et contre-révolutions sont-elles inéluctables ? Quelles portées économiques et quelles mutations politiques, sociales et culturelles sont induites par les révolutions ?

Nous avons-là des questions qui se posent et s'imposent à toutes les révolutions modernes du point de vue de l'analyse globale et de l'analyse comparative. Car les deux démarches peuvent s'articuler dans un souci de compréhension de la singularité et de la diversité qui fondent la complexité du phénomène révolutionnaire.

Le paradigme français de la révolution, celle de 1789, offre l'opportunité d'examiner la problématique de « l'exception française » qui aurait inspiré le jeune Marx, Lénine et la révolution bolchevique de 1917 ainsi que l'ensemble des révolutions contemporaines, hormis celles du monde anglo-saxon à tradition libérale (Solé 1988, 334–335). C'est ce que tente, avec bonheur, l'historienne Annie Jourdan (2004) qui en examine le mythe au terme d'un examen interne et externe à la France, en s'appuyant sur une démarche comparative avec l'Angleterre, les États-Unis et les Pays-Bas. Pour l'idéologie nationale, la Révolution française est un moment fondateur qui scelle la naissance de l'Europe moderne. Ce point de vue qu'elle qualifie de « franco-français » se déploie, comme elle le précise, avec la force des troupes militaires, entre 1789 et 1799, tout en tournant le dos aux révolutions précédentes, l'américaine et l'anglaise, qui suscitent pourtant l'intérêt des contemporains. C'est en gommant le souvenir des autres révolutions que la Française se veut unique, messianique et universelle. Tout se passe alors comme si la révolution n'était que française alors que c'est grâce aux révolutions américaines et françaises qu'un consensus international s'est effectué au cours du XXe siècle sur les principes fondateurs que sont la souveraineté populaire, le suffrage universel, l'État de droit et les droits de l'homme et du citoyen (Jourdan 2004, 402).

Parmi les comparaisons des révolutions contemporaines, celle de Hannah Arendt s'impose par le renouvellement théorique et politique qu'elle réussit à opérer au sein du champ des études et réflexions sur la modernité. Certes, les spécialistes de la révolution comme Eric Hobsbawm ou François Furet contestent son interprétation qui ne s'appuie pas sur la méthode et les matériaux historiques mais constitue un essai de philosophie politique orienté par des principes généraux.

En effet, dans son essai intitulé *De la révolution* (2012), Arendt établit un clivage heuristique entre la question politique et la question sociale, en opposant la révolution française dont la vocation est sociale à la révolution américaine qui fut inspirée par la liberté. Même si les deux révolutions se fondent sur la reconnaissance des droits de l'homme, l'enjeu de la liberté est la clef de voûte de son essai qui valorise l'Amérique au détriment de la France.

En suivant son analyse, on découvre que la révolution française échoua en privilégiant l'égalité alors que la révolution américaine réussit en consacrant la liberté. Dès lors, la vocation historique de la révolution est de réaliser un régime de liberté qui est conditionné par un processus de libération et de conquête des droits. La construction d'un espace public de la liberté est la finalité de la révolution moderne et, à ce titre, Arendt fait l'éloge de la politique auto-organisée par les citoyens, par opposition à celle déléguée à l'oligarchie des partis, de la Commune de Paris de 1792 aux conseils ouvriers de la révolution hongroise de 1956.

Si toute révolte est menée au nom de la liberté, toute révolution n'est pas synonyme de liberté, y compris quand elle permet la libération du joug d'un régime autoritaire. La difficulté de tracer la frontière entre libération et liberté dans un contexte historique ne signifie pas qu'elles sont identiques, ni que la révolution se réduit à une libération et à une insurrection réussie contre la tyrannie. À la différence des coup d'état et des révolutions de palais, la révolution moderne est celle qui mène à la constitution d'une forme de gouvernement et d'un corps politique différents, dépassant la libération de l'oppression en visant à instaurer la liberté (Arendt 2012, 43-49).

En tant que raison d'être de la politique, la liberté n'est pas le produit d'une volonté intérieure mais une propriété de l'action extérieure, une virtuosité dans l'action, la possibilité de faire advenir l'improbable par l'intervention dans le monde. Cette conception volontariste de la liberté se retrouve chez Edward Said qui conçoit la musique comme un acte de liberté et de transgression (Said 1991, 71). Certes, Hannah Arendt est favorable à la révolution, à la libération qui la rend possible et à la liberté qu'elle procure. Néanmoins, en axant son essai sur la comparaison entre la révolution américaine instaurant la liberté et la révolution française proclamant le principe d'égalité et échouant par la même à l'instituer dans les faits, Hannah Arendt prend parti pour une expérience historique particulière, tout en assimilant abusivement les autres expériences (Russie, Chine, Cuba…) à une reproduction du « paradigme français » et de son échec historique.

En ce qui concerne les révolutions arabes, l'ouvrage de référence pour la compréhension de cet évènement historique particulier et du phénomène révolutionnaire en général est, en raison de sa démarche synthétique et de sa méthode comparative, celui de Bozarslan et Demelemestre (2016).

Le point de départ de cet ouvrage publié en 2016 est le mouvement de contestation révolutionnaire des peuples arabes perçu comme mouvement comparable aux deux épisodes qui ont produit la société démocratique moderne : la révolution américaine et la révolution française. Les révolutions arabes effectuées en 2011 et vite essoufflées en 2012-2013 se prêtent à la comparaison avec les révolutions européennes de 1848, en termes de processus d'institutionnalisation et d'échec historique, « sauf en Tunisie où elles ont connu une trajectoire similaire à celles de leurs prédécesseurs américain et français » (2016, 9).

L'objectif des deux auteurs est de montrer que « la révolution est une forme d'action contestataire indifférente aux temps historiques, aux « aires culturelles » et aux différences sociales, politiques ou culturelles marquant les sociétés, mais certainement pas un « code téléologique » qui permettrait son déchiffrage à la faveur d'une densité émotionnelle et mobilisationnelle pour propulser l'humanité par cohortes entières vers un même destin universel » (Bozarslan et Demelemestre 2016, 13).

Telle qu'annoncée, la vision historique et sociologique des révolutions est aux antipodes du projet téléologique et occidentalo-centré de Martin Malia réduisant l'universalisme à une seule « aire culturelle ». De même que le projet d'écriture et la pratique musicale d'Edward Said s'inscrivent dans une perspective hybride et cosmopolite, incarnée par sa relation avec son maître et initiateur au piano que fut Tiegerman [3]. En cela, la musique est un fait révolutionnaire tant à l'échelle individuelle que collective. D'ailleurs, toutes les révolutions s'accompagnent de chants, de gestes, d'épopées et de musiques qui célèbrent l'avènement du soulèvement du peuple et son élan incommensurable pour l'émancipation (Cf. Musiques et révolutions 2011).

L'ouvrage de Bozarslan et Demelemestre traite, dans une perspective comparative, des trois révolutions marquantes, en l'occurrence l'américaine, la française et l'arabe, en focalisant le regard sur la dialectique de la continuité et de la rupture.

Les configurations révolutionnaires arabes des années 2011–2015 sont structurées par des moments et des repères historiques variés, des attentes et des passions révolutionnaires, des trajectoires particulières ainsi que des spécificités qui tiennent de la culture politique, de la question de la violence et du poids des acteurs régionaux.

Ce qui est remarquable c'est que les variations des révolutions arabes de 2011 sont similaires aux variations européennes de 1848 dans la mesure où la révolution commence dans un pays – la Tunisie pour 2011 et la France pour 1848 – puis essaime vers les pays voisins. Elle se greffe par la suite à un contexte local qui va la modifier en impulsant des scénarii révolutionnaires différents.

Au centre des révolutions arabes et européennes se trouve la question de l'État national et de son unité, avec un rôle plus ou moins prononcé, selon les cas, de la conflictualité régionale. Là où l'État est historiquement enraciné, comme c'est le cas de la Tunisie et de l'Égypte, la révolution se concrétise alors qu'ailleurs, elle est en proie à un processus de désinstitutionnalisation aboutissant à la répression et à la guerre civile (Lybie, Syrie, Yémen).

---

[3] Je remercie Sarga Moussa de m'avoir communiqué son texte intitulé « Said et Tiegerman. Une histoire interculturelle » qui paraîtra dans un numéro spécial de *TRANS. Revue électronique de recherches sur la culture* dédié à Gertrude Durusoy (à paraître en 2020).

La démarche comparative des auteurs accorde une grande importance à la charpente institutionnelle d'autant plus qu'il s'agit, dans le cas des pays arabes comme ceux de l'Amérique et de la France, d'une révolution démocratique et non d'une révolution partisane ou eschatologique. C'est pour cela qu'elles se trouvent dépendantes du legs du passé, en l'occurrence les institutions de l'ancien régime, dans leur densité et profondeur historique. Or, ces institutions qui devaient assurer, en Europe, la transformation graduelle vers la démocratie des domaines de la justice et de la sécurité, manquaient dans les pays arabes où le politique et l'économie étaient cooptés par les familles régnantes et les clans partisans versés dans l'enrichissement excessif.

La question institutionnelle arabe fut aggravée par la faiblesse de la « rue », pourtant déterminante en Tunisie et en Égypte en 2011 comme en France en 1848. Si, un dans un premier temps, elle imposa sa légitimité, la « rue arabe » peina à acquérir une légalité et à occuper les palais. Au lieu d'exercer directement le pouvoir, elle le délégua aux agents de l'ancien régime et ne put ainsi définir et réaliser les « objectifs de la révolution ». Place fut donnée aux Constituantes qui se transformèrent en Tunisie et Égypte, en pouvoir double – législatif et exécutif – en omettant de consolider la justice et d'assurer son indépendance.

L'absence de contrat social fut remplacée par une sorte de pacte entre les acteurs politiques générant la reproduction de l'ancien régime et la faible institutionnalisation de la société, en dépit de la liberté d'expression acquise, notamment en Tunisie où le « printemps » ne succomba pas au coup d'état de l'armée, comme en Égypte, ni à la violence meurtrière des communautés.

L'exploration « multi terrains » effectué par Bozarslan et Demelemestre démontre que la question centrale de la révolution est celle de la cité démocratique qui n'est guère assurée par la révolution en sa seule qualité de révolution, même si elle peut en être un mode de construction politique. En somme, la révolution n'est pas analysée à travers le prisme des lois sociales, ni de la nécessité historique ou de la causalité, mais en termes de configurations historiques, avec des moments et des trajectoires spécifiques tendant, en fonction de l'espace et du temps, du tempo et du rythme, vers la radicalité des demandes de transformations de l'ordre établi sur le double plan institutionnel et culturel. C'est dans ce sens que les trajectoires révolutionnaires arabes dialoguent avec l'universalité révolutionnaire américaine et française, en dépit des fragilités suscitées par les limites de la Cité et de ses capacités intégratrices (Bozarslan et Demelemestre 2016, 374).

Du point de vue du dialogue entre la musique et la politique, la question ultime qui se pose pour ces deux langages et modes sociaux d'affirmation identitaire est celle du partage des expériences de l'universalité ou plutôt des universalités à l'œuvre dans le monde actuel : jusqu'où les politiques de gouvernement sont-elles capables d'accueillir les musiques du monde et leurs variations infinies ?

Références bibliographiques

Arendt, Hannah. *De la révolution*. Trad. M. Berrane avec la collaboration de J-F. Hel-Guedj. Paris : Gallimard, 2012. [Titre original : *On Revolution*, New York : Viking Press, 1963].
Besançon, Alain. «Grammaire des révolutions». *Commentaire* 17.1 (2007) : 4–18.
Boucheron, Patrick. Éd. *Histoire mondiale de la France*. Paris : Seuil, 2017.
Bozarslan, Hamit et Gaëlle Demelemestre. *Qu'est-ce qu'une révolution ? Amérique, France, Monde arabe 1763–2015*. Paris : Cerf, 2016.
Buch, Esteban. «En musique, les signifiants flottent toujours. Entretien». *Critique* 829–830.6–7 (2016) : 566–584.
Chabot, Pascal. *L'Âge des transitions*. Paris : PUF, 2015.
Crawshaw, Steve et John Jackson. *Petits actes de rébellion. Ces instants de bravoure qui ont changé le monde*. Préface de Václav Havel. Paris : Amnesty International/Balland, 2011.
D., Antony et Kara Iskandar. «Mur de Berlin – de la construction à la chute». *Histoire pour tous de France et du Monde* (8 mars 2020). https://www.histoire-pour-tous.fr/dossiers/4984-histoire-du-mur-de-berlin-de-la-construction-a-la-chute.html (19 avril 2020).
France Musique. «Entretien avec Daniel Barenboim. À l'occasion du 30e anniversaire de la chute du Mur de Berlin». *France musique* (8 novembre 2019). https://www.francemusique.fr/musique-classique/entretien-avec-daniel-barenboim-78342 (19 avril 2020).
Hodgson, Marshall G. S. *L'islam dans l'histoire mondiale. Textes récents*. Trad. et préface A. Cheddadi. Paris : Actes Sud, 1998.
Jourdan, Annie. *La Révolution, une exception française ?* Paris : Champs/Flammarion, 2004.
Jousse, Emmanuel. «Martin Malia ou l'histoire philosophique des révolutions». *Nonfiction. Le quotidien des livres et des idées* (21 octobre 2008). https://www.nonfiction.fr/article-1695-martin-malia-ou-lhistoire-philosophique-des-revolutions.htm (19 avril 2020).
Lanuque, Jean Guillaume et Georges Ubbiali, Collectif. «Musiques et révolutions XIXe, XXe, XXIe». *Dissidences* 10 (2011).
Malia, Martin. *Histoire des révolutions*. Trad. L. Bury. Paris : Tallandier, 2008. [Titre original : *History Locomotive's. Revolutions and the Making of the Modern World*. New Haven, London : Yale University Press, 2006].
Marx, Karl. *Œuvres IV*. Paris : Gallimard, 1994.
Moussa, Sarga. «Said et Tiegerman. Une histoire interculturelle». *TRANS. Revue électronique de recherches sur la culture* (numéro d'hommage à Gertrude Durusoy) (à paraître 2020). http://www.inst.at/trans/ (5 mai 2020).
Rosanvallon, Pierre. «L'universalisme démocratique : histoire et problèmes». *La vie des idées* (17 décembre 2007). https://laviedesidees.fr/L-universalisme-democratique-histoire-et-problemes.html (19 avril 2020).
—. *La légitimité démocratique. Impartialité, réflexivité, proximité*. Paris : Seuil, 2008.
Sachsenmaier, Dominique. «Histoire globale, histoire mondiale, histoire internationale : le débat aux États-Unis, en Chine et en Allemagne». *Eurostudia* IV.2 (2008). https://www.erudit.org/fr/revues/euro/2008-v4-n2-euro2871/000391ar/ (19 avril 2020).
Said, Edward W. *Musical Elaborations*. New York : Columbia University Press, 1991.
— et Daniel Barenboim. *Parallèles et Paradoxes. Explorations musicales et politiques. Entretiens*. Éd. et préface A. Guzelimian. Trad. Ph. Labro. Paris : Le Serpent à plumes, 2003. [Titre original : *Parallels and Paradoxes. Explorations in Music and Society*, New York : Vintage Books, 2002].

Sen, Amartya. *La démocratie des autres. Pourquoi la liberté n'est pas une invention de l'Occident*. Trad. M. Bégot. Paris : Payot/Rivages, 2005.
Solé, Jacques. *La Révolution en questions*. Paris : Seuil, 1988.
Tarragoni, Federico. *L'énigme révolutionnaire*. Paris : Les Prairies ordinaires, 2015.
Zakaria, Fareed. «The Rise of Illiberal Democracies». *Foreign Affairs* 6 (1997) : 22–43.

Contributors
Contributeurs

Leyla Dakhli is a tenured fulltime Researcher in Modern History at the Centre National de la Recherche Scientifique (CNRS), based at Centre Marc Bloch Berlin, and Principal Investigator of the project "Drafting and Enacting the Revolutions in the Arab Mediterranean – In Search for Dignity from the 1950s until Today" funded by the European Research Council. (dakhli@cmb.hu-berlin.de)

Valérie Deshoulières is Professor for French Literature in a European Context at Saarland University, Associate Professor at Institut catholique de Paris, and Director of the Institut Français at the Villa Europa in Saarbrücken. (valeriedeshoulieres@gmail.com)

Emmanuel Droit is Full Professor for Contemporary History at Science Po Strasbourg, and member of the board of the Research Centre "Dynamiques Européennes (DynamE)" at Université de Strasbourg. (droit@unistra.fr)

Tammy Lai-Ming Ho is Associate Professor at the Department of English Language and Literature at Hong Kong Baptist University, Junior Fellow of the Hong Kong Academy of the Humanities and partner of the project "Minor Universality. Narrative World Productions After Western Universalism" funded by the European Research Council. (tammyh@hkbu.edu.hk)

Franck Hofmann is Senior Lecturer for Cultural History at Saarland University and Senior Research Associate of the project "Minor Universality. Narrative World Productions After Western Universalism" funded by the European Research Council. (frank.hofmann@uni-saarland.de)

Christopher M. Hutton is Chair Professor in the School of English at the University of Hong Kong, Life Member of the Hong Kong Academy of the Humanities, and partner of the project "Minor Universality. Narrative World Productions After Western Universalism" funded by the European Research Council. (chutton@hku.hk)

Mohamed Kerrou is Full Professor for Political Science at Université de Tunis El-Manar, member of the Académie tunisienne des sciences, des lettres et des arts *Beit El-Hikma* in Carthago, and partner of the project "Minor Universality. Narrative World Productions After Western Universalism" funded by the European Research Council. (mkerrou@gmail.com)

Mario Laarmann is PhD Student at the Chair for Romance Cultural Studies and Intercultural Communication, and lecturer at the Department for Romance Languages, Literatures and Cultures at Saarland University. (mario.laarmann@uni-saarland.de)

Avi Lifschitz is Associate Professor for European History at University of Oxford, where he is Fellow of Magdalen College and Academic Programme Director of the Voltaire Foundation. (avi.lifschitz@history.ox.ac.uk)

Hans-Jürgen Lüsebrink is Senior Professor for Romance Cultural Studies and Intercultural Communication at Saarland University, and a member of the International Research Training Group "Diversity. Mediating Difference in Transcultural Spaces" funded by the German Research Foundation and the Social Sciences and Humanities Research Council of Canada. (luesebrink@mx.uni-saarland.de)

Markus Messling is Chair Professor for Romance Cultural Studies and Intercultural Communication at Saarland University, and Principal Investigator of the project "Minor Universality. Narrative World Productions After Western Universalism" funded by the European Research Council. (markus.messling@uni-saarland.de)

Sarga Moussa is Research Director at the Centre National de la Recherche Scientifique (CNRS), and Vice Director of the Research Centre "Théorie et histoire des arts et des littératures de la modernité (THALIM)" at Université Sorbonne Nouvelle – Paris 3. (smoussa@free.fr)

Christiane Solte-Gresser is Chair Professor for General and Comparative Literature at Saarland University, and Spokesperson of the Research Training Group "European Dream Cultures" funded by the German Research Foundation. (solte@mx.uni-saarland.de)

Sergio Ugalde Quintana is Full Professor for Hispanic-American Literature at El Colegio de México and partner of the project "Minor Universality. Narrative World Productions After Western Universalism" funded by the European Research Council. (sugalde@colmex.mx)

Index

1769 1, 5
1829 15, 20, 21, 24
1914 2
1989 1, 4, 26, 30–35, 157–162, 164–173, 219, 220, 222, 225

Abd el-Kader (Émir) 85, 97, 98
About, Edmond 95
Adaptation theory 141, 143
Adorno, Theodor W. 71, 72, 74, 184, 185
AfD (Alternative für Deutschland) 172
Afrique du Nord 15, 48, 51, 64
Afrique subsaharienne 58
Agamben, Giorgio 132
Ageron, Charles-Robert 62
Al-Attar, Hassan 43, 46, 47, 49
Al-Azhar 'Abd al-Rahmân al-Jabarti 45
Al-Bustani, Butrus 43, 51
Algeria/ Algerian/ Algérie/ algérien 15, 31, 62–64, 93, 97, 98, 167
Algerian independence 15
Al-harb al-ahliyya 51
Ali, Mohammad/ Mohammed/ Muhammad (Mehmet Ali Pasha), Viceroy of Egypt/ Viceroi d'Égypte 21, 24, 25, 44, 88, 89
Al-Shidiaq, Ahmad Faris 43, 48
America/ American/ Amérique(s)/ américain 4, 49, 50, 56–60, 93, 119, 128, 132, 135–137, 142, 148, 150, 151, 157, 163, 171, 172, 196, 197, 199, 204, 217, 219–223, 225, 227–230
Ancien régime 217, 224, 230
Anthropologie 60
Anticolonialisme/ mouvements-/positions anticolonialistes/ anti-colonial 3, 55, 60, 62, 65–68, 107, 108, 119
Antiglobalisation 119
Aryanism 105–107, 109, 110, 112, 121
Auden, W. H. 141, 142, 149–152, 154
Ávila Camacho, Manuel 126, 134, 138

Balzac, Honoré de 87
Barbarie 55, 60
Barrault, Émile 88, 89, 92

Bauër, Marie-Bernard (Mgr.) 92, 93, 95
Beal, Samuel 113
Bédollière, Émile de la 85, 93, 95, 97
Bellay, Jean-Baptiste 59
Belzoni, Giovanni Battista 21
Benda, Julien 137
Benhabib, Seyla 182
Benjamin, Walter 132, 149
Berchère, Narcisse 90
Berlin Castle (Berliner Schloss) 29
Berlin Wall/ Mur de Berlin 1, 4, 30, 31, 33, 34, 158, 159, 169, 172, 210, 217, 219, 220, 222
Bert, Paul 64
Bhabha, Homi K. 96, 204
Bilici, Faruk 98
Biopolitique 61
Blanc, Charles 85, 90, 91, 94, 96–98
Blumenberg, Hans 214
Bopp, Franz 106

Cailliaud, Frédéric 21, 22
Caldwell, Robert 118
Carré, Jean-Marie 98
Cassin, Barbara 197, 213
Cauchemar 179, 183, 185, 188, 191
Cercle algérianiste 14, 15
Champollion, Jean-François (le jeune) 1, 15, 17–21, 24–26
Changement de climat 214
Charrière, Isabelle de (= Belle van Zuylen) 179–182, 184, 185
Charte des Nations Unies 65
Checkpoint Charlie 33, 34
China/ Chinese/ Chine/ chinois 4, 12, 56, 58, 118, 141–145, 147, 148, 151–154, 157, 161, 163–165, 170, 173, 195, 222, 224, 225, 228
Chinese literature 142
Chronology 5, 110
Citot, Vincent 209, 212, 213
Civilisation(s) 16, 19, 23, 43, 45, 48, 49, 52, 55–64, 66–68, 73, 87, 92, 95, 222, 224, 226

Clémenceau, Georges 61, 62, 65
Code Napoléon 7, 8
Colomb, Christophe 93
Colonialism/ colonialisme/ colonial 2, 17, 26, 32, 35, 46, 50, 51, 55, 59, 61–67, 105, 106, 108, 111, 113, 117, 119, 120, 179, 180, 182, 183, 190, 193, 197, 199, 202
– éclairé 59
Colonisation 43, 59, 61–64, 66, 67, 97, 203, 205
Commune de Paris 26, 228
Communist Party 26, 164, 167, 169
Comparativism 105, 109–111, 118
Condorcet 55, 56, 59–62, 68
Contact(s) 44–47, 50–52, 94, 197
Convention Nationale 59, 60
Convivance 209, 214
Cunningham, Alexander 111, 112

De Gaulle, Charles 65
De Montijo, Eugénie (impératrice) 91, 92, 98
De Toledo, Camille 1, 33–35, 210, 212
Decolonisation 32
Democracy/ démocratie 4, 28, 31, 55, 56, 67, 165, 167, 193, 194, 217, 218, 220–224, 230
Description de l'Égypte 22–24, 87
Development(s)/ développement(s) 2, 12, 26, 31, 45, 49, 58, 66, 81, 89, 109, 126, 129, 130, 160, 225
Devoir de civiliser 61, 65
Diderot, Denis 55–59, 73, 76, 81, 82
Diop, Cheikh Anta 66
Discovery/ -ies/ découverte(s) 19, 43–46, 57, 115, 117
Diversité (des cultures) 68, 73, 96
Dôme des Invalides/ Dome of the Invalides 12, 13, 27
Droit à la résistance à l'oppression 68
Droits de l'Homme/ Human Rights 55, 61, 67, 179, 182, 189, 211, 213, 222, 227
– Déclaration/ Declaration 4, 56, 65, 213
Drovetti, Bernardino 21, 22
Duchet, Michèle 60, 61
Düring, Hans Ingemar 130, 131

Écologie politique 209
Égalité 66, 90, 179, 189, 199, 211, 222, 227, 228
– des droits et des devoirs 56
Egypt/ Égypte 11, 16, 17, 19–21, 23, 43, 44, 46, 48–50, 52, 59, 66, 85–91, 95, 99, 108, 229, 230
Eliot, T. S. 143
Ellis, Francis Whyte 118, 120
Emancipation/ émancipation 4, 50, 51, 60, 200, 220, 222, 229
– arabe 43, 50, 51
Empire ottoman 45, 49–51, 225
Emprunt 48, 49
Enfantin, Prosper 88, 90
Enlightenment/ Lumières 2, 13, 26, 34, 43–45, 55, 56, 58–62, 64, 66–68, 71–82, 88, 108, 119, 120, 179–181, 183–185, 190
Esclavage 59, 179, 181, 182, 199, 202, 205
– Abolition de l'- 59, 60
Ette, Ottmar 1–3, 180, 182
Europe/ European/ européen 1–7, 9, 13, 15, 17–22, 24–28, 33–35, 43, 45, 46, 48–51, 56, 57, 59–63, 66, 67, 75, 76, 78, 79, 82, 87–91, 93, 95, 97–99, 108, 110, 114, 115, 118, 119, 133, 135, 136, 157–161, 163, 164, 166, 167, 169, 171–173, 179–181, 183, 193, 194, 196, 202–204, 209, 211, 213–215, 217, 219, 220, 222–225, 227–230
Event(s)/ événement(s) 4, 31, 33, 57, 73, 86, 90, 98, 117, 133, 136, 141, 152–154, 157–162, 172, 179, 191, 219, 222, 224, 226, 228
Exceptionnalité occidentale 68
Experience(s)/ expérience(s) 1, 6, 30, 45, 56, 64, 86, 94, 141, 148, 154, 157, 158, 162, 168, 171–173, 180, 181, 185, 187, 193, 202, 204, 210, 212, 217, 220–222, 228, 230
Exportation des Lumières 45
Exposition Universelle (de Paris) 64

Fanon, Frantz 1, 31, 32, 35
Fergusson, James 112, 113
Ferry, Jules 55, 61, 62, 64–68
Fichte, Johann Gottlieb 108

Focillon, Henri 136
Foucault, Michel 61
François-Joseph Ier (empereur) 9, 98
Fraternité 58, 67, 92, 179, 189, 191, 211
Frédéric-Guillaume (prince) 98
Freedom, equality, solidarity (Liberté, égalité, fraternité) 2
French Revolution/ Révolution française 4, 5, 13, 51, 59–61, 64, 169, 184, 211, 225, 227, 228
Freud, Sigmund 185–187
Froment-Guieysse, Georges 64
Fromentin, Eugène 90, 99
Front Populaire 28
Fukuyama, Francis 31, 33, 159

Gaos, José 131
Gap in time 157, 158, 168
Gary, Romain 179, 184, 185, 188–191
Gautier, Théophile 85, 86, 99
Global 1, 2, 4, 33, 35, 48, 56, 57, 77, 79, 137, 138, 157–163, 171–173, 194, 200, 209, 212–214, 217, 225–227
Global History 1, 157, 158, 160–162, 166, 168–170, 172
Globalisation 1, 2, 109, 146, 161, 217, 226
– coloniale 55
Globe 13, 56–60, 68
Goethe, Johann Wolfgang von 1, 5, 9–11, 75, 108, 141
Gorbachev 163
Grotewohl, Otto 29
Guinée 58, 65, 66

Hegel, Georg Wilhelm Friedrich/ Hegelian/ hégélien 11, 73, 76, 109, 110, 119, 160
Hellénisme 125, 131
Herder, Johann Gottfried 74–76, 79–82, 107, 108, 121
Hindu fundamentalism 105, 120
Hitler, Adolf 27, 119, 134
Hope, A. D. 145
Hospitalité 209, 214
Hugo, Victor 64, 87
Human Rights/ Droits de l'Homme 55, 61, 67, 179, 182, 189, 211, 213, 222, 227
– Declaration/ Déclaration 4, 56, 65, 213

Humanisme 125, 135–137, 183, 189, 191
Hyper-rationalism 3

Identity/ identité 50, 99, 105, 107, 110, 119–121, 173, 196–198, 200, 203, 204, 209, 210
Ideology/ idéologie(s) 1–3, 28, 68, 74, 88, 118–120, 157, 179, 210, 221, 226, 227
– coloniale (française) 55, 63–65
Ijtihad 49
Imperialism (European)/ impérialisme 1–3, 32, 68, 108, 119, 170
– colonial 55, 86
India/ Indian/ Inde(s)/ indien 50, 56–59, 62, 87, 89–91, 93, 97, 105–107, 110–116, 118–121, 195, 203, 222
Institut International de Coopération Intellectuelle (IICI) 125, 136
Insurrection haïtienne 59
Intellectuels arabes/ circulations intellectuelles 43, 49
International Labour Day Parade (1st Mai) 28
Intersubjectivité 217
Iqtibâs 49
Islam arabe 43
Ismaïl (khédive) 85, 86, 92, 96, 99

Jaeger, Werner 129–131
Jésuites 58
Jones, Sir William 110, 117, 120
Jung, C. G. 187

Kant, Immanuel/ kantien 6, 26, 72, 73, 77, 78, 181, 184, 187
Kaul, Harishan 116
Kellermann, François-Étienne-Christophe 5
Klein, Lucas 143

Lamartine, Alphonse de 89
Laponie 58
Latour, Bruno 209, 213, 214
Le Bris, Michel 209
Le Père, Jean-Marie 87, 90
Lenin/ Lénine (Wladimir Iljitsch Uljanow) 26, 227
Lepsius, Karl Richard 98
Lesseps, Ferdinand de 85–88, 90–93, 96–99

Lewis, Bernard 52
Li, Bai 141–145, 147–149
Liberté(s) 56, 59, 60, 65, 67, 78, 97, 179, 182, 189, 211, 217, 220, 222, 224, 227, 228, 230
– de la presse 68
– d'expression 68, 221
– religieuse 56
Lilti, Antoine 60
Limbach, Jutta 7, 8
Lingner, Max 1, 28–31
Linguistics/ linguistic/ linguistique 49, 51, 71, 81, 105–108, 110, 115, 117, 118, 120, 121, 141, 155, 162, 209
local 45, 47, 50, 51, 78, 79, 109, 137, 146, 158, 162, 172, 209, 214, 217, 229
Lopes, Henri 55, 68
Louis-Philippe (roi) 87
Louverture, Toussaint 59
Louvre 1, 7, 8, 12, 13, 18, 19, 30
Lumières/ Enlightenment 2, 13, 26, 34, 43–45, 55, 56, 58–62, 64, 66–68, 71–82, 88, 108, 119, 120, 179–181, 183–185, 190
Lumumba, Patrice 55, 65, 68

Maalouf, Amin 68
Mabanckou, Alain 1, 16, 17
Macron, Emmanuel 16
Madagascar 61
Magris, Claudio 210
Malhotra, Rajiv 119, 120
Mariette, Auguste 90
Marshall, Sir John 117
Marxisme/ idéologie marxiste 68, 223
Masterson, Robert 142, 151–154
Messling, Markus 179, 198, 201, 210
Mexique 58, 125–129, 131–134, 138, 225
Microbe(s) 209, 214
Mission civilisatrice 15, 16, 19, 55, 61–63, 66, 67
Mitra, Debala 117
Modernity/ modernité 1, 3, 5, 6, 9, 12, 15, 17, 25, 26, 28, 35, 43, 45, 47, 48, 51, 52, 108, 120, 154, 162, 198, 226, 227
Monde(s) 28, 43–46, 48–52, 57, 60, 72, 78, 82, 86, 89, 92–94, 96, 99, 126, 128, 131, 133, 136, 138, 180, 183, 191, 194–200, 202–205, 209, 210, 212–214, 217, 220–222, 225–228, 230
Mondialisation méditerranéenne 43
Morra di Lavriano, Roberto 96
Morrison, Toni 182
Moyen Orient/ oriental 48, 50, 51
Müller, Friedrich Max 109–111, 120
Mur de Berlin/ Berlin Wall 1, 4, 30, 31, 33, 34, 158, 159, 169, 172, 210, 217, 219, 220, 222
Musique 93, 94, 96, 132, 217–219, 223, 224, 228–230

Nahda/ mouvement nahdaoui 45, 47–51
Nanda, Meera 120
Napoléon III (empereur) 87, 92, 93
Narrative(s) 5, 17, 19, 109, 114–116, 121, 142, 154, 159, 160, 172
Nationalisme 43, 51, 188
Naville, Édouard 98
Nazisme 135, 136, 179
Neelakandan, Aravindan 119
Nesfield, John C. 115
Nguidjol, Antoine 65
Noon, Alistair 145–147
Nouvel, Jean 13
Nubia 20

Occident/ occidental 22, 44, 50, 52, 55, 60, 63, 66–68, 85, 86, 88, 89, 91, 92, 94, 98, 99, 129, 132, 135, 137, 138, 190, 194, 195, 198, 213, 220–223, 226, 229

Paraguay 58, 157
Particularisme(s) 71, 72, 77–79, 194, 197, 199, 217
Paternalisme 65
Pérès, André 63
Pharaon, Florian 93, 94, 96
Planetarity 157, 162
Pluralism/ pluralisme 74, 166, 217, 218, 222
Poetry 111, 113, 141, 143, 202
Politique(s) 51, 55–57, 59–63, 65–68, 71, 72, 74, 77, 80, 81, 93, 96, 125, 126, 129, 132, 133, 135–137, 179–184, 186, 188, 189, 193–195, 198–200, 205, 209–211, 213, 215, 217–225, 227–230

Popo, Klah 65
Postcolonialisme/ postcolonial 32, 55, 65, 67, 68, 116, 120, 142, 181, 209
Pound, Ezra 142–144, 146
Premodern Chinese Poetry 141, 143
Prix National de Littérature au Mexique (Premio Nacional de Literatura) 125, 126, 128, 129, 137, 138
Processus historique 57, 199, 217
Progress/ progrès 1, 2, 12, 15, 18, 25, 26, 28, 34, 55, 56, 59, 62–64, 68, 73, 77, 98, 99, 109, 110, 134, 154, 183–185, 187, 189, 198
Projet moderniste/ modernity/ modernité 1, 3, 5, 6, 9, 12, 15, 17, 25, 26, 28, 35, 43, 45, 47, 48, 51, 52, 108, 120, 154, 162, 198, 226, 227
Prussia/ Prussian 5, 10, 29
Psychanalyse 179, 184–188

Race theory 105
Race(s) 61, 63, 64, 66, 67, 93, 94, 105, 112–117, 119, 203, 204
Racism/ racisme 120, 179, 188, 190
Raison 46, 55, 59, 68, 71–74, 76–81, 135, 181, 184, 187, 189, 214, 222
Rationalisme 51, 76
Raynal, Guillaume-Thomas 55–60, 68, 82
Ré-africaniser 68
Réappropriation 49, 218
Récit téléologique 56
Relativism/ relativisme 3, 73, 75, 81, 105–108, 111, 121, 194, 196, 200, 202, 209, 212, 213
Renaissance arabe 45, 47, 48
Renard, Jules 63, 64
Responsabilité 95, 182, 183, 187, 200
Rêve 43, 44, 59, 85, 92, 179, 183–187
Réveil 47, 48
Revendication(s) 50, 59, 186, 200, 222
Révolte 181, 183, 217, 223, 224, 228
Revolution(s)/ révolution(s) 2, 5, 6, 11, 14, 25, 26, 28, 32, 45, 56, 57, 59–61, 66, 79, 108, 120, 127, 157, 158, 161, 166, 167, 217, 218, 220, 223–230
– arabes 225, 226, 228, 229
– culturelle 67, 68

Révolution française/ French Revolution 4, 5, 13, 51, 59–61, 64, 169, 184, 211, 225, 227, 228
Revueltas, José 126, 132
Reyes, Alfonso 125, 128–138
Risley, Herbert Hope 105, 113–118, 120, 121
Romantic particularism 105, 107
Romanticism 26, 108
Rosenberg, Pierre 7, 8
Rostropovich, Mstislav 33, 34
Rothberg, Michael 183
Rythmes 217, 218, 220, 230

Sacy, Baron Silvestre de 17
Said, Edward W. 85, 94, 99, 143, 217–219, 222, 223, 228, 229
Saint-Domingue 59
Salt, Sir Henry 21
San Quintino, Giulio Cordero di 22
Sanchi bas-relief 105, 111–114, 116–118, 121
Sarcophagus (Napoléon Bonaparte's) 12, 27
Saussure, Ferdinand de 106, 109, 120
Schell, Renée M. 147, 148
Schinkel, Karl Friedrich 29
Schwarz-Bart, André 183
Science(s) 12, 19, 20, 22, 25, 45, 47, 49, 57, 59, 66, 68, 73, 88, 106, 110, 115, 116, 120, 128, 138, 160, 213, 214, 217, 220
Sésostris III (pharaon) 86
Sexton, Anne 151, 153
Shanda Tonme, Jean-Claude 211–213
Shoah (Holocauste) 179, 180, 182–188
Socialism/ socialisme 1, 30, 33, 167, 170, 220
Solidarité(s) 51, 209, 211
Soliman Pacha (= colonel Joseph Sève) 89
Sonolet, Louis 63
Stendhal (pseud. de Henri Beyle, *dit*) 8, 87

Taglioni, Charles 85, 92, 95
Tempo 217, 218, 230
Terre(s)/ terrestre 44–46, 48, 58, 61, 63, 64, 89, 125, 134, 137, 209, 213, 214
The Empire Writes Back (Book) 32
Thebes 1, 22
Thomas, D. M. 179, 184–186, 188
Tian'anmen Square 4
Tolérance 56, 131

Tonkin 61
Touré, Sékou 55, 65–68
Tournemine, Charles de 90
Traite des noirs 59
Transition(s) 157, 165–168, 171, 172, 197, 217, 218, 220, 222
Translation 12, 27, 75, 141–143, 149, 154
Trautmann, Thomas 117, 118
tristezza 1, 35
Troisième République 61, 63, 66

Ulbricht, Walter 30
Universal History 18, 19, 31, 57
Universalism/ universalisme(s) 1–5, 11, 14, 24, 26, 28, 30, 31, 33, 55, 56, 59, 60, 64, 67, 71–76, 78, 81, 105–108, 111, 119–121, 125, 141, 159, 179, 180, 183, 184, 193–198, 202, 209, 211–213, 217, 219, 221, 229
Universality/ universalité 1, 3, 45, 68, 73, 80, 81, 109, 193, 195–199, 201–205, 212, 214, 222, 230
Universel 43, 55–58, 64, 65, 68, 71, 73, 80, 88, 97–99, 127, 128, 136, 179, 180, 182–186, 188, 189, 191, 193–197, 200, 201, 205, 209, 211–214, 217, 218, 220–223, 225, 227, 229

Valéry, Paul 128, 136, 137
Valmy (Algeria) 1, 14–16
Valmy (France) 1, 5, 6, 10, 11, 14, 15, 26
Venice 8, 9
Vercors (= Jean Marcel Bruller) 187
Volney 43, 55, 56, 59, 60, 62, 68
Voltaire 2, 44, 56, 64, 81, 183
Voyages en Syrie et en Égypte (Book) 43

Wehrmacht 27, 28
Weinberger, Eliot 143
West (the) 1, 4, 119, 120, 143, 158, 159, 166, 171, 173, 183
Western science 105, 120
World Literature 141–143, 154

www.ingramcontent.com/pod-product-compliance
Lightning Source LLC
Chambersburg PA
CBHW070341240426
43665CB00046B/2426